KB236490

언어는 어떻게 인간을 바꾸는다

언어는 어떻게 인간을 바꾸는다

THE POWER OF LANGUAGE

언어는 어떻게 인간을 바꾸는가

THE POWER OF
LANGUAGE

뇌를 설계하고 사고를 확장하는
다중언어의 놀라운 힘

비오리카 마리안 지음
신견식 옮김

위즈덤하우스

에이미, 나디아, 그레이스,
그리고 언어를 사랑하는 모든 사람에게

차례

일러두기

- 미주는 모두 저자의 주고, 옮긴이의 주는 따로 본문 안에 표기했다.
- 외국 인명과 지명은 국립국어원 표준국어대사전의 외래어 표기법 및 용례를 따랐
  다. 표기가 불분명한 일부는 실제 발음을 따라 표기했다.
- 단어의 발음을 보충 설명할 때는 대괄호를 사용했다.

전설에 따르면, 고대 도시 바빌론에는 인류 최초의 마천루라 할 만한 높은 탑이 있었다. 현재의 이라크에 이 탑이 존재했다는 것은 역사적 문헌에서 확인된다. 성서에서는 세상에 다양한 언어가 생겨난 기원을 사람들이 '하늘나라에 닿으려고' 지은 바로 이 탑, 바벨탑이라 지목한다. 창세기 11장 6절에 이런 구절이 있다. "여호와께서 이르시되 이 무리가 한 족속이요 언어도 하나이므로 이같이 시작하였으니 이후로는 그 하고자 하는 일을 막을 수 없으리로다." 사람들이 하늘에 닿는 것을 막고자 신은 그들을 온 세상에 흩어 놓고, 서로 의사소통할 수 없도록 여러 언어를 만들어 일이 더 이상 진척되지 않게 했다.

하늘에 닿는 열쇠라는 언어는 확실히 힘을 발휘한다. 바벨탑 이야기는 언어가 포용하면서도 배제하고, 소통의 도구가 되면서도 방해도 될 수 있음을 보여준다. 다른 종교에서도 종교적 믿음에서 하늘만큼이나 높은 곳에 닿으려면 언어에 기대야 함을 인정한다. 쿠란 14장 4절에 어떤 것을 분명케 하고자 할 때 그 백성의 언어로 선지자를 보냈다고 나오듯이, 종교적 개념은 언어가 있어야만 인류에게 전달될 수 있다고 말한다.

홀로코스트 생존자인 이틸리아 작가 프리모 레비는 단편소설 〈고요한 별〉에서 언어의 한계와 우리가 세상을 인식하는 방식을 아름답게 이야기한다.[1]

별을 논하기에는 우리의 언어가 마치 깃털로 쟁기질을 하려는 것처럼 부실하고 우스꽝스러워 보인다. 언어는 우리와 함께 태어났다. 크기와 수명이 얼추 우리만 한 대상을 설명하는 데 알맞으며, 우리의 차원이라서 인간적이다.

그가 지적하듯 육안으로 보이는 것보다 크거나 작은 규모, 불보다 뜨거운 온도, 백만, 십억과 같은 숫자 등 이전에는 존재를 몰랐던 개념은 시간이 흐르면서 새로운 단어로 만들어졌다.

언어가 이 시대에 맞는 세계관을 따르는가, 아니면 우리의 세계관이 언어를 따르는가? 언어-사고 제약이 존재하는지 확인하려면 현대의 기계 학습 연구를 살펴봐도 좋다. 스탠퍼드대학교의 신경과학자들이 대규모 행동 데이터를 사용해 독서나 의사결정 등의 인지 작업 수행과 관련된 뇌의 분업 방식을 연구해보니 계산 알고리즘은 인간 언어에 바탕을 둔 예상 분류 패턴을 따르지 않는 식으로 신경 활동 패턴을 군집화했다.[2] 뇌에서 서로 다른 언어의 '위치'를 찾으려던 초창기의 노력을 통해 겹치는 신경망이 대체로 드러났듯이, 겉보기에 구별되는 정신적 행위들의 경계는 뇌 자체에 반영되지 않았다. 그 대신에 계산 알고리즘에 따른 분류는 우리에게 아직 라벨이 없는 구성 개념의 존재를 암시하는데, 우리가 깃털로 쟁기질하려는 별들의 우주와도 같다. '기억'이나 '지각知覺'과 같은 단어의 정신적 구성 개념조차도 기계 학습에서 나타난 구성 개념을 정확히 설명하지 못했다.[3] 이보다는 기억과 지각의 작용이 겹치다 보니 우리가 그것들을 일컫는 어휘나 생각하는 방식이 여전히 매우 부정확하다는 것을 나타낸다. 기억과 지각은 구별하려고 붙이는 라벨에도 불구하고 인간 또는 인공지능에서 서로 범주적으로 나뉘지 않는다. 어쩌면 우리에게는 아직 정신 상태와 세상에 존재하는 범주를 더 정확하게 연구하고 라벨을 붙일 도구가 없을지도 모른다. 우리의 현실(정신 상태든, 색깔이든, 사람의 유형이든) 해석 밖에 존재하는 정확한 범주가 있다는 관념 자체는 언어가 영속시키는 환상일 수도 있다. 세상에 '실제로' 존재하는 범주가 있는지 여부와 상관없이 우리가 만드는 언어적·정신적 범주는 중요하다. 그런 범주는 지각, 과학, 편견처럼 서로 다른 영역에 영향을 미친다.

심리언어학은 정신과 언어 사이의 관계에 초점을 맞추는 분야다. 30년 전 대학원에 입학했을 때 나와 같은 다중언어 사용자의 언어 처리 방식뿐 아니라 인간의 인지 및 신경 능력과 한계를 이해하고 싶었다. 이 책은 다중언어 사용의 프리즘으로 바라본 언어와 정신을 다루는 나 자신과 여러 사람의 독자적 연구를 종합한 것이다. 이 책은 나의 제3언어인 영어로 썼으며, 동시에 내 모국어 루마니아어와 제2언어 러시아어 지식과 더불어 연구 대상자들의 언어인 미국 수어, 광둥어, 네덜란드어, 프랑스어, 독일어, 일본어, 한국어, 중국어, 폴란드어,

스페인어, 태국어, 우크라이나어 등의 지식도 바탕으로 삼았다.

다른 언어들을 공부하면 흔히들 그렇듯이 어린 시절 나도 주위 언어들의 특징에 호기심이 많았다. 어째서 러시아어는 다리橋가 남성인 반면 독일어는 여성이고, 영어는 성별이 없을까? 그리고 내 모국어인 루마니아어는 더 특이하다. 다리는 하나만 있으면 남성인데 둘 이상이면 여성이다. 다리를 생각하는 방식에 이것이 어떤 영향을 미칠까? 특히 동일한 사물이 각기 다른 문법적 성별을 가진 언어들을 여럿 아는 사람들이라면?

최근의 인지과학 실험에 따르면, 독일어 화자는 다리를 아름답고 우아하고 연약하고 평화롭고 예쁘고 날씬하다고 인식하거나 묘사할 가능성이 더 높다.[4] 스페인어 화자는 같은 다리를 크고 위험하고 길고 강하고 튼튼하고 우뚝 솟은 것으로 인식하고 묘사할 가능성이 더 높다. 차이점은 무엇일까? '다리'는 독일어와 스페인어에서 문법적 성별이 다르고,[5] 사용된 형용사로 어느 쪽인지 추측할 수 있다. '다리'는 스페인어에서 남성이다. 성별이 바뀌는 루마니아어에서는 아직 확실한 결론이 나지 않았다(루마니아어는 단수에서 남성인 명사가 복수에서 자주 여성이 된다). 사물을 두고 생각하는 방식에 무생물의 문법적 성별이 영향을 미치는 정도는 성 대명사와 성별 언어 사용에 대한 작금의 논쟁과 관련이 있다. 성 대명사가 자신과 타인을 인식하는 데 영향을 미치는 암묵적 연관성의 생성에 꽤 효과적이기 때문이다.

우리가 붙이는 라벨은 중요하다. 예컨대 '노예들' 대신 '노예화된 사람들'이나 '노예였던 사람들'이라 하듯 누군가를 지칭하는 라벨을 바꾸는 것처럼 간단한 일도 우리가 이야기하는 이들을 정신적으로 표상하는 방식에 즉각적인 차이를 만든다.

다양한 언어를 접하면 생기는 결정적인 능력은 급증하는 사회적 불화를 해소하고 닥쳐오는 글로벌 문제의 해결책을 마련하는 데 필수적이다. 다른 언어와 세계관의 쓸모와 아름다움을 몸소 느낄 수 있다면, 타인과 타자를 악마화하거나 편견에 빠지는 경향이 줄어들 수밖에 없을 것이다.

언어의 힘을 이해하면 정치인, 광고주, 변호사, 동료, 가족 등이 교묘한 말로 조작하려 해도 잘 알아차릴 수 있게 된다. 거액을 받고 제품 구매나 투표, 판결에 영향을 미치도록 언어를 조작하는 사람들도 있다. 여러 언어를 안다면 미묘한 언어적 차이를 이미 겪어본 바 있기에 말과 감정의 관계를 더 잘 알 수 있다.

언어들의 차이를 놓치면 파국을 맞을 수도 있다. 미국 항공우주국 화성 기후 궤도선이 산산조각 나는 바람에 수억 달러와 수년간의 작업, 수개월간의 우주여행이 모두 공중분해되었는데, 영미식 단위를 미터법으로 변환하지 않았기 때문이었다.[6] 한층 더 비극적인 오역 또는 적어도 해석의 오류를 미국 국가안보국NSA의 일반 공개 문서에서 찾아볼 수 있다.

1945년 제2차 세계대전 막바지에 독일 포츠담에 모인 각 연합국의 지도자 트루먼과 처칠, 스탈린, 장제스는 일본 총리 스즈키 간타로에게 항복 조건이 담긴 선언문을 보내며 무조건 항복을 요구했다. 답변이 부정적이면 '즉각적이고 완전한 파멸'을 맞을 것이라고도 경고했다. 어떻게 반응할지 기자들이 질문하자 스즈키 총리는 '묵살黙殺'하겠다고 답했다. '묵살'은 문제 삼지 않겠다는 다소 유보적인 뜻으로 해석되는데, 의도적으로 무시한다는 경멸적인 뜻도 담을 수 있다. 애매모호해서 잘못된 외교적 발언일 수도 있었겠지만, 후자의 의미로 번역되어 서방에서는 적대적인 반응으로 간주되었다. 국가안보국 문서 내용은 다음과 같다.

> 스즈키가 의도한 말뜻은 좀 달랐다. 안타깝게도 국제 통신사들은 일본 정부의 눈에 최후통첩이 '논평할 가치가 없는' 것이라고 세상에 알렸다. 스즈키의 말투에 분노한 미국 관료들은 … 엄중한 조치를 취하기로 결정했다. 열흘 안에 원자폭탄을 투하하기로 결정했고, 폭탄이 떨어져 히로시마는 폭삭 주저앉았다.[7]

좀 더 가벼운 이야기도 있는데, 내가 애틀랜타의 에머리대학교에서 대학원을 다녔을 때 조지아주 태생인 카터 대통령은 그곳에서 해마다 유학생들을 만났다. 그는 특유의 붙임성과 유머 감각으로 분위기를 편안하게 만들며 일본에서 했던 연설의 일화를 들려주었다. 연설을 시작하며 우스갯소리를 했는데 통역이 일본어로 옮기자마자 청중이 모두 웃었다는 것이다. 그날 늦게 카터는 통역사에게 그 농담이 왜 그렇게 열렬한 반응을 이끌어냈는지 물었다. 대답을 머뭇거리던 통역사를 적당히 구슬렸더니 그는 농담을 일본어로 어떻게 통역할지 자신이 없어서 "카터 대통령이 농담을 했습니다. 다들 웃어주시죠"라고 말했다고 실토했다.

나도 농담을 던지고 "다들 웃어주시죠"라고 끝낼 수 있으면 좋겠다. 다른 언어를 배운다고 해서 느닷없이 재밌어지거나 천재가 되거나 세상에서 가장 섹시한 사람이 되지는 않는다. 머리숱이 늘거나 억만장자가 되는 것도 아니다. 사실 다중언어 사용과 소득 사이에 상관관계가 있기는 하지만.

다음은 전 세계 여러 연구실에서 나온 외국어 학습 효과 연구의 결과 중 일부다.

- 노인들의 다중언어 사용은 알츠하이머병과 다른 유형의 치매를 4~6년 늦추고 '인지 예비능cognitive reserve'을 키운다.[8]
- 아이들이 제2언어를 배우면 사물과 이름 사이의 연결이 임의적이라는 사실을 일찍 이해할 수 있다. 우유를 밀크(milk, 영어)나 레체(leche, 스페인어)나 몰로코(молоко, 러시아어)라고 불러도 되고, 만들어낸 말을 써도 된다. 실제와 이를 지칭하는 상징체계가 동일하지 않다는 이해력은 더 발달된 메타언어적 능력으로 이어지며, 이는 더욱 앞선 메타인지 과정과 고차 추론의 기초를 마련한다.
- 전 생애에 걸쳐 둘 이상의 언어를 사용하면 실행 기능executive function 과제 수행 능력이 올라가 중요한 것은 집중하고 무관한 것은 무시하기가 더 수월해진다.
- 여러 언어를 알면 남들이 보지 못하는 방식으로 사물을 연결시킬 수 있어 창의성과 확산적 사고 과제에서 더 높은 점수를 받을 수 있다.
- 모국어가 아닌 언어를 쓰면 더 논리적이고 사회적 이익이 더 큰 결정을 내릴 가능성이 커진다.

글로벌 온라인 커뮤니티가 급속도로 커지고 여행을 떠나기가 쉬워지면서 우리 대부분이 살다 보면 언젠가 타국어 화자와 상호작용하게 된다. 서로 사랑에 빠지고 친구가 되거나 가족으로 맞이하고, 함께 학교에 다니거나 직장에서 일하게 된다.

누구나 언어를 사용하지만 그 힘을 이해하는 이는 드물다. 마치 엄청나게 소중한 것을 지니고도 전혀 모르는 것과 같다. 때로는 내가 다락방에 오랫동안 방치되어 있던 낡은 물건이 값을 매길 수 없는 보물임을 밝히는 골동품 감정 프로그램의 감정사처럼 느껴진다.

나는 언어를 사랑하고 언어와 마음이 어떻게 상호작용하는지 알아내고 싶어서 심리언어학자가 되었다. 이 책이 우리가 이미 가진 놀라운 능력을 이해하는 데 도움이 되고, 머릿속이 어떻게 돌아가는지 엿보게 해주며, 새로운 방식으로 잠재력을 열어젖힐 열쇠가 되기를 바란다.

PART 1

나를 바꾸는 언어

내 언어의 한계는 내 세계의 한계다.[1]
—루트비히 비트겐슈타인

THE POWER OF
LANGUAGE

1장

언어라는 놀라운 세계

우리가 사는 세상은 코드와 같다. 소프트웨어처럼 빡빡한 것도 있고, 모국어처럼 물 흐르듯 가는 것도 있다. 수학처럼 인간의 경험을 초월해 확장되는 코드도, 편견을 담은 코드도 있다. 어떤 코드는 시처럼 들린다. 이 모든 것이 언어이며, 이것들이 바로 우리의 머릿속을 지나가는 코드다.

우리는 자각하지 못할 수도 있지만 수학, 음악, 입말, 수어처럼 이미 수많은 코드를 사용한다. 인간의 뇌는 다양한 의사소통 코드를 수용하도록 설계되어 우리가 이러한 코드들을 배워나갈수록 새로운 경험과 지식의 문이 열린다. 우리는 세상을 다른 시각으로 보게 되고, 이에 따라 우리의 뇌는 변화한다.

스페인어, 중국어, 힌디어 등 다른 언어를 배우는 것이 가져다주는 혜택을 누리지 못하는 이가 여전히 많다. 다중언어 사용이 주는 효과

게임판의 방향을 바꾸면 더 높은 점수를 올릴 수 있는 보글 게임처럼 우리 역시 아는 언어가 많아질수록 더 많은 것을 얻을 수 있다.

가 제대로 이해되지 않거나 과소평가되거나 심지어 정치적으로 이용되기 때문이다. 그러나 여러 언어를 익히는 것은 다른 방법으로는 얻을 수 없는 새로운 사고방식을 이끌어낸다. 수학을 배우면 인공지능을 개발하거나 심해로 잠수하거나 다른 행성으로 탐사를 떠나는 것과 같은 상상할 수 없던 일들이 가능해지고, 악보를 배우면 수천 킬로미터 떨어진 곳에서 또는 수백 년 전에 작곡된 음악의 패턴을 알 수 있듯이, 새로운 언어를 배우는 것은 현실을 바라보는 또 다른 코드와 새로운 사고방식을 갖게 해준다.

혹시 보글Boggle 게임을 해본 적이 있다면, 단어를 적는 동안 다른 사람이 게임판을 돌려 짜증을 낸 적이 있을지도 모른다. 아니면 반대로 그 짓을 해서 남들에게 원성을 들었을 수도 있다. 그렇다면 어느 순간 뇌가 발견한 사실이 있을 것이다. 바로 판의 방향을 바꾸면 같은 글자들이 다르게 보이고, 더 많은 단어를 찾아낼 수 있으며, 점수를 올릴 수 있다는 것이다.

보글 게임판과 마찬가지로 우리가 아는 언어가 많아질수록 정보를 추출하고 해석하는 방식이 달라지면서 생각과 감정, 인식과 기억, 의사결정, 아이디어와 통찰력에 더해 행동에까지 영향을 미친다. 게임판을 새로운 각도로 바라보면 뇌 속에서 특정 신경세포 집단이 활성화되고, 이에 따라 '어떤 낱말들이 보이는가?'라는 질문에 대한 답도 달라진다. 일상에서도 뇌는 언어가 입력 정보를 어떻게 조직하느냐에 따라 서로 다른 답을 내놓는다.

단어 하나가 중력, 유전체, 사랑과 같은 복잡한 개념을 전달할 수 있는 것은 방대한 정보를 작은 단위로 코드화하고 압축해 저장과 학습을 최적화한 덕분이다. 상징체계로서 언어 개념은 언어와 정신을 다루는 과학의 근본적인 초석이다.

늘어가는 다중언어 사용자

그러나 하나의 상징체계만으로는 도달하는 데 한계가 있다. 다중 상징체계를 습득하고 활용하면 사고방식이 달라지는 것을 넘어 뇌의 구조 자체도 바뀐다. 이는 단순한 추가적인 효과가 아니라 근본적인 변혁을 함의한다.

놀랍게도 세계 인구는 대부분 둘 이상의 언어를 구사한다. 현재 세계에는 7000개 이상의 언어가 존재한다. 그중에서도 영어와 중국어는 사용자가 각각 10억 명 이상이며, 힌디어와 스페인어도 각각 5억 명이 넘는다. 프랑스어, 아랍어, 벵골어, 러시아어, 포르투갈어가 그 뒤를 잇는다. 인류에게 다중언어 사용은 예외가 아닌 표준이다. 예컨대 인도네시아에서 가장 많이 사용하는 인도네시아어는 인구의 94퍼센트 이상이 구사하지만, 모국어 화자는 전체의 20퍼센트에 불과하다.

     1장 언어라는 놀라운 세계

모국어 인구로는 자바어가 가장 많지만, 국민의 30퍼센트에 지나지 않는다. 유럽, 아시아, 아프리카, 남아메리카의 많은 나라에서는 아이들이 태어날 때부터 두 개 이상의 언어를 접하며, 이후 학교를 다니거나 성인이 된 후 추가적으로 언어를 습득한다. 룩셈부르크, 노르웨이, 에스토니아 같은 나라에서는 90퍼센트 이상의 인구가 둘 이상의 언어를 구사한다. 유럽 전체 인구의 약 3분의 2가 최소 두 개 이상의 언어를 사용하며, 유럽위원회에서 추정하는 바로는 약 25퍼센트가 세 개 이상의 언어를 구사한다. 캐나다는 인구의 절반 이상이 최소 두 언어를 사용한다. 고등교육을 받은 사람들 사이에서는 다중언어 사용 비율이 더욱 높다. 유럽연합 내에서 대학 졸업자의 80퍼센트 이상이 두 개 이상의 언어를 구사한다.

다중언어 사용이 국가 정책 차원에서 이루어지는 나라도 많다. 이를테면 캐나다는 공용어가 둘, 벨기에는 셋, 남아프리카공화국은 아홉 개다. 인도는 헌법상 스무 개가 넘는 언어를 공식 언어로 인정하며, 다중언어 사용이 기본적인 생활 방식이다. 전 세계적으로 약 66퍼센트의 어린이가 이중언어 환경에서 자라고 있으며, 외국어를 필수 과목에 포함하는 나라도 많다.

전통적으로 단일언어 국가였던 미국조차도 다중언어 사용자가 빠르게 증가하고 있다. 현재 미국 인구의 5분의 1 이상(2020년 기준 22퍼센트)이 가정에서 영어 외의 다른 언어를 사용한다고 보고되었는데,[1] 이 수치는 지난 40년 동안 곱절로 늘었고, 특히 대도시에서는 50퍼센트에 가까운 인구가 영어 외의 언어를 사용한다.

그럼에도 우리는 이제 막 다중언어적 사고를 이해하기 시작한 단

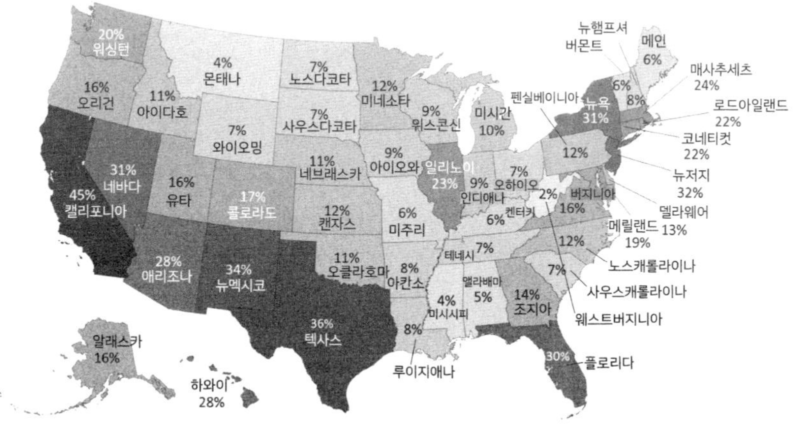

미국 내 영어 외의 다른 언어를 사용하는 가정의 비율

계다. 왜 그럴까? 과학이 보글 게임을 하면서도 판을 돌려보지 않았기 때문이다. 역사적으로 연구가 대개 단일언어 사용 집단에 초점을 맞춰왔으며 지금까지도 쭉 그렇다. 이는 인간의 뇌와 능력을 단일언어 사용자의 렌즈로만 바라본다는 의미이며, 그러다 보니 우리의 이해가 제한적이고 불완전할 뿐 아니라 잘못된 경우도 많다.

단일언어 사용자만을 대상으로 삼아 인간의 사고를 연구하는 것은 과거 심장병과 당뇨병 연구가 백인 남성을 대상으로만 이루어졌고 그 결과를 모두에게 일반화했던 것과 비슷하다. 우리는 이제 심장병이 남성과 여성에게 다르게 나타나며, 북미 및 남미 원주민들은 당을 대사하는 방식이 다르다는 사실도 안다. 여러 언어 또는 방언을 사용하는 사람들은 단일언어 사용자와 언어적·인지적·신경학적 구조가 다르다. 오랫동안 이러한 차이점들은 신호라기보다는 잡음으로 간주되었고, 인간 본연의 복잡한 시스템이라기보다는 문제점으로 여겨져 왔다.

 1장 언어라는 놀라운 세계

연구에서 언어적 다양성을 배제하면 어떤 위험이 초래될까? 역사적 사례 중 하나가 1924년 당시 미국 대통령 캘빈 쿨리지가 서명한 이민법Immigration Act이다. 미국은 이민을 받아들일 나라(서북유럽)와 제한할 나라(동남유럽, 아시아, 아프리카)를 정했는데, 이 차별적 정책은 미국인의 유전자 풀 '개선'을 목표로 삼았으며, 지금은 오류로 판명된 특정 인종 및 민족 집단의 지능에 대한 심리측정 연구, 이른바 '우생학 연구'를 근거로 삼았다. 이 연구는 언어적·문화적 차이를 고려하지 않은 채, 종종 피실험자들이 이해하지 못하는 언어로 수집된 데이터에 기반을 두었다. 한 농부가 엘리스섬에 도착하자마자 전혀 알아듣지 못하는 언어로 '지능' 검사를 받아야 했다면 어떤 결과가 나왔을지 상상해보면 좋겠다. 영어를 하거나 같은 게르만어파에 속하거나 영어와 비슷한 언어의 사용자라면 더 좋은 점수를 받았겠고, 영어와 유사성이 적은 언어를 구사하던 사람들은 당연히 불리한 결과를 얻지 않았을까?

이민법은 결국 폐지되었지만, 편향된 이민 정책의 잔재는 여전히 남아 있다. 다중언어 사용자를 이해하지 못한다면 인간의 능력을 불완전하고 부정확하게 바라볼 뿐 아니라, 개인의 기회 제한, 이민자와 외국어에 대한 부정적 태도, 편향된 교육 및 사회 정책으로도 이어진다. 다중언어 사용자를 과학 연구에 포함하면 인간 조건에 대한 질문에 정확히 답하는 데 도움을 얻을 수 있다.

최근까지는 다중언어 사용자의 뇌를 연구할 도구가 없었다. 그러나 과학기술 발전 덕분에 이제는 뇌의 혈액 산소화 반응을 측정하는 기능적 자기공명영상fMRI, 뇌의 전기 활동을 매핑하는 뇌전도EEG, 동공의 움직임 및 확장을 기록하는 시선 추적을 비롯해 기계 학습, 대

규모 국제 온라인 데이터 세트 등 새로운 방법이 활용되고 있다.[2]

내 연구실에서는[3] 시선 추적 기술을 활용한 실험을 통해 일상생활에서 무엇을 바라보고 어디에 주의를 기울이고 무엇을 기억하는지가 우리가 할 줄 아는 언어와 특정 순간에 사용하는 언어에 따라 달라진다는 사실을 밝혀냈다.[4]

이 실험에서는 이중언어 사용자들이 책상에 앉아 다양한 물체를 옮기는 작업을 수행할 때 동공의 움직임이 기록된다.[5] 언어들 사이에 일부 물체의 이름이 비슷하다는 점이 흥미롭다. 예를 들어, 영어 단어 'marker[마커]'와 러시아어 'марка[마르카: 우표]', 영어 'glove[글러브]'와 러시아어 'глаз[글라스: 눈티]', 영어 'shark[샤크]'와 러시아어 'шарик[샤리크: 풍선]'처럼 발음이 살짝 겹치는 단어들이 있다. 박사 논문을 쓸 때 나는 실험에 적합한 물건을 찾으려고 가게를 샅샅이 뒤졌지만, 이제는 이런 실험을 개인용 웹캠으로 온라인에서도 진행할 수 있다. 안구 운동 분석을 통해, 이중언어 사용자가 한 언어로 된 단어를 들으면 다른 언어에서 비슷한 이름을 가진 물체로도 눈길을 돌린다는 사실이 밝혀졌다. 다시 말해, 영어로 '마커', '글러브', '샤크'를 들었을 때, 러시아어 '마르카', '글라스', '샤리크'에 해당하는 사물에도 시선을 두는 것이다.

러시아어와 영어를 다 알든 영어만 알든 두 집단 모두 영어로 이름이 유사한 물체에 반응하지만(예를 들어, marker[마커]와 marble[마블], spear[스피어]와 speaker[스피커]),[6] 영어와 러시아어를 둘 다 알아야 두 언어에서 소리가 비슷한 단어에 반응한다(예를 들어, marker[마커]와 марка[마르카], spear[스피어]와 спички[스피치키: 성냥]).[7] 영어만 아는 사람은 전시된 다른 물체보다 러시아어에서 이름이 비슷한 물체를 더 많이 바라보지 않는다. 정확히 같은 자극으로 테스트했을 때 나타나는 이중언어와 단일언어 화자들 간의 이러한 차이는, 교차 언어적 비교 대상으로 움직이는 시선이 이중언어 화자의 머릿속에서 일어나는 다른 언어의 병렬적 활성화 때문이라는 것을 시사한다.[8]

또 다른 간단하면서도 기발한 '스트룹 과제Stroop task'에서는 의미와 무관하게 글자의 색깔을 말하도록 요구한다.[9] 'BLACK' 또는 'GREEN'이라는 글자가 인쇄된 색이 검정이든 녹색이든, 말뜻을 무시하고 잉크의 색을 말해야 한다. 'BLACK'이라는 글자가 초록색일 때보다 검정색일 때 대개 더 빨리 말한다. 다중언어 사용자들은 일반적으로 스트룹 과제에서 더 좋은 성과를 보인다. 이들이 잉크 색깔(관련 정보)에 집중하고 말의 의미(비관련 정보)를 무시하는 능력은, 여러 언어를 다루며 특정 언어에 집중하고 다른 언어들과의 경쟁을 조절해왔던 경험의 부산물이다.[10] 시간이 지나면서 여러 언어 간 경쟁을 제어하게 되면 뇌는 관련 매개변수에 더 집중하고 불필요한 정보를 무시하는 능력을 갖추게 되는데, 이는 실행 기능의 핵심 특징이다.

다중언어 사용이 미치는 영향

다중언어 사용의 영향은 실행 기능에 국한되지 않고 기억, 감정, 지각 등 인간 경험의 거의 모든 영역에 미친다. 한 연구에서 중국어와 영어를 다 할 줄 아는 이들에게 한 손을 들고 먼 곳을 바라보는 동상의 이름을 말하도록 요청하자, 영어로 말할 때는 '자유의 여신상'이라고 답할 확률이 높았고,[11] 중국어로 말할 때는 '마오 주석 동상'이라고 답할 확률이 높았다. 제2차 세계대전 당시 일본이 처음 공격을 가한 시점과 장소를 묻는 질문에서는, 영어로 말할 때는 '1941년 진주만', 중국어로 말할 때는 '1937년 루거우차오盧溝橋'라고 답하는 경향이 강했다(전자는 미국, 후자는 중국이 공격받은 것). 신체적 장애를 극복하고 성공한 여성을 묻는 질문에서는, 영어로는 '헬렌 켈러', 중국어로는 '장하이디張海迪'라고 답할 확률이 높았다. 이 이중언어 사용자들은 답을 둘 다 알고 있었지만, 어떤 답이 먼저 떠오르는지는 어떤 언어를 사용하느냐에 따라 달랐다. 이는 언어와 문화가 밀접하게 연결되어 있기 때문이며, 언어가 문화의 매개체 역할을 할 뿐 아니라 사용하는 언어가 바뀌면 문화적 참조 틀이 전환된다는 것을 보여준다.

심지어 다중언어 사용자들은 유년기, 인간관계, 경험 등 삶의 개인적인 기억조차 언어에 따라 다르게 떠올린다. 특정 언어로는 바로 그 언어를 썼던 시기의 사건을 더 잘 회상할 가능성이 높다. 또 다른 연구를 보면 이중언어 사용자들이 모국어를 사용할 때는 미국으로 이민 오기 전의 유년기 사건을 더 잘 기억했고, 영어를 사용할 때는 미국에서 겪은 일을 더 잘 기억하는 경향이 나타났다.

내 세미나 수업을 듣는 여학생이 스스로에게 실험을 해봤다며 이런 메시지를 보냈다.

제가 직접 실험해보고 싶어서 엄마와 영상 통화를 시작할 때 중국어로 특정한 기억을 물어봐달라 부탁하고서 통화가 끝날 때쯤 영어로도 똑같이 물어봐달라고 했어요(엄격한 과학 실험까지는 아니겠지만 그래도 재미있는 시도였어요). 엄마가 한 질문은 "놀이터에서 놀았던 가장 어린 시절의 기억이 뭐야?"

였어요. 광둥어로 질문을 받았을 때 제 머릿속에 가장 먼저 떠오른 기억은 예전에 살던 아파트 놀이터에서 부모님과 놀던 장면이었어요. 그런데 같은 질문을 영어로 받으니 유치원 놀이터에서 공주 놀이를 했던 기억이 가장 먼저 떠올랐어요. 처음에는 같은 질문인데 왜 다른 기억이 떠오르는지 이상하게 느껴졌는데, 곰곰이 생각해보니 이해가 되더라고요. 부모님과 놀이터에서 놀았을 때는 광둥어를 썼고, 유치원에서는 영어로 배웠으니까요.

어떤 언어를 쓰는지에 따라 접근하는 기억이 달라진다는[12] '언어 의존적 기억Language-Dependent Memory'[13] 현상은 법정에서 이중언어 증인을 신문할 때나, 이중언어 내담자에게 트라우마적 사건의 기억을 떠올리도록 하거나 심리치료를 제공할 때 중요한 의미를 가진다.

기억이 떠오르는 방식은 우리가 스스로를 어떻게 인식하고 어떤 사고의 틀을 사용하는지에도 영향을 미친다. 언어는 사랑과 증오를 경험하는 방식에도 영향을 줄 수 있다. '사랑해'라는 표현은 모국어와 비모국어로 말할 때 감정적으로 다르게 다가온다.[14] 모국어는 더 강한 감정적 반응을 불러일으킨다. 그래서 어떤 다중언어 사용자들은 감정적 거리를 유지해야 할 때 일부러 비모국어를 사용하기도 한다.[15] 물론 다른 언어를 쓴다고 감정이 없는 〈스타트렉〉의 벌컨이 되는 것은 아니지만, 적어도 모국어에 내재된 강렬한 감정적 연상에서 어느 정도 벗어날 수 있다. 넬슨 만델라의 유명한 말처럼 "상대가 알아듣는 언어로 이야기하면 그의 머리에 남고, 상대의 모국어로 이야기하면 그의 가슴에 남는다".

극단적으로 보일 수 있지만, 다중언어 사용자는 쓰는 언어가 달라지면 사람이나 사건, 사물을 다르게 느낄 수 있다. 욕설이나 금기어에 난처해질 가능성도 모국어를 쓰느냐 제2언어를 쓰느냐에 따라 달라진다. 여러 언어를 사용하는 사람들은 서로 다른 감정을 느낄 뿐 아니라 각성을 측정하는 갈바닉 피부 반응이나 뇌 활동을 측정하는 사건 관련 전위event-related potential 및 fMRI와 같은 생리적 반응이 신체에 다르게 나타나고, 언어에 따라 감정적으로 다른 결정을 내린다. 긍정적이거나 부정적인 감정과 언어 사이의 정확한 관계는 사람마다 다르다. 어떤 사람들에게 모국어는 가난, 박해, 고난과 관련이 있는 반면, 제2언어는 자유, 기회, 경제적 풍요, 박해로부터의 탈출과 관련이 있기에 더 긍정적인 의미를 지닌다. 반대로 제2언어는 이민 후의 어려움, 차별, 친밀한 관계의 부재와 연관된 반면, 모국어는 가족, 친구, 부모의 사랑과 연관되어 있는 경우도 있다. 각 언어와 관련된 긍정적인 경험과 부정적인 경험이 뒤섞여 그 중간 어딘가에 있는 사람도 많다.

현재 '외국어 효과Foreign Language Effect'[16]에 관한 연구 결과가 상당수 발표되고 있다. 사람들이 모국어가 아닌 외국어를 사용할 때 도덕적 판단부터 재정적 결정에 이르기까지 다양한 영역에서 더 논리적이고 합리적인 결정을 내린다는 것이다. 도덕성과 윤리 연구에 사용되는 전형적인 주제인 '트롤리 딜레마Trolley Dilemma'[17]를 예로 들어보자. 인부 다섯 명을 향해 빠르게 달려가는 트롤리가 있다. 당신은 철로 위의 다리에 서 있으며, 옆에는 무거운 배낭을 멘 덩치 큰 남자가 있다. 남자를 다리 아래로 밀어 떨어뜨리면 그 사람은 죽지만, 트롤리가 멈추면서 인부 다섯 명을 구할 수 있다. 과연 다섯 명을 살리려고 한 사람을 죽여도 될까?

모국어로 응답한 경우, 이중언어 사용자의 20퍼센트가 다섯 명을 구하기 위해서는 한 사람을 다리에서 밀어내도 된다고 답했다. 외국어로 응답할 때는 이중언어 사용자의 33퍼센트가 같은 답을 했다. 그저 제2언어로 바뀌었을 뿐인데도 이처럼 공리주의적 의사결정이 늘었다.

부정행위도 실험했는데,[18] 이중언어 사용자에게 주사위를 혼자 굴린 다음(숫자는 본인만 알 수 있다) 그 결과를 보고하게 하고, 그 숫자에 정비례하는 보상(숫자가 높을수록 더 큰 보상)을 주었다. 모두가 정직하다면 가능한 답의 수에 따라 결과의 분포가 균등하게 나뉜 확률값이 되리라 예상할 수 있다(주사위 각각의 면은 6분의 1 확률). 하지만 모국어로 질문을 받았을 때는 낮은 숫자(1 또는 2)가 아닌 높은 숫자(5 또는 6)가 나왔다고 응답할 가능성이 더 높았다. 언어는 우리가 얼마나 속임수를 쓰는지와 공리주의적인지에 영향을 미치고, 전반적으로 의사결정의 방향도 좌우한다. 외국어를 쓸 때 정직의 목소리가 더 크다고 할 수 있다.

새로운 나를 만나는 경험

본질적으로 언어는 사람들을 다르게 만든다. 언어가 달라지면 자신 안에 잠재된 또 다른 측면이 전면에 드러나고 꺼졌던 다른 정체성이 켜진다. 지킬 박사와 하이드 정도까지는 아니지만, 외국어를 쓰면 모국어 안에 잠자던 또 다른 자신이 깨어날 수 있다.

또 다른 언어를 배우면 정체성, 기억, 인간관계를 넘어 우주를 구성하는 새로운 방법이 생긴다. 영어를 쓰는 사람이라면 보통 무지개를 일곱 가지 색으로 생각하곤 한다. 하지만 무지개는 무한한 색상으로 이루어지고, 색상 스펙트럼 안에 다양한 색조가 있으며, 한 색이 경계 없이 매끄럽게 다른 색으로 바뀐다. 우리가 무지개를 보고 생각하는 방식은 우리가 사용하는 색상 어휘의 영향을 받으며, 다른 언어를 쓰는 사람들은 무지개를 다르게 보고 이야기한다.

우리가 세상을 필터링하는 단어의 결과로 무지개 색깔과 우주 전반을 인식하며 설정하는 경계는 시각에만 국한되지 않고 후각, 미각, 촉각, 시간 감각을 비롯해 다른 수많은 경험에도 적용된다. 예컨대 와인이나 스카치 위스키 감정가는 음료의 질감, 끝맛, 풍미, 향을 묘사하는 어휘가 훨씬 더 풍부하며, 이는 비전문가라면 모를 법한 미묘한 차이를 인식하고 기억하는 능력을 향상시킨다. 마찬가지로 요리사나 조향사는 맛과 냄새의 미묘한 차이를 인지하고, 구별하며 기억할 수 있도록 라벨을 자유자재로 붙일 수 있다. 언어가 하나든 여럿이든 우리가 마음대로 붙일 수 있는 라벨은 주변 세계를 보는 방식에 영향을 미친다. 언어가 인지에 미치는 영향의 범위를 어디까지 설정하든 우리가 인식하고 기억하는 것들 중 일부는 우리가 붙이는 언어적 라벨에 따라 달라진다는 증거가 있다. 또 다른 언어를 배우면 단일언어의 한계로 인한 제약 없이 주변 환경을 파악할 수 있다.

우리의 현실 인식은 우리가 아는 단어뿐 아니라 뇌의 활성화 패턴과도 연결되어 있으며, 이러한 패턴은 개인의 경험에 따라 달라진다. 현실로 인식하는 것은 본질적으로 뇌의 활동이다. 우리의 지각과 사고는 신경 활성화 패턴에 좌우되며, 언어마다 서로 다른 신경 네트워크를 활성화하기 때문에 여러 언어를 쓰는 사람들은 이러한 정신적 경계를 경이로울 만큼 넘나들 수 있다. 우리가 보거나 듣는 것은 어떤

　　　　　　　　　　　　1장 언어라는 놀라운 세계

뉴런이 켜질 가능성이 가장 높은지에 영향을 받고, 어떤 뉴런이 켜질지는 최근 경험으로 활성화된 뉴런들에 따라 달라진다. 언어 사이를 오가면서 신경 활성화 네트워크도 변화하고, 이에 따라 현실 인식과 해석도 변화해 신경 공동 활성화의 여러 차원, 즉 존재의 여러 차원을 가로질러 이동하는 것과도 같다고 할 수 있다.

2장

언어의 병렬 활성화

냉전 시대에 철의 장막 저편에서 자라며 수많은 스파이 소설을 읽었다. 서방 세계의 제임스 본드에 해당하는 소련의 대표적인 첩보원인 막스 오토 폰 슈티를리츠는 수많은 영화, 책, TV 드라마, 농담, 패러디의 주인공이었다. 구소련이나 지금의 러시아에서 슈티를리츠를 모르는 사람을 찾으려 들다가는 고생깨나 할 것이다. 〈007〉 영화가 액션 중심이며 성적 요소와 대중문화로 꽉 찬 반면, 슈티를리츠의 이야기는 어둠 속에서 벌어지는 정보전과 두뇌 싸움이 주된 내용이었다. 그러나 〈007〉 시리즈든 슈티를리츠 이야기든 다른 스파이 영화와 소설이든 대부분 공통적으로 등장하는 전개 방식이 있는데, 바로 각 진영이 서로의 조직에 숨어 있는 첩자를 색출하려 한다는 것이다. 실제 정보기관의 활동이 그렇듯 스파이 영화와 추리소설의 줄거리도 주로 누가 어떤 정보를 아는지를 밝혀내는 데 초점을 맞춘다.

믿기지 않겠지만, 이중언어 사용자들을 대상으로 한 실험과 같은 심리언어학 연구가 첩자 색출과 정보전에 활용될 수 있다. 이러한 실험들 중 상당수는 눈의 움직임과 뇌의 활동을 분석해 의식의 정보 처리 방식을 파악한다.

시선 추적은 원격으로 또는 머리띠나 모자, 안경에 장착된 소형 카메라로 사람 눈의 움직임을 기록하는 장비를 사용한다. 눈의 움직임은 1초도 안 되는 찰나에 일어나며, 일부는 의식적으로 제어되고 의지대로 실행되지만(보고 싶은 대상으로 시선을 돌린다든가), 무의식적으로 일어나서 인식하지 못할 때도 많다. 이러한 무의식적 안구 운동을 기록함으로써 내면을 들여다볼 수 있다.[1]

심리언어학 연구로 밝혀진 바에 따르면, 할 줄 아는 언어처럼 누군가 아는 정보가 눈의 움직임으로 표시되는 정신적 작용을 변화시킨다. 이를 반대로 말하면 누군가가 시선을 어떻게 움직이는지 살펴보면 무의식적으로 주의를 끄는 것을 보고 어떤 정보를 아는지 감지할 수 있다는 뜻이다. 동일한 기법을 활용해 누군가가 상대방이 모르기를 바라는 정보를 아는지 알아챌 수 있다.

이론상으로는 홱보기 안구 운동saccadic eye movement이나 뇌 활동을 영리하게 기록해 러시아 스파이를 노출시킬 수 있다는 뜻인데, 뇌의 시냅스 활성화처럼 불수의적인 홱보기 안구 운동 때문이다. 누군가의 눈 움직임을 기록하는 것만으로 어떤 언어를 쓰고 어떤 정보를 아는지 파악할 수 있다. 시선 추적은 주의를 끄는 환경의 특징을 식별하는 데 이상적으로 적합하다. 사람들이 무엇에 주의를 기울이는지 관찰함으로써 정신 작용을 유추할 수 있다.(이 책 뒷부분에서 볼 수 있듯이 뇌 영상 기술은 사람의 생각이 어떻게 돌아가는지 우리가 몰랐던 정보를 제공하는 방향으로 꾸준히 진행 중이다.)

여러 언어가 동시에 활성화되다

오랫동안 과학계에서는 이중언어 뇌가 언어를 옮겨갈 때 하나의 언어를 꺼두고 다른 언어를 켜는 방식으로 작동한다고 여겼다. 그런 상황에서 여러 언어를 쓰는 사람들이 어떤 단어를 들으면 다른 언어에서 이름이 비슷하게 들리는 사물로 눈길을 옮긴다는 예상치 못한 발견은, 약간 말장난을 섞자면 '눈이 번쩍 뜨이는' 일이었다. 이는 사용하지 않을 때조차도 다른 언어가 항상 활성화된 상태로 남아 있으며, 이중언어 뇌에서 저절로 처리된다는 사실을 보여주었다. 이것이 정신과 언어에 대해 무엇을 알려줄까? 이 질문은 나를 수십 년에 걸친 연구로 이끌었다.

언어들을 동시에 활성화하고 병렬적으로 처리한다는 사실은 특히 놀라운데, 언뜻 비효율적으로 보이기 때문이다. 어차피 한 번에 언어 하나만 사용할 수 있다면 왜 불필요한 작업을 두 배로 늘리는 것일까? 차라리 한 언어 안에서만 말뜻을 찾는 것이 더 효율적이지 않을까? 하지만 알고 보니 실제로는 그렇지 않았다.

이는 단어를 들은 후 하나씩 의미를 매핑하는 직렬 처리 방식이 오히려 매우 비효율적이기 때문이다.

스피커를 찾으라는 요청을 받을 때 'speaker'라는 말을 주변의 모든 사물과 하나씩 비교해가며 찾아야 한다면 어떨까? "이게 스피커인가? 아니, 컵이다. 이건 스피커인가? 아니, 전화. 이건 스피커인가? 아

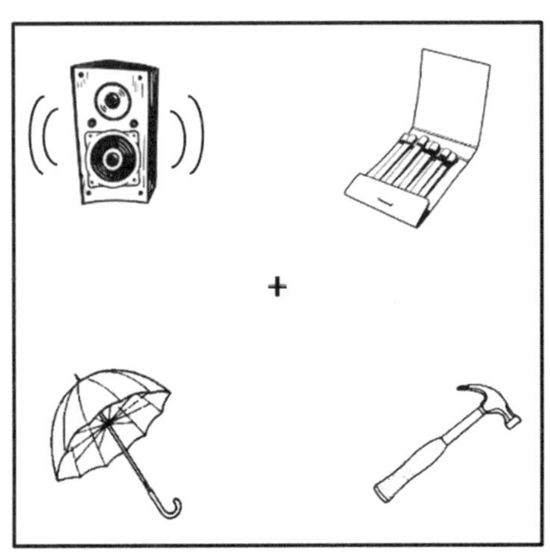

참가자들에게 스피커를 클릭하도록 요청한 컴퓨터 화면 예시. 화면에는 성냥도 있는데, 러시아어 발음이 '스피치키'다. 영어로 스피커를 클릭하라는 요청을 받았을 때, 러시아어와 영어를 둘 다 하는 사람들은 화면의 다른 방해물보다, 그리고 영어만 하는 이들보다 성냥을 더 자주 봤다.

니, 연필." 이런 식이라면 끝도 없을 것이다. 대신 그 단어를 마주친 뇌는 'soap', 'spray', 'spear'처럼 's'로 시작하는 단어를 두뇌 기록 보관실에서 동시에 활성화한다. 그다음에 's-p-e…'처럼 단어가 점점 더 구체화될수록 청각 입력값이 주변 환경에서 얻은 시각 입력값과 통합되면서[2] 승자 독식 방식으로 하나의 의미만 최종적으로 남게 된다.

다중언어 사용자들은 아는 모든 언어에 걸쳐 이러한 병렬 활성화가 펼쳐지므로 'soap', 'spray', 'spear' 등의 영어 단어에다가 러시아어 'слон[슬론]', 'спички[스피치키]' 같은 단어들도 동시에 활성화된다. 이렇게 많은 단어가 동시에 활성화되면 뇌는 소리와 의미를 연결하는 모든 가능한 경로를 열어둔 상태가 된다. 이를 통해 예상치 못한 상황에서도 언제든지 어떤 언어 입력이든 빠르게 처리하고 반응할 수 있으며, 꺼둔 언어를 다시 부팅해야 하는 번거로움을 피할 수 있다.

러시아어와 영어를 둘 다 하는 이들을 대상으로 한 최초의 실험 이후 전 세계에서 진행된 수많은 시선 추적 연구에서 언어 이해 과정의 병렬 활성화 현상을 재현해왔다. 이러한 연구는 스페인어-영어, 일본어-영어, 네덜란드어-영어, 독일어-네덜란드어, 독일어-영어, 프랑스어-독일어, 힌디어-영어 등 다양한 언어 쌍을 대상으로 했다.

병렬 처리란 뇌가 동시에 여러 작업을 수행하고 다양한 자극과 입력을 처리하는 능력을 말한다. 뇌는 중복 작업을 하기보다는 정보 처리 방식을 바꾼다. 다중언어 사용자들은 뇌가 병렬 처리 용량을 늘리는 동시에 여러 언어의 활성화를 조절하는 데 필요한 고차원적인 인지 처리 방식도 바꾼다. 말하자면 뇌는 본래부터 병렬 처리 초유기체이며, 다중언어 사용자에게는 더욱 그렇다.

이러한 '명시적 공동 활성화' 외에 언어 사이에 발음이 유사하지 않더라도 번역어를 통해 활성화되는 '암묵적 공동 활성화'도 있다는 증거가 발견되었다.[3] 이런 '암묵적 공동 활성화'의 증거는 스페인어와 영어를 둘 다 하는 이들을 대상으로 한 연구에서 나왔다. 이들은 영어로 'duck(오리)'이라는 단어를 듣고, 네 개의 그림 중 맞는 것을 클릭해야 했다. '오리'의 스페인어 명칭 'pato'는 화면에 나온 다른 물체인 '삽'의 스페인어 명칭 'pala'와 음운적으로 일부 겹쳤다. 이 연구의 참가자들은 영어로 'duck'을 듣고 맞는 그림을 클릭하도록 요청받았을 때 제시된 다른 방해 이미지보다 삽을 보는 경향이 더 컸다.

우리가 듣는 단어는 발음이 비슷한 단어들만 활성화하는 것이 아니라 언어 사이에 철자나 발음이 비슷한 물체의 이름과 더불어 그 단

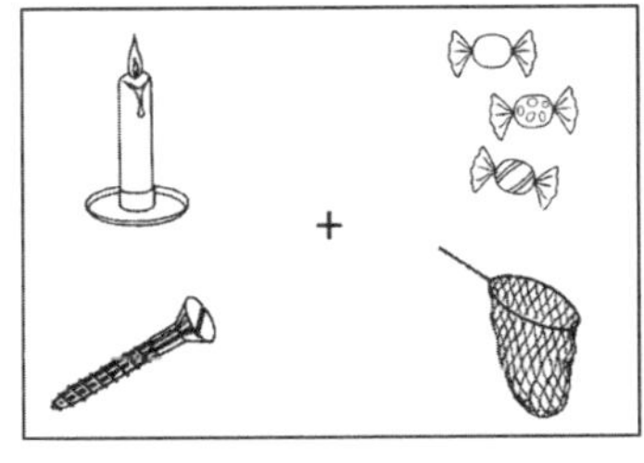

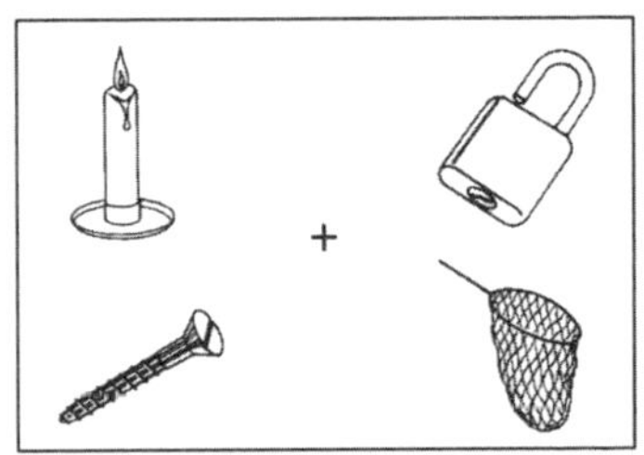

스페인어와 영어를 둘 다 하는 이들을 대상으로 한 시각적 탐색 실험 화면. 경쟁 실험(위쪽)의 특징은 동일 언어 내 경쟁(candle - candy) 또는 언어 간 경쟁[candle - candado(자물쇠)]이다. 경쟁 실험은 음운적 중복이 없는 대조군(candle - wing)과 비교되었으며, 실험 조작을 은폐하고자 끼워 넣기 실험이 사용되었다.

어의 번역어까지 활성화한다는 것이 밝혀졌다. 이중언어 사용자들은 비슷한 입력값이 없어도 두 언어를 동시에 활성화하는 특성을 보인다.

단어를 넘어 문법과 구문에서도 병렬 활성화가 일어난다는 증거가 있다.[4] 시선 추적으로 통사적 공동 활성화를 측정하는 한 가지 방법은 각 언어의 구문에 따라 다른 해석으로 이어지는 문장을 참가자들에게 제시하는 것이다. 예컨대 영어 문장 'Which cow is the goat pushing?(어떤 소를 염소가 밀고 있는가)'은 영어 통사론 규칙에 따라 염소가 미는 것이 명확하게 나타나는데, 독일어 구문이 활성화되면 오히려 소가 염소를 민다고 해석될 수도 있다. 두 언어의 구문이 상충되는 해석을 초래할 때 독일어와 영어를 둘 다 하는 이들은 목표 언어의 구문에 어긋나는 장면을 묘사한 그림을 더 자주 보게 된다.

다차원적 파문 효과

다중언어 화자의 언어체계에서의 활성화 확산은 다차원적인 파문 효과와 같다. 물에 돌을 던지면 사방으로 파문이 퍼지고 멀리 갈수록 물결은 낮아지지만 무늬의 동그라미는 점점 커진다. 마찬가지로 우리가 어떤 단어를 듣거나 읽으면 그것과 연결된 다른 단어들이 활성화되며, 연결 강도가 높을수록 활성화가 더 두드러지고, 멀리 퍼질수록 더 많은 단어가 영향을 받는다.

예를 들어, 영어 'pot[pat]'은 냄비, 화분, 포커에서 거는 돈, 마리화나 따위를 뜻할 수 있다. 영어 사용자들이 'pot'이라는 단어를 읽으면 말뜻이 모두 잠재의식 속에서 어느 정도 활성화되며, 그 강도는 최근의 경험(자주 요리를 한다든가 포커를 친다든가)에 따라 달라진다.

러시아어와 영어를 다 아는 이가 영어 단어 'pot'을 읽으면 그것의 말뜻뿐 아니라 영어 'rot'의 모든 의미도 활성화된다. 이는 러시아어 키릴 문자 'p'가 [r]로 발음되다 보니 영어 글자 'p'가 러시아어 글자 'p'의 [r] 소리로 배치되기 때문이다. 러시아어 'pot[rot]'는 '입'을 뜻하므로 이와 연관된 단어들(예컨대 '코', '이빨' 같은 명사, '다물다', '뽀뽀하다' 같은 동사, '크다', '도톰하다' 같은 형용사 등)이 함께 활성화된다. 또한 러시아어 'пот[pot]'는 '땀'을 의미하므로 이와 관련된 개념들도 활성화된다. 하나의 언어에서 단어를 들어도 음성적·문자적 형태가

2장 언어의 병렬 활성화

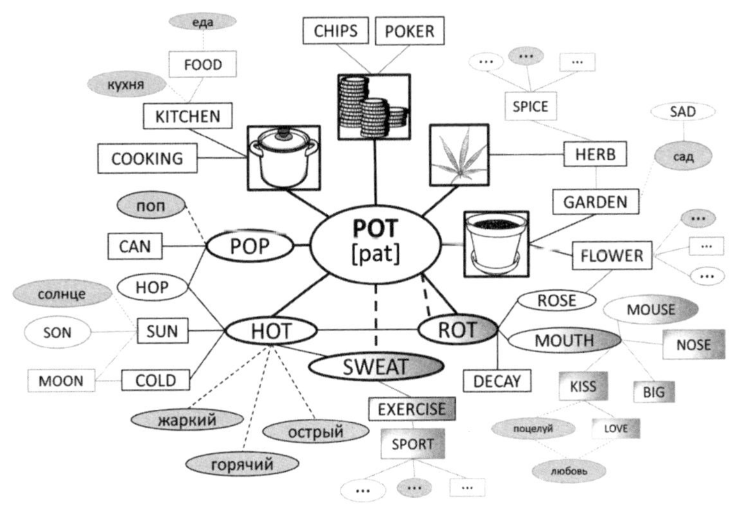

이중언어 사용자에게 일어나는 병렬 활성화 과정

제1언어와 제2언어에서 모두 활성화된다. 마찬가지로 하나의 언어에서 단어를 읽어도 두 언어의 음성적·문자적 형태가 함께 활성화된다.[5] 두 언어의 철자와 발음 간 매핑이 달라도 그렇다.[6]

여러 번 이야기했듯이, 시각적·청각적 입력(단어를 읽거나 듣는 것)이 두 언어에서 단어의 의미를 활성화할 뿐 아니라 그 의미들의 모든 번역도 두 언어에서 활성화된다는 점을 염두에 두자. 글자 'p-o-t'가 러시아어의 '입'을 활성화하고 소리 [p-o-t]가 러시아어의 '땀'을 활성화하므로 해당 단어들이 이제 영어에서도 활성화되며, 영어의 '입'과 '땀'과 관련된 다른 많은 단어의 러시아어 번역도 함께 활성화된다.

나아가 두 언어에서 이러한 단어나 번역, 그리고 의미와 형태를 일부 공유하는 단어들도 머릿속에서 활성화된다. 이러한 정신적 표상의 활성화는 출발 언어인 영어 'pot'의 모든 해석과 관련된 단어들(예컨대 부엌, 포커, 라이터, 원예 등)뿐 아니라 형태가 비슷한 단어들(예컨대 pop, hot, pit 등)과 더불어 러시아어 'рот[rot]'(입)의 의미(뽀뽀, 치아…)나 형태(rose, rope…) 및 러시아어 'пот[pot]'(땀)의 의미(운동, 불안…)나 형태(post, pole…) 관련 단어들로 확산되는 파문 효과를 일으킨다.

이는 이중언어 사용자에게 일어나는 병렬 활성화의 거대한 과정을 보여주는 작은 예시일 뿐이다.[7] 세 글자 단어 하나만으로도 이렇게 광범위한 활성화가 일어난다면, 단어 수만 개를 포괄하는 언어체계에 걸친 활성화가 여러 언어로 얼마나 넓게 퍼질지 상상해보라.

언어가 추가되면 활성화가 기하급수적으로 늘어난다. 영어-러시아어-루마니아어 삼중언어 사용자인 나에게 'pot'이라는 말은 루마니아어 뜻('할 수 있다')뿐 아니라 이와 관련된 모든 형태적·의미적 연관어를 활성화하면서 그 의미의 영어와 러시아어 번역에 더해 세 언어 전반에서 유사하거나 연관된 단어들도 활성화한다. 이 모든 것이 대화가 진행되는 동안 뇌가 끊임없이 정보를 처리하면서 밀리초 단위로 '즉석에서' 일어난다.

활성화를 결정짓는 요인

두 언어가 어느 정도 활성화되는지는 각 언어의 구조와 형태, 언어 습득 연령과 순서, 각 언어의 숙련도와 경험, 최근 사용 여부, 언어적 유사성과 차이성 등 여러 요인에 따라 달라진다. 최근에 쓰지 않은 언어는 공동 활성화 수준이 낮아지므로 한동안 멀어졌던 언어를 사용하는 나라에 처음 도착하면 유창하게 말하기까지 몇 시간에서 며칠 정도 걸릴 수 있다. 한편, 언어가 비슷할수록 서로 더욱 간섭하는 편이라서 프랑스어를 말하려고 할 때 이탈리아어 단어가 떠오를 확률이 한국어를 말하려고 할 때보다 높다. 최근의 사용 빈도, 유사성, 숙련도 변화에 따라 이러한 언어들의 활성화 임계값도 달라진다.[8]

시선 추적 연구는 소비자 행동(매장에서 어떤 상품을 보는지)부터 군사 작전(복잡한 시야에서 적을 찾는 과정)과 예술(눈길이 어디로 끌리는지)에 이르기까지 다양하게 응용될 수 있다. 이러한 연구는 언어가 우리가 세상을 바라보는 방식에 영향을 끼쳐 눈의 움직임까지 달라진다는 것을 보여준다. 사람들이 눈을 돌려 이미지의 다른 부분에 주의를 기울일 수 있음을 이해하면, 그림을 그리든 광고를 내든 시각적 입력에 의존하는 작업을 수행할 때 접근 방식을 달리해야 할지도 모른다.

공동 활성화는 미국 수어와 영어를 사용하는 이중언어 화자의 수어와 입말처럼 상이한 양태modality 사이에서도 나타난다.[9] 수어를 활용한 실험들은 특히 주목할 만한데, 미국 수어와 영어를 다 하는 이들에게는 입력에서 중복('스피커-스피치키' 실험처럼)이 없을 뿐 아니라 양식의 중복(청각 대 시각)조차 없기 때문이며, 인간의 지적 능력이 갖춘 언어 공동 활성화가 이렇게도 나타난다. 미국 수어-영어 이중양태 이중언어 화자들이[10] 미국 수어에서 구성 요소가 중복되는 단어들에 시선 움직임을 보이는 반면, 영어만 아는 이들은 그러지 않았다.

영어만 하는 사람에게 'potato'와 'church'는 소리가 비슷하지 않지만, 미국 수어에서는 두 단어가 구성 요소 넷 중 세 가지(위치, 동작, 방향성)에서 동일하고 손 모양만 다르다. 미국 수어와 영어를 다 하는 사람은 'potato'라는 단어를 듣고서 'church' 이미지를 다른 대상보다 더

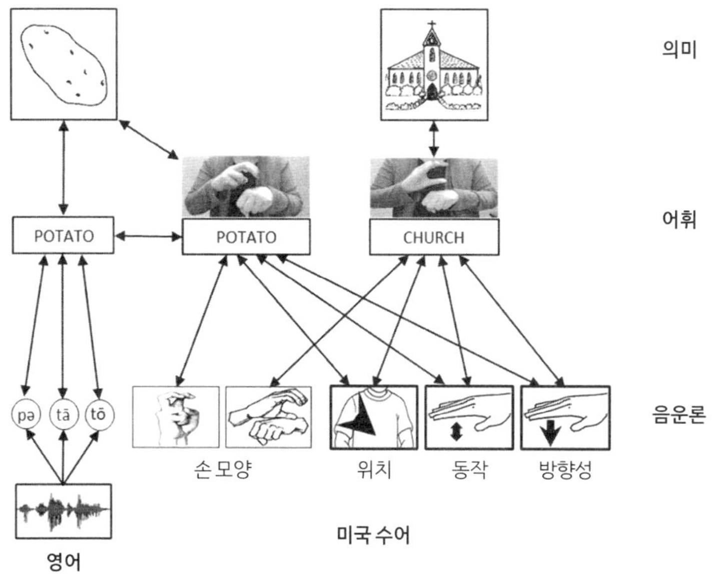

미국 수어 실험 예시. 영어 소리가 'potato'라는 단어와 그 의미를 활성화하면 비목표 언어인 미국 수어에서 '감자'에 해당하는 단어를 활성화해서 이와 기호가 유사한 '교회'로 퍼짐을 보여준다.[12]

자주 바라본 반면, 영어만 하는 사람은 그런 경향이 덜했다.

가장 놀라운 것은 아무런 단어도 사용되지 않는 상황에서도[11] 언어에 따라 시선 이동 패턴이 다르게 나타난다는 점이다. 예를 들어, 단순한 시각 탐색 실험에서 참가자들은 이전에 본 물체를 여러 물체 중에서 찾는 작업을 수행했는데, 그들의 눈 움직임이 사용 언어에 따라 다르게 나타났다.

이를테면 파리fly를 찾을 때 영어 화자들은 깃발flag도 봤다. 이와 달리 스페인어 화자들은 파리mosca를 찾을 때 풍차molino를 봤다. 언어마다 소리가 겹치는 말이 다르기 때문이다. 스페인어와 영어를 다 말

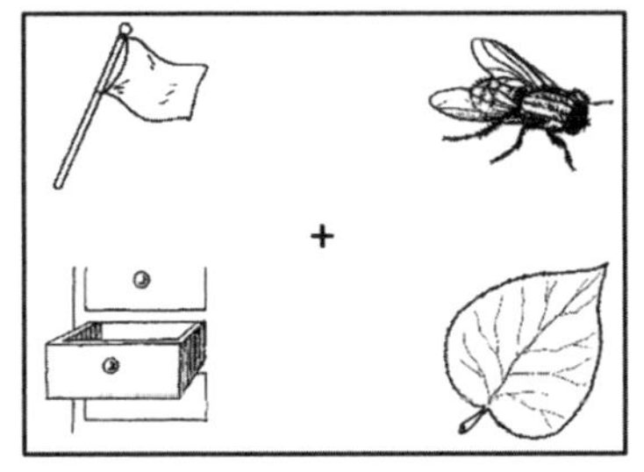 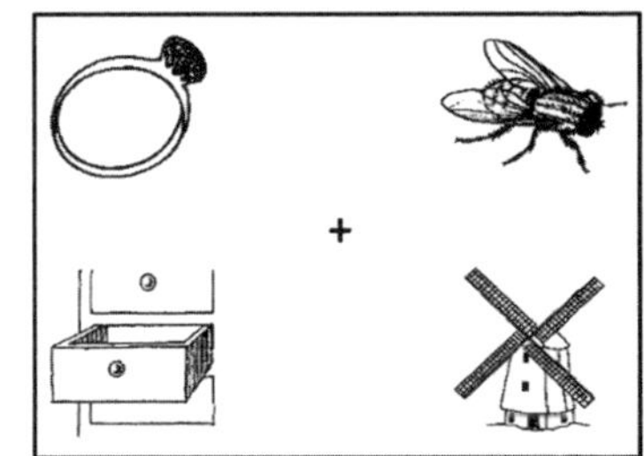

이전에 본 파리를 찾을 때 언어 입력이 없으면 영어만 아는 사람은 깃발을 향해 눈을 움직일 공산이 크고, 스페인어만 아는 사람은 풍차를 향해 눈을 움직일 공산이 크며(스페인어에서 'mosca'와 'molino'가 겹치기 때문), 스페인어와 영어를 다 아는 사람은 파리나 풍차 또는 둘 다를 향해 눈을 움직일 공산이 크다.

하는 이는 파리를 찾을 때 깃발과 풍차를 다 봤다는 점도 눈여겨볼 만하다. 이처럼 이중언어 화자는 단어가 제시되지 않은 상황에서도 이미지가 두 언어를 동시에 활성화한다. 후속 연구에서 참가자가 대상의 이름을 연습하거나 목소리를 내지 않으면서 지칭하는 것을 막는 정신적 부하가 작업에 추가되었을 때도 같은 결과가 나왔다.[13]

언어 입력 없이도 안구 운동이 변화한다는 사실은 다중언어 사용이 언어체계에만 영향을 끼치지 않으며,[14] 병렬 활성화가 지각, 주의력, 기억과 더불어 다른 인지 기능에까지 파급을 미친다는 것을 보여준다.[15] 이것들은 독립적인 모듈이 아니고, 우리의 정신도 모듈처럼 작동하지 않는다. 학문적으로 말하면 특정 영역의 언어적 경험이 일반 영역의 인지 변화로 이어진다는 것이다.

다중언어 사용은 고정된 구조물보다는 끊임없이 변화하는 정신적 상태로 여기는 것이 가장 알맞다. 이 정신적 상태는 뇌가 청각, 시각, 촉각, 후각, 미각, 전정 감각, 고유 수용성 감각 등에서 지속적으로 받는 정보에 따라 끊임없이 바뀐다.

둘 이상의 언어가 있는 체계에서 공동 활성화가 더 많으므로 언어 간 경쟁을 조절하려면 인지 제어가 더욱 필요하며,[16] 말하기처럼 언어를 생산할 때 특히 그렇다. 상호연결성이 높고 역동적인 다중언어 화자의 언어 네트워크에 걸쳐 일어나는 병렬 공동 활성화를 이해하면, 다중언어 사용으로 생기는 일들이 어째서 그러한지 이해하게 된다.

이렇게 상호연결성이 높은 인지 아키텍처(인간의 사고 과정을 모사해 인공지능AI이 인간처럼 생각하고 학습하며, 기억하고 문제를 해결할 수 있도록 설계한 AI 시스템의 기본 구조—옮긴이)가 현실 세계에서 일으키는 결과도 놀랄 만하다.

3장

창의성을 키우는 언어의 힘

창의성은 호기심을 자극하는 이야깃거리다. 정의하기 어렵고 수치화도 불가능하며 의지로 만들어내기도 어렵지만, 널리 추구되고 열망된다. 정규직에다 아이들도 있으면서 호숫가 집에서 홀로 이 책을 쓰자니, 아내에게는 애인과 함께 있다고 말하고 애인한테는 아내랑 있던 남자가 알고 보니 혼자 숨어 책에 파묻혀 있었다는 오데사 농담이 떠오른다. 창의성은 결국 시간과 단련뿐 아니라 희생이나 자원도 필요하다.

나는 제3언어로 글을 쓰면 성장기의 내밀함이나 취약함, 모국어의 생생한 감정으로부터 거리를 두게 된다. 마치 외부 관찰자처럼 감정과 생각을 더 초연하게 기록할 수 있다. 그러나 훨씬 두드러지는 차이가 있다. 확신하건대 내가 영어 말고 다른 언어로 이 책을 쓰기란 불가능할 것이다. 인지과학과 신경과학을 논할 만큼 내게 루마니아어나

러시아어로 학술적 어휘가 없기도 하고, 그 언어들이 내 마음속에서
더 성차별적인 문화나 역할과 연관되어 있기 때문이기도 하다. 영어
로 글을 쓰면 내 모국의 언어와 문화에 묶인 성 역할의 제약으로부터
자유로워지며 사상가, 작가, 과학자가 될 수 있지만, 다른 언어들을 쓰
는 여성들은 그런 기회를 얻지 못한다. 2004년 민주당 전당대회에서
오바마가 했던 "내 인생사는 지구상 다른 어떤 나라에서도 불가능하
다"라는 말을 빌려 표현하자면, 다른 어떤 언어로도 내가 이 책을 쓰
기란 불가능하다.

다중언어 사용과 창의성의 관계

그렇다면 다중언어 사용과 창의성에는 어떤 관계가 있을까? 여러
언어를 알면 모국의 언어와 문화에 얽매인 제약과 규칙에서 벗어나는
것 말고도, 창의적 사고에 실질적인 변화가 생길까?

창의적 인지에 관한 연구에 따르면, 타국 출신자와 관계가 가까운
사람들이 더 창의적이 되고, 창의성 테스트에서 더 높은 점수를 받는
다.[1] 다른 나라 사람과 친밀한 우정이나 애정을 나누면 창의성, 조직
혁신, 기업가 정신이 높아진다. 열 달에 걸친 종단 연구 결과, 문화 간
연애는 여러 가능한 해결책을 생각해내고 아이디어를 함께 모아 해결
책에 도달하는 등 표준 창의성 측정에서 성과를 높였다. 과거에 문화
간 연애 기간이 길었을수록 현재 제품 마케팅에서 창의적인 이름을
짓는 능력이 더 뛰어났으며, 외국인 친구들과 접촉 빈도가 높을수록
기업가 정신과 조직 혁신과 같은 창의적 결과에서 성과가 더 높았다.
주요 의류 브랜드 패션 라인의 창의성도 디자이너가 타문화에 얼마나

오래 몰입해왔는지와 관련이 있다.

하지만 그저 다양한 언어, 문화, 관념, 관점에 노출만 된다고 전모를 알 수는 없다. 다중언어 사용과 창의적 사고의 강력한 연관성은 다른 언어를 알면 인지 구조가 바뀌고 앞에서 설명했듯이 인상적인 병렬 처리와 공동 활성화를 촉진한다는 데서 비롯된다.

역사적으로 창의성 연구는 대부분 단일언어 사용자를 대상으로 삼았다. 하지만 다중언어적 사고 구조에 관한 최근 연구에서 드러나듯이 언어를 둘 이상 알면 많은 창의성 과제에서 더 높은 성과를 보인다. 뇌는 모든 언어를 동시에 활성화하고 병렬적으로 처리하기 때문에 다중언어 사용자는 항목들의 관계를 파악하고 무관해 보이는 것들의 연결고리를 찾아내는데, 그게 창의성의 초석이다.

앞에서 살펴보았듯이 어떤 낱말들은 여러 언어에서 글자, 소리, 성조 등을 공유한다. 형태가 겹치므로 이러한 단어들은 다중언어를 사용하는 사람들의 머릿속에서 반복적으로 함께 활성화되어 신경 발화가 동시 발생한다. 그리고 함께 발화되는 뉴런은 서로 연결되어 있으므로 이러한 공동 활성화는 해당 단어의 의미도 함께 활성화되는 결과를 낳는다.

자전거를 생각하면 바퀴나 핸들과 같은 특징이 떠오를 것이다. 영어와 네덜란드어에서 자전거라는 말의 의미적 특징은 미국인에게는 운동과 헬스장, 네덜란드인에게는 교통수단과 바구니를 포함할 가능성이 더 높다. 특징 일부는 모든 언어에 걸쳐 겹치기도 하고, 일부는 한 언어에만 고유하며, 일부는 어떤 언어에는 겹쳐도 다른 언어에는 겹치지 않을 수 있다. 자전거라는 말의 프랑스어 번역에는 바퀴처럼 모든 언어에서 겹치는 특징, 바구니처럼 네덜란드어와 프랑스어에서 중복되는 특징, 신선한 바게트를 담기도 하는 바구니처럼 프랑스어에만 있는 고유한 특징이 포함될 수 있다.

연구자들이 41개 언어에 걸쳐 1010개 단어의 의미적 특징을 분석해보니 말뜻이 꽤 달랐는데,[2] 그 말을 쓰는 사람들의 문화, 역사, 지리가 반영된 것이다. '아름다움'과 같은 추상명사나 '가족'처럼 문화에 따라 좌우되기도 하는 말만 그런 것이 아니다. 신체 부위처럼 문화와 상관없을 것 같은 낱말도 언어에 따라 다르다(예컨대 영어 'back'은 한국어 '등'과 똑같지 않고 허리도 포함한다―옮긴이).

두 단어의 공동 활성화가 뇌의 연결성에 영향을 미치면서 여러 언어에서 공동 활성화된 대상의 특징도 더욱 연결된다. 다중언어 화자는 단일언어 화자가 보지 못하는 항목의 관계(바퀴와 바게트 사이의 관계처럼)를 보고, 단일언어 사용자라면 떠올리지 못할 특징을 꿰뚫어볼 가능성이 높다.

따라서 창의성 및 확산적 사고 과제에서 둘 이상의 언어를 쓰는 사람들이 점수가 더 높은 편이라는 것은 놀랄 일이 아니다. 여러 언어의 지속적인 공동 활성화로 이중언어 화자의 머릿속에서 소리, 글자, 단어의 연결이 강화되어 더 밀도 높은 네트워크가 생기고, 개념과 의미 수준에서 연결이 더 굳건해진다. 행동과 뇌를 측정한 최근 일련의 실험에서 드러나듯, 단일언어 화자가 무관하게 여기는 항목들을 여러 언어를 구사하는 사람들은 더 밀접하게 연결된 것으로 평가한다. 달리 말해, 여러 언어를 알면 남들이 보지 못하는 연결을 만들어낼 수 있다. 이러한 연결은 아이디어 창출, 문제 해결, 직관적 통찰에 필수적

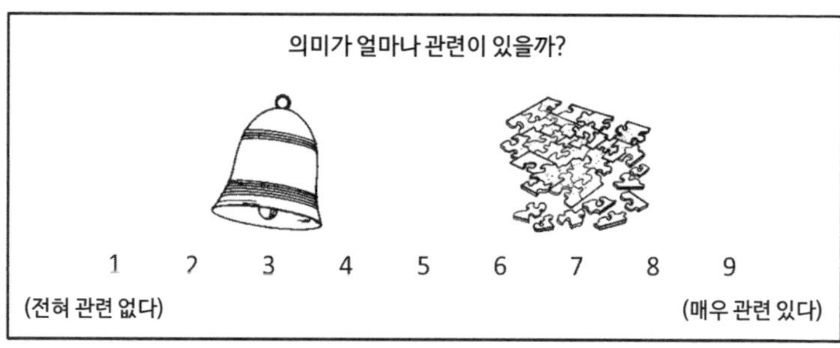

일련의 실험에서 영어만 하는 이들, 스페인어와 영어를 다 하는 이들, 중국어와 영어를 다 하는 이들에게 두 사물의 의미 관련성을 평가하도록 요청했다.[3] 두 언어를 하는 참가자들은 사물 쌍(종과 직소 퍼즐처럼 관련성이 없어 보이는 것까지 포함)을 한 언어만 하는 참가자들보다 더 관련성이 있다고 평가했으며, 단일언어 사용자가 하지 못했던 방식으로 사물들을 연결하는 것처럼 보였다. 뇌파를 사용해 뇌의 전기 활동을 측정한 결과, 두 언어를 하는 참가자들의 뇌가 한 언어만 하는 참가자들보다 사물의 관련성을 더 높게 처리한다는 것이 밝혀졌다.

이다.

여러 언어를 하는 사람은 다른 언어에서는 구별되는 여러 의미를 모국어에서 한 낱말로 포괄할 때 그런 사물들의 관련성을 높게 인식한다. 예컨대 히브리어-영어 이중언어 화자는 'dish(접시)'와 'tool(연장)'을 유사한 낱말로 평가하는데, 히브리어 'kli[클리]'는 두 뜻을 다 담는다.[4]

잠이 안 오면 이따금 양 대신 염소도 센다는 중국어-영어 이중언어 대학원생의 이야기도 들었다. 중국어 '양羊'은 '염소'도 포괄하고, '산양山羊'만 일컬을 때도 같은 글자가 들어간다.

이처럼 사물들의 관계를 발견하거나 겉보기에 무관한 것들의 연결을 이끌어내는 능력은 훈련하고 가르치기가 어렵다. 사실 이런 능력은 흔히들 타고난 자질로 간주되며, 통찰력과 혁신의 전형적 특징이다.

중국계 미국 시인 리영 리는 〈감〉이라는 시에서 초등학생 시절 영어를 배우면서 말소리와 말뜻의 관계를 어떻게 인식했는지 묘사한다. 감persimmon과 정밀precision의 영어 말소리가 헷갈렸는데, 완벽한 감을 고르려면 정밀함이 필요하다는 식으로 말뜻을 연결시키곤 했다. 다음과 같은 이야기도 한다. "싸움fight과 공포fright, 실yarn과 굴뚝새wren도 곤혹스럽던 말이었다."

Fight was what I did when I was frightened(무서우면 싸웠고),

Fright was what I felt when I was fighting(싸우면 무서웠다).

Wrens are small, plain birds(작고 평범한 굴뚝새),

yarn is what one knits with(뜨개질하는 실).

Wrens are soft as yarn(굴뚝새는 실처럼 보드랍다).

My mother made birds out of yarn(어머니는 실로 새를 만들었다).[5]

남들이 분리하고 경계를 긋는 곳에서 리영 리는 다언어적 사고력으로 연결의 패턴을 본다. 그런 관계 표현은 그의 시에 독특한 느낌을 주는 요소다.

두 언어를 쓰는 성인과 어린이는 여러 가지 창의성과 확산적 사고 과제의 수행에서 단일언어 사용자와는 달랐다. 예컨대 같은 모양을 두 이미지로 달리 해석할 수 있는 모호한 그림 과제(물개/말, 여자/남자, 얼굴/사과, 쥐/남자, 색소폰/여자, 다람쥐/고니, 몸/얼굴)[6]에서 젊은 이중언어 구사 성인은 단일언어 사용자보다 두 번째 이미지를 더 빨리 식별했다.

어린아이들을 대상으로 한 비슷한 실험에서는[7] 세 살밖에 안 되는

     3장 창의성을 키우는 언어의 힘

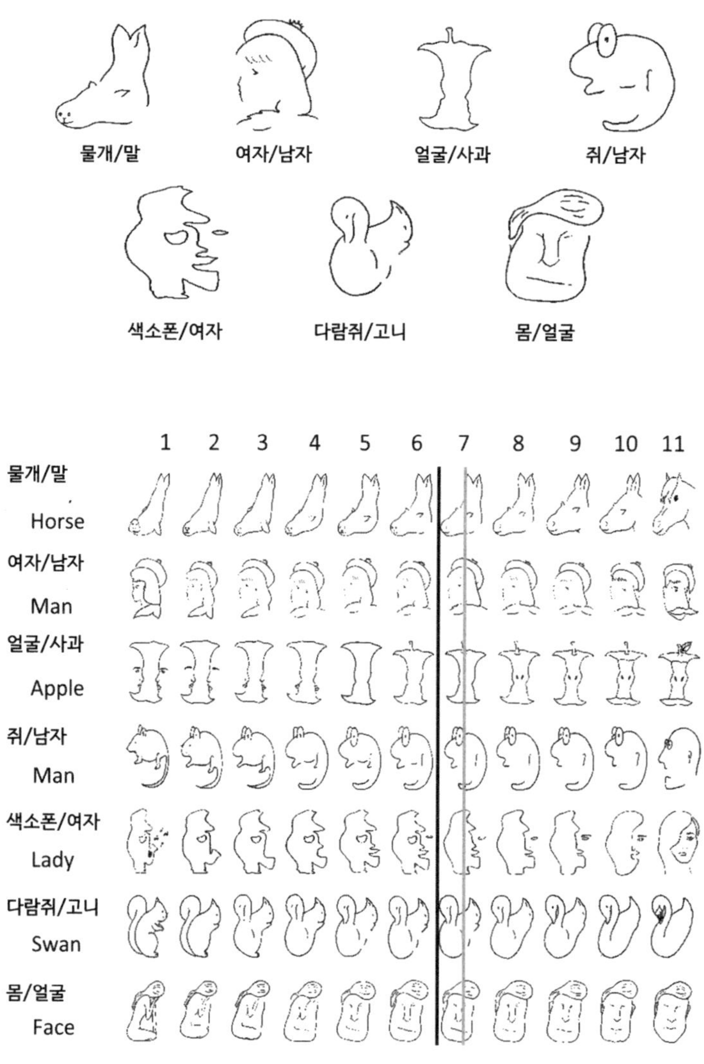

첫 번째 이미지를 본 참가자들은 새로운 이미지를 알아볼 때까지 카드를 한 장씩 한 장씩 더 받는다. 평균적으로 이중언어 화자는 관점을 전환해 다른 이미지를 볼 때까지(예: 물개에서 말로) 단일언어 화자보다 필요한 카드가 적었다.

나이에도 언어를 하나만 아느냐 더 아느냐에 따라 차이를 보였다. 둘 이상의 언어를 알면 단서가 더 적어도 두 번째 이미지를 봤다. 효과는 작지만 일관성이 있고 통계적으로 유의미했다(우연히 일어날 가능성이 낮다는 의미). 이러한 결과는 일반 인구 집단에서 나온 것이라 창의적 스펙트럼의 상위권에 있는 개인들에서는 차이가 더 클 수도 있다.

창의성 측정에 사용된 또 다른 과제는 존재하지 않는 사물 그리기 인데, 고인이 된 동료 심리학자 애넷 카밀로프-스미스가 개발했다.[8] 영어-히브리어나 아랍어-히브리어를 하는 4~5세 아이들에게 존재하지 않는 꽃과 집을 그리게 하고, 언어를 하나만 하는 아이들의 그림과 비교했다. 단일언어 사용 아동의 그림은 요소가 빠지거나(잎 없음, 꽃잎 하나, 줄기 없음, 뿌리 없음) 크기와 모양이 다를(하트 모양의 꽃) 공산이 더 컸다. 이중언어 사용 아동의 그림은 다른 범주를 삽입할 가능성이 더 컸다(기린 꽃, 꼬리가 달린 꽃, 낙타 꽃, 털과 꼬리가 많고 신발을 많이 신은 사자 꽃, 팔다리 달린 꽃, 이빨 달린 꽃, 나무 꽃, 문 달린 꽃, 나비 꽃, 연으로 된 꽃, 로봇 집, 의자 집, 공 집).[9] 일반적으로 이 과제를 수행하는 아이들은 어릴수록 크기나 모양을 바꾸거나 요소를 없애는 경향이 있는 반면, 나이가 많을수록 요소의 위치를 바꾸거나 같은 범주의 요소를 추가하거나 다른 범주의 요소를 합성하는 경향이 있다. 다시 말해, 이중언어 사용 아동의 그림은 나중에 단일언어 사용 아동이 더 나이가 들어 발달하는 패턴과 유사한 경향을 보인다.

어린 시절의 창의성은 미래의 창의적인 성취를 예측하는 요소도 된다. 1950년대에 '토런스 창의적 사고 테스트Torrance Test of Creative Thinking'[10]를 받은 아이들을 50년 후 다시 평가한 장기 연구 결과,[11] 어

     3장 창의성을 키우는 언어의 힘

린 시절의 점수가 성인기의 개인적 성취를 예측했고, 일부 지표는 사회적 성취도 예측했다. (사회적 성취와 개인적 성취에 대한 해석에는 주의가 필요하다. 연구에서는 남성이 여성보다 사회적 성취에서 점수가 더 높았으나 개인적 성취에서는 성별 차이가 없었다고 보고했다. 특정 시대에 사회적인 영역에서의 창의적 잠재력 실현 여부는 당시의 사회문화적 변수, 특히 남녀 역할과 기대의 차이에 영향을 받았을 가능성이 큰 것으로 보인다.)

우리 시대의 영향력 큰 인물들 중 일부는 여러 언어를 구사하거나 접했다. 구글 공동 창립자 세르게이 브린, 유튜브 공동 창립자 스티브 첸, 디자이너 캐롤리나 헤레라,《허핑턴 포스트》창립자 아리아나 허핑턴, 초바니 요거트 창립자 함디 울루카야 외에도 역사상 수많은 기업가, 창의적 거장, 정치 지도자, 발명가, 사상가들이 여러 언어를 섭렵했다. 우리는 종종 이들의 성취의 이유를 이민자 배경과 비범한 근면성에서 찾지만, 다중언어 구사력이 남들이 보지 못하는 방식으로 아이디어를 연결하는 능력에 미치는 영향을 자주 간과한다.

창의성과 이중언어 능력에 관한 문헌을 검토한 결과, 관련된 24개의 연구 중 20개에서 이중언어 사용자들이 다양한 창의성 과제에서 더 높은 성과를 보였다는 점이 드러났다(한 연구에서는 차이가 없었으며, 세 연구에서는 단일언어 사용자의 성과가 더 높았다. 정신 작용에서 이 정도의 변동성은 놀랍지 않다). 창의성을 측정할 때 '대체 용도 과제Alternate Uses Task'가 널리 사용된다. 이 과제에서는 사람들에게 흔한 사물을 제시한 뒤, 짧은 시간 안에 그것의 창의적인 용도를 최대한 많이 떠올리도록 요청함으로써 확산적 사고를 평가한다. 예를 들어, 종이의 대체 용도를 묻는 질문에 흔한 답변으로는 종이비행기, 종이모자, 화장지

등이 나올 수 있으며, 독창적인 답변으로는 전등갓, 필터, 카드 게임 등이, 매우 독창적인 답변으로는 소리 증폭기, 바람개비, 장식용 인공 눈 등이 나올 수 있다. 대체 용도 과제 성과는 예술과 과학 분야에서 거두는 성취와 상관관계가 있다. 특히 이중언어 사용자들은 실험 중에 한 가지 언어만 사용하라고 할 때보다 다른 언어로 바꾸도록 요구받으면 더 높은 성과를 보인다.

자연어 처리에 기대서 텍스트에서 단어들의 의미적 거리를 정량화해 언어적 창의성 점수를 생성하는 계산 플랫폼으로 창의성을 자동 평가하자는 제안이 있었다. 그러나 이 접근 방식은 창의성을 매우 협소하게 바라보며, 이를 측정하는 데 내재된 난점을 보여준다.

창의성의 정의는 누가 결정할까? 창의성을 측정하는 테스트는 있지만 정확한 측정은 여전히 갈피가 안 잡힌다. 작은 발견을 많이 하는 사람과 패러다임을 바꾸는 큰 발견을 한 번 하는 사람 중 누가 더 창의적일까? 실용적이고 돈이 되는 혁신과 예술적·정서적 풍요함을 안기는 혁신 중에서는? 딱 부러지는 답은 없다. 통일된 창의성 지수나 이중언어 능력 지수를 계산하려는 것은 헛수고일 뿐이다.

창의적 성향은 반드시 창의적인 분야에서 명성을 얻는 것을 의미하지는 않으며, 대다수에게는 일상생활에서 문제를 잘 해결하고 이야기를 잘하거나 새로운 경험과 구상에 열린 태도를 갖는 것으로 나타날 수 있다. 경험에 열린 태도는 창의성 및 다중언어 구사와 높은 상관관계가 있는 특성 중 하나다. 다른 언어를 배운다고 해서 창의력이 0에서 100으로 올라가지는 않으나, 창의력이 전혀 없다면 어느 정도까지, 어느 정도 있는 상태라면 더 많이 오르는 데 도움이 될 수 있으며, 이

　　　　　3장 창의성을 키우는 언어의 힘

미 창의적인 직종에 종사한다면 필요한 우위를 더욱 확보할 수 있다.

창의성 측면에서 언어 자체는 창의적이고 생성적인 과정이다. 언어는 유한한 단어를 결합해 무한한 생각, 감정, 행동을 표현할 수 있기에 독특하다. 가능한 조합의 수는 다중언어 사용으로 기하급수적으로 늘며, 언어 안에서의 조합을 넘어 언어들 사이에서도 조합이 가능할 때 더욱 그렇다.

사피어-워프 가설

What's in a name? That which we call a rose(이름이 무엇인가? 우리가 장미라 부르는 것은)

By any other name would smell as sweet(무슨 이름이든 달콤할 텐데)

로미오와 사랑에 빠져 허우적대는 줄리엣의 목소리로 셰익스피어가 나타내듯이, 이름은 우리의 감각이 사물을 지각하는 방식을 바꾸지 않는다. 장미를 다른 이름으로 불러도 향기는 그대로다.

의미를 바꾸지 않고 단어를 상호교환적으로 사용하고 언어를 놀이로 보는 것은 오스트리아 철학자 루트비히 비트겐슈타인의 언어놀이 Sprachspiel[12] 이론과도 비슷하다. 우리 모두가 진행 중인 '놀이'의 '규칙'을 따르기로 동의했기에 단어가 의미를 갖는다는 것이다.

하지만 셰익스피어와 비트겐슈타인이 옳을까? 장미의 이름이 달라도 향기가 그토록 달콤할까? 약 한 세기 전쯤 언어학자 에드워드 사피어와 벤저민 리 워프는 언어가 생각과 현실 인식을 형성한다는 사피어-워프 가설을 제안했다.

우리는 모국어가 정한 선을 따라 자연을 해부한다. 우리가 현상 세계에서
분리해내는 범주와 유형들은 꼭 관찰자의 눈에 직접적으로 마주치는 것이
아니다. 오히려 세계는 우리의 정신이 조직하는 인상의 만화경적 흐름으로
표현된다. 이는 주로 우리의 정신에 있는 언어체계를 뜻한다. 우리는 자연
을 잘라내고 개념으로 조직하고 의미를 부여하는데, 우리가 언어 공동체 전
체에서 유지되고 우리 언어의 패턴에 명시된 합의의 당사자이기 때문이다.

사피어-워프 가설은 '언어 결정론'과 '언어 상대성'이라는 두 가지
주요 주장을 내세운다. 언어 결정론은 언어가 사고를 결정한다는 것
이고, 언어 상대성은 사고가 언어에 따라 상대적이며 언어가 다르면
생각도 달라진다는 것이다. 1929년에 발표된 후 줄곧 격렬한 논쟁거
리가 되어왔던 사피어-워프 가설은 극단적으로는 특정 단어가 없으
면 그것이 가리키는 대상을 생각할 수 없다고 주장한다. 논쟁은 대부
분 사고와 언어를 어떻게 정의하고 측정하는가에 집중되어 있다.

워프의 이론을 뒷받침하는 가장 잘 알려진 사례는 이누이트의 눈雪
관련 단어 수(쉰 개 남짓)에 초점을 맞췄다. 이 논리에 따르면, 이누이
트는 삶에서 중요한 부분인 눈을 다양한 방식으로 사용하기 때문에
눈을 적게 경험하는 사람들과 인식과 다르다. 또 다른 예로 워프는 호
피어에 과거, 현재, 미래 시제의 언어적 표지가 없다고 설명하며, 호피
어가 화자들의 시간 인식 방식을 다르게 나타낸다고 주장했다.

이후로 다른 언어도 눈의 유형을 구별할 수 있다는 점이 지적되었

다. 유일한 차이점은 단일 단어 대신 여러 단어나 구문을 사용할 수 있다는 것이다. 내리는 눈, 땅에 쌓인 눈, 다져진 눈, 얼음 눈, 녹은 눈, 축축한 눈 따위가 있다. 호피어는 영어나 다른 언어처럼 시제를 표시하지는 않으나 시간의 자연적 표시(뜨고 지는 해나 달과 같은 천체, 계절, 강물 수위, 농사)를 참조해 과거, 현재, 미래의 현상을 말할 수 있다.

언어 결정론에 대한 반발은 대체로 정당하다. 결정론은 언어가 사고와 동일하다는 절대적인 관점을 취하고, 언어적 영향의 한계를 인식하지 못하며, 연구 결과에 일관성이 없을 때도 있다. 한 언어의 개념들이 늘 높은 정확도로 번역되지는 않고 여러 단어로 설명해야 하더라도 대부분 번역이 가능하다. 그렇다면 사피어-워프 가설은 왜 계속해서 많은 관심과 매혹을 불러일으킬까? 심리학자 존 캐럴은 이렇게 썼다. "아마도 그것은 평생 동안 언어 구조에 속아 무의식적으로 현실을 특정한 방식으로 인식해왔으며, 다른 언어로 이러한 속임수를 알아채면 세상을 새로이 간파할 수 있다는 생각이 들기 때문일 것이다."[13] 내 학생 한 명은 외국어를 배우면 표준 미국 영어와 아프리카계 미국 영어 방언에 부과된 인종차별적 도식과 편견을 벗어나 생각하는 데 도움이 될지 묻기도 했다.

철학자 프리드리히 니체의 관점에 따르면 언어는 '감옥'이라고 볼 수도 있는데[14](니체가 '감옥'이라고 부른 것은 아니며 후대의 해석이다—옮긴이), 이는 언어가 정신에 가하는 한계를 가리킨다. 이는 사피어와 워프가 언어 결정론과 언어 상대성을 논하거나 과학계에서 이러한 발상을 실험적으로 입증하려고 시도하기 훨씬 전의 일이었다.

다중언어 사용은 감옥에서 나올 열쇠일까? 언어가 현실을 해석할 때 주변의 입력을 걸러내는 체라면 새로운 언어들은 구멍을 더 많이 크게 뚫어 우리가 우주를 더 많이 보고 배우게 한다.

　나는 생각이나 기억, 감정, 학습이 모두 꼭 언어적이라고는 믿지 않는다. 언어 결정론은 사랑이나 명예처럼 말로 표현하기 어렵지만 보면 아는 현상을 설명하기엔 부족하다. 자전거 타기나 수영은 반드시 언어가 필요하지는 않은 학습의 많은 사례 중 일부일 뿐이다. 종소리를 음식에 연관시켜 종소리를 들으면 개가 침을 흘리게 하는 유명한 파블로프 실험과 같은 고전적 조건화도 비언어적 학습의 본보기다.

　기억 연구에서 유명한 1세기 전의 바늘 찌르기 실험은 언어 없이도 배우고 기억하는 뇌의 능력을 입증했다. 스위스의 신경학자 에두아르 클라파레드는 선행성 기억상실(새로운 기억을 만들거나 새로운 정보를 기억하지 못하는 것)을 앓는 여성을 치료하던 중이었다.[15] 클라파레드의 환자는 어린 시절의 사건과 예전의 추억은 기억했지만 새로운 기억을 만들어낼 수는 없었다. 클라파레드가 한 시간 동안 방을 비우면, 환자는 매일 만나서 검사도 진행한 사람이 누구인지도, 만난 적이 있는지도 금세 잊어버렸다. 어느 날 클라파레드는 손바닥에 바늘을 숨긴 채 악수하며 인사하다가 환자의 손을 찔렀다. 이튿날 환자는 클라파레드를 만난 적이 있다는 의식적인 기억이 전혀 없었고 찔렸다는 기억은 더더욱 없었지만 악수를 거부했는데, 그 전에는 매일 악수했는데 어째서 더 이상 악수하기 싫은지 설명할 수 없었다. 무슨 일이 일어났는지 의식적으로 알지 못했지만 기억이 남아 있었던 것이다. 크리스토퍼 놀런의 영화 〈메멘토〉의 팬이라면 환자가 기억장애를 꾸며냈는지 확인하려고 비슷한 수법을 썼던 보험사 직원이 떠오를 것이다.

　　　　　　　　　　　　　　　　　　3장 창의성을 키우는 언어의 힘

언어와 생각이 똑같지 않다는 것은 분명하다. 언어가 사고를 완전히 결정하지는 않더라도 우리의 사고방식과 정체성에 미치는 영향이 의미심장한 핵심 요소 중 하나다. 한 단어 말고 구절이나 문장으로 눈이나 시간을 논할 수 있듯이, 언어가 생각에 미치는 영향은 무엇을 표현할 수 있느냐보다는 어떻게 표현하느냐에 따라 달라지는 것으로 보인다.

'주의를 기울이다'라는 뜻을 나타낼 때 사용하는 스페인어 동사가 '빌려주다prestar'인데, 돌려받기를 바라기 때문이다. 프랑스어는 '만들다faire'인데, 만들어야 생기기 때문이다. '주의'가 영어에서는 값어치가 있기에 '치르다pay'이고, 독일어에서는 선물이라서 '선사하다schenken'이다. 이 같은 언어적 통찰은 경험적 연구로 뒷받침된다. 색채 지각, 시간, 공간 관계, 준거 틀은 언어의 영향을 받는 영역 중 일부일 뿐이다. 기본 색채 어휘 수는 언어마다 천차만별이다. 세계 색채 조사에 따르면, 최소 스무 개 언어는 기본 색채어가 서너 개뿐인 것으로 추정된다(하양 또는 밝은색 하나, 빨강-노랑 하나, 검정-녹색-파랑 하나). 언어는 우리에게 문화적으로 중요한 특징의 길잡이라서 언어마다 가능한 옵션의 일부만 어휘화하기 때문에 인식하고 기억하는 색이 다르다.

영어는 '파랑'을 'blue' 한 낱말로만 나타내는 반면, 러시아어는 하늘색(голубой: 골루보이)과 짙은 파랑(синий: 시니)이 다르다. 물론 영어도 여러 단어나 문구로 파랑의 다양한 색조를 나타내지만 흔하지 않고, 대개 아이들이 자라면서 배우는 기본 색상이 아니다. 영어와 러시아어 화자를 색상 구별 과제에서 테스트했을 때 두 색상이 다른 언어 범주에 속하면 러시아어 화자가 더 빨리 구별했다. 그리스어 화자와 영어 화자를 대상으로 뇌전도를 사용해 뇌의 전기 활동을 측정한 연구에서도 비슷한 결과가 드러났다. 그리스어도 하늘색(γαλάζιος: 갈라지오스)과 짙은 파랑(μπλε: 블레)을 구별한다. 뇌파 반응에 따르면, 그리스어 화자는 녹색보다 파란색의 짙고 옅음의 변화에 더 민감했지만, 영어 화자는 그런 차이가 없었다.

물론 하늘색과 짙은 파랑을 구분하지 않는 언어의 화자도 색조를 구별할 수는 있다. 여러 가지 눈을 다르게 부르지 않듯이 파랑의 다른 색조에 라벨을 따로 붙이지 않아도 주변의 변화를 인지하고 경험할 수는 있다. 그러나 반응 속도와 주변 환경을 기억에 인코딩하는 방식에는 영향을 미치는 것 같다. 두 사람의 눈이나 옷의 별개 색상에 전혀 다른 라벨(파랑과 녹색)을 붙이면 하나의 라벨(파랑)이나 수식어 라벨(바다처럼 푸른빛, 숲처럼 푸른빛)을 붙일 때보다 기억하기도 쉽고 친구에게 설명하기도 쉽다. 이 문장을 쓰면서 나는 영어로 말하면 내 머릿속에서 아이들 눈동자가 더 짙은 파랑으로 그려진다는 것을 깨달았다. 영어 '블루'와 러시아어 '골루보이'의 전형적인 색조가 다르고, 내 정신적 표상도 바뀌기 때문이다.

시간 개념도 광범위하게 연구되었다. 공상과학 영화 〈컨택트〉에서 (스포일러 경고!) 에이미 애덤스가 연기한 언어학자는 시간 차원과 시간 이동을 기호화한 외계 언어를 배운 후 시간을 여행할 수 있게 되었다. 우리는 시간 여행을 허용하는 언어를 아직 모르지만, 언어마다 실제로 시간을 다르게 다루는 것으로 보이며, 언어는 시간의 정신적 표상을 형성하는 데 중요한 구실을 한다. (미래에 외계 의식과 소통하려는 시도가 있다면 다양한 의사소통 코드에 익숙한 심리언어학 전문가가 틀림없

    3장 창의성을 키우는 언어의 힘

이 필요할 것이다.)

사람들에 따라 시간 진행을 각기 수평적·수직적·순환적으로 다르게 인식한다. 영어 사용자는 시간을 수평으로 표현할 가능성이 더 높다. 앞으로 일어날 일을 '기대하거나look forward' 어린 시절을 '뒤돌아본다think back.' 반면에 중국어 사용자는 시간을 수평과 수직으로 모두 나타내는데, 일찍 일어난 사건은 위上, 나중에 일어난 사건은 아래下라고 말한다. 언어의 시간 표현 방식 연구에 따르면,[16] 3월이 5월보다 먼저 오느냐는 질문에 영어 화자는 수평 배열에 더 빨리 반응하는 반면에 중국어 화자는 수직 배열에 더 빨리 반응한다(말하고 생각하는 방식은 새로 배울 수 있기에 영어 화자도 수직적 관점에서 시간을 생각할 수 있다). 물론 시간은 실제로는 선이 아니지만, 물리학자들은 시간이 공간 없이는 존재하지 않는다고 믿는다.

언어들은 시간을 주로 양으로 생각하는지 거리로 생각하는지에 따라 갈린다. 영어는 시간을 빗댈 때 거리적 은유가 더 잦은데, 거리[let's move the meeting forward(회의를 앞당기자), a short intermission(짧은 휴식)]도 양[lots of time(많은 시간), saving time(시간 절약)]도 두루 쓴다. 이와 다른 언어도 많다.

은유가 시간 추정에 미치는 영향을 두 차례 실험하면서 영어, 인도네시아어, 스페인어, 그리스어 원어민에게 줄을 끝까지 긋고 컵에 물을 채우는 데 걸리는 시간을 짐작하도록 요청했다. 거리 은유가 더 많은 언어(영어와 인도네시아어)의 화자는 줄의 길이에 더 영향을 받고, 양적 은유가 더 많은 언어(그리스어와 스페인어)의 화자는 물의 양에 더 영향을 받았다.

언어는 방향 감각도 좌우하는 것으로 밝혀졌다. 영어는 동서남북과 같은 기본 방향뿐 아니라 전후좌우처럼 상대적인 자기중심 좌표도 허용한다. 일부 언어는 선택지가 하나만 있다. 기본 방향만 사용하는 언어는 항상 동서남북을 알고 있어야 위치나 방향을 비롯해 자신의 몸과 팔다리의 방위까지('사과를 쥐고 있는 남쪽 손'처럼) 설명할 수 있다.

시간 표현이나 색상 인식과 관련된 모든 연구에서 차이가 발견되는 것은 아니다. 사피어-워프 가설의 일부 현상에서 언어 효과가 존재하는 조건을 식별할 필요가 있다. 언어 결정론 연구 결과의 가변성은 부분적으로 각 구성 요소의 정의와 측정이 다르기 때문이다. 누가 이중언어 또는 다중언어 사용자로 분류되는지조차 정의의 문제다. 제2언어(또는 제3언어, 제4언어 등등) 학습자가 해당 언어의 진정한 귀화인이 되는 문턱을 통과하는 시점은 언제일까? 누가 자신을 이중언어 또는 다중언어 사용자로 생각하는지는 개인뿐 아니라 연구마다 다르다.

우리는 아직 어떤 인지 기능이 언제, 왜, 어떻게 언어로 변형 가능한지 정확히 이해하지 못했다. 그러나 언어가 사고를 결정하지 않더라도 강력하게 사고를 형성하는 데 도움이 된다는 것이 더욱 분명해지고 있다. 에드워드 사피어의 말대로[17] "언어가 의사소통과 성찰이라는 구체적인 문제를 해결하는 부수적인 수단일 뿐이라고 상상하는 것은 순전히 착각이다. 사실 '현실 세계'는 상당 부분 무의식적으로 집단의 언어 습관 위에 세워져 있다".

   3장 창의성을 키우는 언어의 힘

'착각' 실험으로 보는 언어의 힘

때때로 착각은 뇌가 현실을 해석하는 방식이 얼마나 주관적인지 엿보는 정확한 방법이다. 착각은 지각이 직접적이고 외부 환경을 여과하지 않으며 모두가 같은 현실의 지각을 공유한다는 우리의 직관에 위배된다. 감각은 의견의 문제가 돼서는 안 된다는 것이다. 그래서 누군가가 금빛 드레스가 파랗다고 주장하거나 분명히 '야니'라고 들리는 것이 '로럴'처럼 들린다고 주장할 때 우리는 매우 놀란다. 이는 최근 몇 년 동안 온라인에서 널리 공유된 지각적 착각 중 두 가지에 불과하다.

야니/로럴 청각적 착각에서는 같은 소리를 야니와 로럴로 인식하는 사람이 갈린다. 파란색/금색 드레스 착시에서는 똑같은 드레스를 파랑/검정과 하양/금색으로 인식하는 사람이 갈린다(둘 다 구글 검색에서 찾아볼 수 있다). 이런 지각적 착각은 듣거나 보는 것이 뇌에서 가장 많이 활성화될 가능성이 있는 뉴런으로부터 영향을 받고, 그런 뉴런은 최근 경험으로 활성화된 이전 뉴런에 따라 달라진다는 것을 보여준다. 다들 똑같은 소리를 듣더라도 그전에 읽은 단어에 따라 들리는 말이 다르다(예컨대 'brainstorm' 또는 'green needle' 착각처럼).

경험은 순간마다 신경망을 지속적으로 재구성하므로 정확히 같은 자극에 활성화되는 뉴런이라 해도 결코 똑같지 않다. 같은 사람이라도 오늘과 내일 드레스 색깔이 달리 보이기도 하고, 아침에는 야니라고 들리고 오후에는 로럴이라고 들릴 수도 있다. 대개 네트워크 차이는 눈에 띄게 다른 경험을 만들어낼 만큼 강하지 않지만, 때로는 임계값을 넘어 동일한 입력에도 뚜렷이 다른 감각 인식을 초래한다. 우리는 동일한 환경적 입력이 사람마다 다른 감정을 유발할 수 있음을 받아들이는 데는 익숙하지만, 그것이 다른 감각적 경험을 유발할 수 있음을 받아들이는 것은 더 어렵게 느낀다.

감정과 감각은 사실 모두 주관적이다. 우리를 둘러싼 시각적 맥락부터 언어에 이르기까지 무엇이든 감각적 지각을 촉발하고, 왜곡하며, 변형할 수 있다.[18]

이중언어 사용자가 언어를 옮겨가면 신경 활성화 네트워크가 바뀌고 현실 지각과 해석도 바뀐다. 고전적인 '이중 섬광 착각'에서 두 가지 소리를 들으면 섬광 하나가 두 번 번쩍이는 것처럼 보인다. 단일언어 사용자에 비해 다중언어 사용자는 청각 및 시각 자극 타이밍을 더욱 긴밀하게 맞춰야만 착각에 빠질 가능성이 높다. 즉, 서로 다른 감각 입력 간의 자연스러운 대응이 없을 경우, 이중언어 경험은 타이밍과 같은 요소에 대한 감각을 향상시킬 수 있다. 언제 시각 및 청각 정보가 결합되어야 하는지 공간적·시간적·의미적 특징을 기반으로 결정할 때 더 효율적인 하향식 통제 능력을 발휘하기 때문이라는 가설이 제기된 바 있다.

감각 정보의 지각에 영향을 미치는 것 외에 언어 경험은 지각 양식 간의 입력 통합도 변화시킨다. 다중 감각 통합의 가장 극적인 예는 공감각이다. 이는 서로 다른 감각 경험이 연결되는 것으로, 예컨대 소리가 색상이나 생리적 감각과 연결된다. 화가 바실리 칸딘스키는 그림을 보면 음악이 들렸고, 물리학자 리처드 파인만은 방정식을 보면 색깔이 보였으며, 예술가 퍼렐 윌리엄스는 음악을 들으면 색이 보였다. 우리 대부분은 이런 극도의 교차 양식 통합을 경험하지 않지만 우리

　　　　　　　　　　　　3장 창의성을 키우는 언어의 힘

도 그 영향을 받는다. 예컨대 감미로운 음악을 들으면 초콜릿이 더욱 보드랍게 느껴진다. 우리는 모두 청각과 시각 입력을 동시에 지각하며, 언어를 처리할 때를 비롯해 다양한 양식의 정보를 결합한다.

다중언어 사용자는 이중 섬광 착각에서 본질적으로 함께 묶이지 않는 소리와 섬광처럼 비언어적 자극을 처리할 때 타이밍에 더 민감하지만, 언어를 처리할 때는 시각과 청각 입력을 결합할 가능성이 더 높은 듯하다. 음성 입력을 통합할 때 다중언어 사용자는 화자의 청각적 소리와 시각적 입술 움직임을 융합할 가능성이 더 높다.

'맥거크 효과McGurk Effect'란 입술이 한 가지 소리('가-가')를 내는 것을 보는 동시에 다른 소리('바-바')를 들으면 뇌가 아예 새로운 소리('다-다')로 인식하는 현상이다. 다감각 통합은 언어 발달의 초기 단계부터 음성 이해에 내재되어 있다. 듣고 볼 수 있는 사람의 뇌는 특정 시각적 입력을 특정 소리와 짝짓는 법을 배우고, 이러한 연결은 시간이 지날수록 굳건해진다. 예상치 못한 불일치가 발생하면 뇌는 맥거크 효과를 생성하는 방식으로 이를 조정하려고 시도한다.

우리 연구에서 드러나듯 언어를 둘 이상 알면 맥거크 효과를 경험할 가능성이 더 높은데, 다중언어 경험이 다중 감각 통합을 변화시킨다는 점을 시사한다.[19] 이는 이중언어 사용자가 다른 언어를 아직 배우고 있을 때 말을 알아듣기 위해서는 (적어도 처음에는) 시각 정보에 더 의존해야 하기 때문일 수 있다. 언어 학습자들은 음성 지각을 개선하기 위해 새 언어를 말하는 사람의 입에 더 많은 주의를 기울인다고도 한다. 이와 달리 전화로 새로운 언어를 알아들으려면 시각 정보가 없어서 마주 볼 때보다 어려움이 더 크다. 실제로 언어를 둘 이상 쓰는 가정에서 자란 아기는 말하는 입에 더 많이 주의를 기울인다. 한 언어만 쓰는 이와 둘 이상 쓰는 이가 음성 언어 입력에 주의를 기울이는 방식의 이러한 초기 차이는 평생의 감각 처리 형성에 영향을 미친다.[20]

시각 및 청각 지각은 언어의 영향을 받는 유일한 감각은 아니지만, 다른 방식에 대한 연구는 거의 찾아보기 어렵다. 지각을 코드화하는 방식이 언어마다 달라서 다양한 감각에 들어맞는 단어 수가 제각각일 뿐 아니라 같은 언어라도 사람마다 감각을 설명하는 일관성도 다르다. 예를 들어, 후각은 언어들에서 거의 보편적으로 다른 감각보다 형편없이 코드화되어 있다. 다양한 것을 맛보고 냄새 맡고 만지며 상상하는 것을 연구해보니 다중언어 사용자는 모국어보다 외국어에서 촉각, 운동 감각, 청각, 시각 등 감각적 경험의 심상이 덜 생생한 것으로 밝혀졌는데, 이는 삶의 원래 경험이 모국어와 달라붙어 있음을 함의한다.

언어는 통각에도 영향을 미칠 수 있다. 욕설을 뱉으면 얼음물에 손을 담그고 더 오래 버틸 수 있는데, 통증 역치의 변화와 언어를 통한 생리적 스트레스 방출 때문일 것이다.[21] 실험으로 뒷받침된 증거이니 다음에 발가락을 찧거나 레고를 밟을 때 써먹을 변명거리로 충분하다 (욕을 내뱉으면 기분이 좋아질 것이다).

언어는 우리 주변 세계의 정보를 처리하고 정리하는 데 쓰는 매우 강력한 도구다. 현실 인식은 언어체계로 걸러지고, 다른 언어를 배우면 단일언어의 한계에 따른 제약 없이 주변 환경을 인식할 수 있다. 다중언어 사용자는 단일언어가 부과하는 스칼라 기울기를 넘어설 수 있기에 주변 우주를 더 많이 지각할 수 있다. 언어가 있는데 향정신성 의약품이 필요할까?

    3장 창의성을 키우는 언어의 힘

4장

말씀이 육신이 되어

태초에 말씀이 계시니라…

말씀이 육신이 되어

- 요한복음 1장 14절

나는 1990년대에 다중언어 뇌 연구를 시작했다.[1] 이타카에서 메모리얼 슬론 케터링 암센터가 있는 뉴욕까지 다섯 시간을 달려가 이중언어 뇌를 스캔했는데, 인간 뇌의 인지 처리에 대한 기능적 자기공명영상[2]이 막 시작되던 시기였다. 신경과학자 조이 허시와 함께 밤늦게까지 뇌 영상을 들여다보며 fMRI 사용법을 배웠다. fMRI는 병원에서 신체 스캔을 할 때 사용하는 것과 같은 MRI 기계를 사용하지만, 다양한 뇌 영역의 혈류와 산소 공급 수준을 추적하는 기술로 뇌의 구조가 아닌 기능을 측정한다.

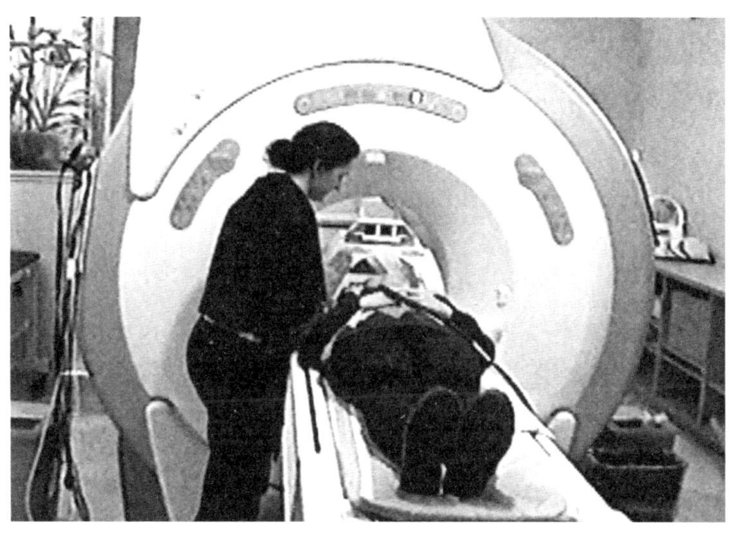

1998년 뉴욕시 메모리얼 슬론 케터링 암센터에서 fMRI 스캐너로 이중언어 화자를 테스트할 준비를 하는 저자의 사진.

처음에는 종양 위치를 찾고 뇌의 해부학적 구조를 시각화하기 위해 MRI를 썼다. 이후 MRI는 필수적인 생명 기능에 필요한 중요 뇌 영역 보존에 도움이 되는 외과적 수술 계획의 일부가 되었다. 그러나 뇌 구조와 기능 식별 기술이 발전하면서 인지 작업 중 뇌가 어떻게 기능하는지 조사하는 새로운 접근법이 개발되었다.

활동 중인 인간 뇌의 기능적 영상에 혈중 산소 의존적 대비가 사용되기 시작했다. 뇌의 한 영역이 인지 작업에 관여하면 해당 작업을 수행하는 것과 관련된 신경 활동이 국소적으로 증가한다. 신경 활동 증가는 혈관 확장 및 해당 영역 대사율 증가로 이어진다. 해당 위치는 혈액량과 혈류가 늘어난다. 혈류 증가로 뇌의 해당 영역에서 산소화 비율이 바뀐다. 그러면 fMRI 스캐너는 다양한 뇌 영역의 산소화 수준

                                        4장 말씀이 육신이 되어

변화를 감지할 수 있다. 간단히 말해서, 우리가 지적 활동을 할 때 그 작업이 수행되는 뇌 영역의 혈류가 늘고 강력한 자석이 해당 영역의 산소화 변화를 측정해 뇌가 작업을 수행하는 위치를 식별할 수 있다.

처음에 다중언어 뇌 연구는 뇌에서 모국어와 비모국어를 담당하는 위치를 정확히 알아내려고 시도했다. 이러한 초기의 잘못된 노력은 뇌가 손상에서 회복되는 방식에 대한 임상 연구에서 비롯되었다.

실어증은 뇌 손상 후 언어 이해 및 표현 능력을 잃는 것이다. 삼중 언어 사용자는 뇌졸중을 겪고서 두 언어를 이해하는 능력을 잃었다가 나중에 그중 하나를 되찾을 수도 있다. 카사블랑카의 프랑스어 사용 가정에서 태어나 열 살 때부터 아랍어를 익힌 수녀가 다언어 실어증의 흥미로운 사례다. 그녀는 두 언어에 다 능통했고, 병원에서 소아과 간호사로 24년 동안 일했다. 환자와 가족에게는 주로 아랍어로, 병원 의료진에게는 프랑스어로 말했는데, 마흔여덟 살에 교통사고를 당해 뇌를 다치고 의식을 잃었다. 회복되었을 때는 두 언어 모두 전반적인 실어증이 생겨 말을 못 했으며, 나흘 뒤에 아랍어로 몇 마디만 할 수 있었다. 다른 신경심리적 문제는 발견되지 않았고, 정신이 맑았으며, 지능도 온전했다. 이후 14개월 동안 언어 회복이 번갈아가며 이루어졌다. 어떤 날은 아랍어를, 다른 날은 프랑스어를 잘했다. 두 언어를 모두 되찾고 나서도, 과거에 수천 번이나 외우고 읊던 라틴어 성모송과 주님의 기도는 잊어버렸다. 교체 길항 실어증이라 불리는 이러한 흥미로운 사례도 드물지 않다.[3]

신경학자 알베르 피트르는 체계적 다언어 실어증 연구의 초창기에 해당하는 1895년의 발표에서 언어들의 상실과 회복 패턴을 설명하는 것은 개인 간 다양성 탓에 불가능한 작업이라고 밝혔다.[4] 선택적 언어 상실과 회복 패턴은 뇌에서 중단된 작업 유형, 언어 습득 시기와 방법, 숙달 정도, 최근 사용 빈도 등 여러 요인에 따라 달라진다.

신경언어학에서 다언어 실어증은 적게는 두 개에서 많게는 54개 언어 화자를 대상으로 연구되었다.[5] 제1언어 상실과 회복, 제2언어 상실과 회복, 사어(고전 그리스어 및 라틴어)의 역설적 회복, 선택적 실어증(여러 언어 중 하나만 상실), 차등 실어증(못 알아듣는 언어와 말을 못 하는 언어가 다름), 교대성 실어증(잃는 언어가 그때그때 다름), 병적 혼합(어떤 언어를 언제 쓸지 통제 못 하고 둘을 섞음) 등 양상이 여럿이다.

초기에는 다중언어 화자가 구사 능력을 잃은 언어와 간직한 언어가 다를 수 있다는 발견은 뇌 영역마다 처리 언어가 다르다는 신호로 해석되었다. 실어증을 잃는 다중언어 화자의 선택적 언어 상실과 회복은 초기 연구를 뚜렷하고 국소적인 뇌 영역을 찾는 잘못된 길로 이끌었다. 19세기 말에 외과의는 종양을 제거하거나 발작을 완화하기 위해 수술 중에 해당 영역에 직접 전기 자극을 주어 뇌의 언어 관련 영역을 파악하기 시작했다. 초창기 다중언어 사용자의 뇌 연구는 진정되거나 깨어 있는 다중언어 사용자의 대뇌 피질을 자극해 뇌의 여러 언어가 차지하고 있는 특정 위치를 찾으려는 지난한 작업을 계속했다.

다중언어 화자의 피질 자극을 통한 선택적 일부 언어 방해는 뇌의 언어 공유 및 분리 위치 연구를 촉진했다. 이제 우리는 대개 겹치는 뇌 네트워크에 의존하는 언어들이 속성과 숙달 정도에 따라 약간 차이를 보이며, 언어에 따른 선택적 장애 유무는 원인이 여럿일 수 있음도 안다.

정신의 모듈성

다중언어 화자의 언어들이 처리되는 뇌 영역이 같은지 다른지 묻는 것은 잘못으로 드러났다. 뇌는 특정 영역에서 각 언어를 처리하지 않는다. 대신에 광범위하게 상호연결되고 분산된 신경망이 언어 내부와 언어 간에 사용된다.

최근 몇 년 동안 신경과학 분야는 뇌의 작동 방식, 신경의 언어 처리 방식, 새 언어 학습의 뇌 재구성 방식을 분석하는 데 큰 도약을 이루었다. 여러 연구에서 언어는 전두엽, 측두엽, 두정엽, 후두엽, 뇌간 등 광범위한 영역에 걸쳐 상호작용한다는 사실이 설득력 있게 밝혀졌다.

인지 시스템에서 언어의 광범위한 병렬 처리는 물론 다중언어 화자에게만 국한된 것은 아니다. 최근 연구에 따르면, 감각 및 어휘 의미 정보는 단일언어 사용자를 비롯해 일반적으로 언어체계에서 병렬 처리된다. 이전에는 언어 처리 중에 나중에 작동한다고 여겨졌던 뇌 영역이 실제로 소리가 들리면 바로 작동한다는 것이 밝혀졌다. 과학자들은 일차 청각 피질에서 소리 주파수와 같은 단순한 청각 정보를 먼저 처리하고 나중에야 상측두회에서 소리가 의미 있는 단어로 변환되는 일련의 경로를 음성 언어 처리가 따른다고 생각했다.[6] 새로운 방법론으로 청각 피질 전체를 덮는 작은 전극을 배치해 언어 매핑을 위한 신경 신호를 동시에 수집할 수 있다. 이 새로운 신경과학 실험이 보여주듯, 뇌는 소리의 저수준 표현을 단어의 고수준 표현으로 연속적 방식으로 변환하기보다 병렬로 처리한다.

다중언어 처리에서의 병렬 활성화는 정신 작용의 비모듈성을 밝히는 또 다른 방법도 제공한다. 정신의 모듈성 논쟁은 1700년대와 1800년

대로 거슬러 올라가는 골상학이라는 사이비 과학에서 시작되었다. 프란츠 요제프 갈과 같은 골상학자는 정신 능력이 뇌의 특정 영역에 위치할 수 있다고 주장했다. 각각 X, Y, Z에 전념하는 영역이 표시된 뇌 그림이 골상학의 한 형태다.

20세기에 철학자 제리 포더의 연구는 정신의 모듈성이라는 개념에 새로운 생명을 불어넣었다. 저서《마음의 모듈성》에서 정신 능력들이 뇌에 특정 위치가 있다는 개념을 없앴지만 기능 자체는 모듈식이라고 도발적으로 주장했다.[7] 즉, 정신은 서로 상호작용하거나 영향을 미치지 않는 언어 모듈, 지각 모듈, 기억 모듈처럼 확립되고 진화적으로 발달한 별개 모듈로 구성된다는 것이다.

이제 새로운 방법론은 수십 년 전에 포더가 접근할 수 없었던 데이터를 제공하며 실제로 뇌가 모듈식이 아님을 보여준다. 모듈을 따로따로 연구하면 뇌의 전반적인 기능과 뇌가 생성하는 지능을 이해할 수 없다. 여러 언어의 대규모 병렬 공동 활성화와 여러 인지 기능에 미치는 영향도 정신의 모듈성에 치명타를 날렸다. 작금의 신경언어학은 공간적인 이해와 더 떨어져 있다. 창발론으로 설명되는 여느 복잡한 시스템처럼 뇌를 생각해보자.[8] 복잡한 시스템은 두 가지 주요 속성이 있다. 첫째, 전체는 부분의 합보다 크고, 둘째, 고도로 상호연결되어 역동적이다.

언어 능력은 온 뇌가 협주해 작동하는 창발적 속성으로 간주될 수 있다. 이 비유를 좀 더 확장해 설명하면, 영어와 프랑스어 말하기 사이의 대비는 튜바와 바이올린 연주 대비보다는 베토벤 5번 교향곡과 차이콥스키 6번 교향곡의 오케스트라 연주 대비와 더 비슷하다. 대체로

　　　　　　　　　　　　　　　　　　　4장　말씀이 육신이 되어

겹치는 신경망에 의존하더라도 여러 언어를 쓰는 사람은 한 언어를 선택적으로 잃을 수도 있다. 같은 오케스트라가 교향곡 둘을 연주하더라도 바이올리니스트가 빠지면 한 곡에 더 치명적일 수 있다.

시간이 지남에 따라 언어 능력이 변하는 방식은 두 번째 속성으로 설명된다. 뇌는 입력과 경험에 따라 학습하고 적응하는 자기조직화 유기체다. 신경망은 생겨나고 변화하며 사용의 결과로 연결이 강화되는데, 안 쓰면 시냅스 가지치기가 일어난다. 창발의 원리는 앨런 튜링이 수학적으로 설명해 복잡한 유기체가 총괄 기획자 없이도 스스로를 조직화할 수 있음을 입증했다.[9]

자기조직화 시스템은 자연(점균류 행동 및 개미 군집)과 산업계(도시 배치) 모두에 존재하며, 인간은 이제 인공지능을 사용해 점점 더 복잡한 자기조직화 네트워크를 만들고 있다. AI는 끝없는 시행착오 게임에서 수없이 문제를 해결하려고 시도해 자율적으로 학습할 수 있다. 시간이 지나며 시스템은 무엇이 가장 효과적인지 파악하고 체스 그랜드마스터도 이길 수 있는데, 한때는 불가능하다고 여겨졌다. 인공 신경망의 이러한 자동 자기조직화 및 자기복제는 뇌의 여러 구성 요소 간 상호작용의 결과로 나타나는 인간 지능과 유사하다.[10]

용량이 제한된 각 개별 뉴런이 서로 연결되고 상호작용하면 전체가 부분의 합보다 커지며 복잡한 인지 기능을 가능하게 하는 방식으로 자기조직화할 수 있다. 여러 언어를 쓰는 사람은 이 자기조직화 시스템의 복잡성이 더욱 커진다. 두 개의 뉴런이 말소리 같은 자극에 반응하면 서로에게 형성되기 시작하는 화학적·물리적 경로가 함께 활성화되는 빈도에 따라 강화 또는 약화된다. 이를테면 '잠'과 '피곤'은 '잠'과

'녹색'보다 함께 나타날 가능성이 더 크다.[11] 시간이 흐르며 신경인지 시스템 기능 방식이 바뀌면 뇌의 물리적 구조가 달라질 수 있다.

신경 발화는 학습의 기초이며, 뇌의 회백질과 백질 형성에 반영된다. 다른 언어를 배우면 단어만 더 얻는 것이 아니다. 뇌를 다시 배선하고 변형시켜[12] 더 촘촘하게 이어지도록 직조한다. 그렇다. 언어는 우리가 외부로 정보를 전달하고 소통을 가능하게 하며 남들과 연결되도록 한다. 내부적으로는 발화하는 뉴런 사이에 연결도 구축해 새로운 신경 경로를 만들고 기존 경로를 강화해 뇌 구조를 더 효율적으로 사용하고 학습을 극대화하며 기능을 최적화한다.

운동이 몸을 바꿀 수 있듯이 다른 언어를 배우고 사용하는 정신 활동도 뇌의 물리적 구조를 빚을 수 있다. 이중언어 사용자는 전두엽 영역에서 회백질 밀도가 증가한 것으로 밝혀졌다. 회백질은 뇌가 신경 세포체를 수용하고 정보를 처리하는 곳인데, 백질은 수초화된 축삭으로 구성되어 신경 자극을 통해 회백질 영역 이곳에서 저곳으로 신호를 전달한다. 고속도로로 연결된 도시에 비유할 수 있는데, 회백질은 처리가 일어나는 곳(도시)이고, 백질은 회백질 영역 간의 통신(고속도로)을 제공한다.《네이처》에 실린 연구에 따르면, 이중언어 화자의 제2언어 숙달 정도가 높고 습득 연령이 이를수록 여러 피질 영역에서 회백질 밀도가 더 높았다.[13]

다중언어 화자들은 전두엽 제어 영역을 후두엽 및 피질하 감각 및 운동 영역에 연결하는 통로에서도 백질이 늘었다.[14] 이러한 차이로 인해 이들은 일반적으로 인지 작업을 수행하는 전두엽 영역의 작업 중 일부를 더 절차적 활동을 처리하는 영역에 넘길 수 있다.

나이가 들면서 회백질의 부피와 백질의 완전성은 줄어도, 여러 언어를 알면 감소를 늦추는 데 도움이 될 수 있다. 뇌는 경험을 통해 뉴런 간에 새로운 연결을 재구성하고 만드는 놀라운 능력이 있다. 다중언어 경험은 언어 처리에 관련된 뇌 구조뿐 아니라[15] 언어에 특화되지 않은 뇌 영역과 구조의 연결성도 바꾸고, 언어와 관련이 없더라도 수행 능력을 변화시킨다.

후성유전학적 변화

최근의 다중언어 뇌 연구는 다중언어 경험이 뇌의 회백질과 백질 영역을 변화시킨다는 연구 결과보다 훨씬 더 놀랍다.[16]

여러 언어를 사용하면 뇌의 구조와 조직, 기능뿐 아니라 세포의 화학적·대사적 농도도 바로 바뀐다. 뇌의 신경 과정은 에너지를 많이 소모하므로 대사산물 농도는 신경 퇴행과 경험에 따른 뇌 가소성에 따라 달라진다. 뇌의 대사 및 신경화학적 활동의 변화는 알츠하이머병, 다발성 경화증, 파킨슨병 및 헌팅턴병, 원발성 진행성 실어증의 인지적 결함과 관련이 있다. 대사산물 수치의 변화는 인지 노화에도 나타난다. 건강한 개인은 대사산물 농도가 기억, 실행 제어, 독서 등 인지 기능의 영향을 받는다. 행동 측정은 상대적으로 정밀성이 낮기 때문에 뇌의 신경화학적 상태를 더 민감하게 측정할 수 있는 대사산물 농도 측정이 특히 유용하다.

이중언어 뇌의 대사 상관 요인에 대한 자기공명 분광학 연구에서 드러나듯, 언어를 하나만 쓰는 이와 둘 이상 쓰는 이의 뇌에서 대사산물 수치가 다르다.[17] 이중언어 뇌는 경험 기반 뇌 재구조화와 관련이 있는 두 가지 대사산물인 미오이노시톨 농도가 늘고, N-아세틸 아스파르트산염 농도가 줄었다. 두 농도 모두 이중언어 사용량과 상관관계가 있었다. 여러 언어를 쓰면 뇌의 대사산물 농도를 변화시키는 까다로운 인지적 경험이 생기는 듯하다.

뇌 세포의 생화학적 대사산물 변화 외에도 다중언어 사용과 관련이 있을 법한 다른 세포적 차이가 후성유전학적으로 생길 수 있다. 후성유전학epigenetics은 실제 유전 코드의 변경이 아닌 유전자 발현의 변형으로 인한 유기체의 변화를 연구한다. 후성유전학은 접두사 'epi'가 '위에' 또는 '덧붙여'를 뜻하는 그리스어에서 유래한 것에서 알 수 있듯이 유전 위에 더해진 유전과도 같다. 후성유전학적 변화는 행동과 환경에 따라 만들어지는 단백질 종류와 만들어지는지 여부를 바꾼다.

DNA 메틸화와 같은 후성유전학적 변화는 유전자를 '켜거나' '끌' 수 있다. 이런 변화는 개인이나 조상의 삶의 경험에 따라 가역적이며 유전적이다. 담배를 피우다가 끊으면 후성유전학적 변화의 역전이 나타난다. 흡연자의 DNA는 비흡연자보다 메틸화 수치가 낮다. 메틸화는 대개 유전자를 '끄고' 탈메틸화는 유전자를 '켜므로' 탈메틸화는 특정 질병과 관련된 유전자를 '켤' 가능성이 더 크다. 금연 후 시간이 지나면 DNA 메틸화 수치가 비흡연자와 비슷해질 수 있다.

내가 좋아하는 후성유전학적 유전성의 보기는 물벼룩이다.[18] 물벼룩은 가시 투구가 있는 것과 없는 것으로 나뉜다. 맨머리벼룩과 투구벼룩은 DNA가 동일하다. 벼룩의 투구 보유 여부는 어미가 살면서 겪은 것에 좌우된다. 어미 벼룩이 포식자를 만났다면 새끼 벼룩은 투구를 쓰고 태어날 것이고, 어미가 생전에 포식자를 안 만났다면 새끼는

　4장　말씀이 육신이 되어

맨머리로 태어날 것이다. 어미와 새끼 벼룩은 유전 물질이 같지만, 어미의 경험은 후성유전학적 변화를 통해 어떤 유전자가 자손에게 발현될지에 영향을 미쳐 새끼가 투구를 가질지 여부를 결정한다.

후성유전학 연구자들은 이런 현상을 '어머니를 물고 딸과 싸우다'라 하며, 물벼룩만 그런 것이 아니다. 야생 무의 자손도 어미 식물이 나비 애벌레에게 공격을 받았는지 받지 않았는지에 따라 달라진다. 후성유전학적 변화는 생쥐가 벚꽃 향을 맡고 전기 충격을 받자 두 세대에 걸쳐 유전되었고,[19] 충격을 받은 생쥐의 자손은 대를 이어 비슷하게 벚꽃에 두려움을 보였다. 부모의 직접 경험 후가 아니라 오래 여러 세대에 걸쳐 변이가 유전되고 형질이 선택된다는 찰스 다윈의 진화 개념은 후성유전학과 질적으로 다르다는 점에 유의해야 한다.

세포 내에서 광범위한 정보 교환을 담당하는 후성유전학적 표지가 '세포의 언어'[20] 역할을 한다는 주장도 있다. 정확히 어떤 유전자를 '켜고' '끄는' 이유가 무엇이며, 후성유전학적 변화가 이런 유전자 발현에 얼마나 기여하는지는 아직 잘 알려지지 않았다. 후성유전학 분야 전체가 200년 이상 매우 논란이 많았고 신뢰를 잃었다고 여겨지고 있는 것도 이유가 될 것이다. 지금도 일부 과학자들은 회의적이다.

부정적인 경험만이 후성유전학적 변화를 일으키는 것은 아닌 듯하다. 후성유전학적 변화는 긍정적이고 풍요로운 경험의 결과로도 발생한다. 쥐 연구에 따르면, 수컷 쥐는 임신 전에, 암컷 쥐는 태아기에 자극적인 환경을 조성하면 자손의 후성유전체, 뇌, 행동이 바뀐다. 수컷 쥐는 짝짓기 전에, 암컷 쥐는 임신 전과 도중에 풍부한 환경에 놓이면 자손의 해마와 전두엽 피질에서 메틸화 수치가 줄어든다. 쥐에게 풍부하고 자극적인 환경[21]이란 더 큰 우리, 탐험할 여러 층, 자극적인 장난감과 우리에서 사회적 상호작용을 할 친구가 많음을 뜻한다.

인간이 물려받은 후성유전학적 특성이 풍부한 경험으로 어떻게 바뀌는지에 대한 연구는 아직 초기 단계다. 약물, 알코올, 담배, 독소, 음식, 기근, 온도, 빛과 같은 환경적 요인은 모두 유전자 발현에 영향을 미칠 수 있다. 최근의 연구에 따르면, 홀로코스트 생존자 자녀와 9·11 세계무역센터 붕괴로 트라우마를 입은 생존자들의 자녀에게 후성유전학적 변화가 나타났다.[22] 후성유전학적 영향은 뇌 발달, 학습, 언어 습득, 장애를 포함한 초기 아동 발달에 흔적을 남긴다.[23] 후성유전학적 과정은 인지장애나 언어장애와도 관련이 있다.

다중언어 능력이 후성유전학적 변화를 일으키는지는 아직 미지의 영역이다. 우리는 언어 능력 연속체의 양쪽 끝에 있는 언어 영재성과 언어장애에 유전적 요소가 있음을 안다. 언어 능력은 여러 유전자와 그 발현과 관련이 있기에 특정 유전자 하나가 언어 학습 능력 유무를 결정하는 것은 아니다.

뇌 세포는 DNA 이중 가닥 절단[24]으로 학습 및 기억 관련 유전자를 빠르게 발현할 수 있다. 풍부한 환경이 쥐에서 후성유전학적 변화를 일으키고 유전자 발현이 인간의 학습과 기억을 변화시키므로 다중언어 사용처럼 풍부한 언어적·사회적 환경이 인간의 유전자 발현을 바꿀 수 있다고 제안해도 합리적이다. 여러 언어와 문화의 소리, 시각, 경험을 가진 다중언어 사용도 비슷하게 후성유전학적 변화를 일으킬 수 있다. 현재로서는 실증적으로 검증할 자료가 필요한 이론적 가설이다. 그러나 다중언어 사용이 후성유전학적 변화와 관련이 있다는 생각은 후성유전학적 이론과 일치한다.

다중언어 사용으로 뇌의 구조와 기능이 달라지고 세포 수준에서 화학 반응이 바뀌며 후성유전학적 변화와도 연관될 수 있다니, 말이라는 무형의 것이 뇌와 그 물질처럼 유형의 것을 변화시킨다는 사실만큼 놀랍다. 동공 움직임의 변화에서 내이의 털세포 진동의 변화까지, 다른 언어를 배우면 몸도 달라진다.

'말씀이 육신이 되어'라는 성경 구절이 떠오를지도 모른다. 이 구절은 요한복음 1장에 등장한다. 언어가 물질을 변화시킨다는 생각은 전 세계의 많은 종교, 영적 수행, 신화, 문화에서 발견된다. 기도와 성가는 언어에 기반을 둔다. 주문을 믿는 이들도 말과 암호가 사람들을 어떤 식으로 느끼거나 행동하게 할 수 있다고 믿으니까 그러는 것이다. 하지만 바로 그런 것이 애초에 언어가 하는 일이 아닐까? 이는 우리 모두가 쓸 수 있는 마법이다.

일본어 '고토다마言靈'란 말의 영적인 힘이 물리적 실체를 바꾼다는 신앙이다. 이는 나루히토 천황이 즉위하면서 시작된 현재의 레이와令和처럼 일본의 연호 전통에도 반영된다. 한때 신화의 영역이다가 이제 과학적 연구 주제가 되었다. 우리가 보다시피 언어는 몸의 생리 작용도 변화시키며, 실제로 물질계에 영향을 미칠 수 있다.

5장

평생 지속되는 다중언어의 효과

불로불사의 묘약이라는 영원한 젊음의 성배 찾기는 성경만큼이나 오래되었다. 오늘날에는 어떻게 하면 노년기에 오래도록 양질의 삶을 누릴 수 있을지 배우기 위해 평균 수명이 길고 100세 이상 고령자가 특히 많이 사는 '블루존blue zone'이라는 지역을 연구한다. 아직 성배는 발견되지 않았지만 건강한 노화를 돕는 여러 요인들이 밝혀졌으며, 대표적인 것이 운동과 영양, 교육이다. 여기에 이중언어 사용 역시 노화와 관련된 인지 저하, 특히 치매에 수반되는 인지 쇠퇴로부터 뇌를 보호하는 요인으로 입증되었다.

매일 오랫동안 같은 길로 퇴근하다가 어느 날 갑자기 그 길이 무너져 더 이상 이용할 수 없게 되었다고 상상해보자. 그 지역에 길이 많다면 길 하나가 없어져도 다른 길로 집에 갈 수 있다. 그러나 집으로 가는 길이 딱 하나뿐이거나 달리 아는 길이 없다면 문제가 된다. 뇌도 마찬가지다. 어떤 기억이나 정보를 불러오는 특정 경로가 손상되어 사용할 수 없게 되면, 다중언어 화자는 시간이 흐르면서 다른 언어들을 통해 형성해온 여러 경로를 대신 활용할 수 있다. 이는 단어, 기억, 경험이 둘 이상의 언어 속에서 서로 연결되어 있기 때문이다.

나의 시이머니 빌헬미나는 여든 살이 넘은 네덜란드 사람인데, 다섯 개 언어에 능통하고 정신도 여전히 말짱하다. 다중언어 사용이 노년의 뇌 건강에도 이롭다는 최근의 연구 결과와 정확히 맞아떨어지는 산증인이다.

다중언어 연구에서 가장 주목할 만한 최근의 발견 중 하나는 둘 이상의 언어를 아는 것이 알츠하이머병 및 기타 형태의 치매 발병을 평균 4~6년 늦춘다는 점이다. 노화 과정에서 다중언어 사용이 뇌 건강에 미치는 이 놀라운 효과는 운동과 식단 외에 이만큼의 효과를 내는 것이 거의 없음을 고려하면 더욱 인상적이다. 치매 발병을 몇 년이나 늦출 수 있으니 그만큼 더 오랫동안 삶을 즐기고 독립적으로 살아갈 수 있으며, 손주들과 놀아주면서 성장하는 모습을 지켜볼 수 있느냐, 아니면 끝내 그들을 알아보지 못하게 되느냐의 차이도 만들 수 있다는 뜻이다.

저글링을 하듯 둘 이상의 언어를 수시로 오가며 사용하는 과정은 신경망을 더욱 촘촘하게 연결시켜 뇌 구조가 손상되더라도 기능적으로 보완되도록 한다. 이중언어 화자라도 치매를 앓으면 뇌가 퇴행한다. 다만 더 복잡하게 연결된 신경망 덕분에 남은 자원만으로도 더 나은 기능을 유지할 수 있다. 다시 말해, 다중언어 화자도 치매에 걸릴 수는 있으나 같은 수준으로 뇌 구조가 손상된 단일언어 화자에 비해 일상적인 증상이 덜 심각하며, 행동적으로도 더 잘 대처할 수 있다. 동일한 정도로 뇌가 손상된 단일언어 화자와 이중언어 화자를 비교했을 때, 평균적으로 이중언어 화자는 기억 상실 정도가 덜하고 인지 쇠퇴가 덜하며, 간이정신상태검사MMSE와 같은 표준 인지 검사에서도 더 좋은 성과를 보인다.

이런 다중언어 화자의 치매 발병 지연은 '인지 예비능'이라는 개념으로도 파악되는데, 뇌의 물리적 상태와 인지 기능 수준 사이의 차이를 나타낸다. 대신 활용할 만한 인지적 자원(예비능)이 많을수록 뇌 질환이나 스트레스 같은 상황에서도 더 잘 버틸 수 있다. 이는 뇌 손상에 대한 회복력이다. 노화나 질병, 스트레스, 일시적 건강 문제로 인한 뇌 퇴화 수준이 비슷하더라도 인지 예비능이 높을수록 인지 과제 수행에서 더 나은 결과를 보인다.

실화를 바탕으로 한 영화 〈스틸 앨리스〉에서 주인공 줄리앤 무어는 치매에 걸린 언어학 교수 역할을 맡았다. 그녀는 일상생활을 유지하기 위해 메모, 일기, 알림 같은 외부 기억 도구들을 활용한다. 병의 진행을 늦출 수는 없었지만, 이런 지혜 덕에 초기에 더 잘 대처하고 결국 찾아올 가슴 아픈 결말 전까지 더 오랫동안 삶을 이어갔다. 연구에 따르면, 교육 수준과 제2언어 습득 경험은 치매 진행을 늦추는 두 가지 변수다. 운동, 스트레스 관리, 호기심 많은 삶과 더불어 이러한 생활습관은 뇌의 유연성을 오래 유지하게 해준다.

물론 다른 언어를 아는 것만이 뇌 건강에 이로운 경험은 아니다. 음악을 들으면 풍부한 청각 경험이 되고, 독서만 해도 단어와 의미를 잇는 인지적 경험을 얻는다. 비디오게임조차 인지 조절 같은 정신 기능

    5장 평생 지속되는 다중언어의 효과

에 긍정적인 영향을 준다. 여행이나 퍼즐, 십자말풀이 같은 새로운 활동에 적극적으로 참여해도 노년기의 뇌 건강을 유지하는 데 도움이 된다.

특히 학력은 큰 차이를 만드는 듯하다. 80세 대졸 여성의 기억력이 60세 고졸 여성과 비슷하다고 보고한 최근의 연구는 추가 교육 4년이 20년의 노화에 따른 기억력 손실을 보완한 것이라고 해석했다.[1]

다중언어 사용의 특징은 그 효과가 더 광범위하고, 위에 나열한 다른 활동들의 장점을 모두 결합한다는 데 있다. 다중언어 사용은 음악 훈련을 통해 얻을 수 있는 청각적 풍부함, 독서를 통해 얻을 수 있는 단어-의미 연결, 게임을 통해 얻을 수 있는 인지 통제력, 자극적인 활동을 통해 얻을 수 있는 뇌 건강, 교육을 통해 얻을 수 있는 학습 능력 향상, 운동을 통해 얻을 수 있는 치매 발병 지연을 모두 포함한다. 여러 연구 결과를 종합한 메타분석에 따르면, 이중언어 사용이 인지 기능에 미치는 효과는 운동이 인지 기능에 미치는 효과와 거의 같은 수준이다.[2]

다중언어 사용의 또 다른 장점은 다른 언어를 일단 익히면 다른 자극 활동과 달리 혜택을 누리기 위해 일부러 시간을 내지 않아도 된다는 것이다. 대학 강좌 수강이나 퍼즐, 스도쿠 풀이, 운동, 독서 등 뇌를 자극하는 여러 활동은 특별히 시간을 들여야 하지만, 다중언어 화자는 일상 속에서 필요에 따라 자연스럽게 언어를 바꾸면서 뇌가 계속 인지적 운동을 하게 된다. 언어 선택, 억제, 촉진, 통제 같은 과정이 자동화되어 언어를 전환하는 데 필요한 뇌 운동은 뇌를 변화시키고 더 오랫동안 예리한 정신을 유지할 가능성을 높인다.

신경과학자들은 이제 '인지 예비능'과 '신경 예비능neural reserve'을 구분한다.[3] 인지 예비능은 신경 퇴행 진행 중의 보상적 인지 능력 축적을 일컫는 용어로 점점 더 많이 쓰인다. 신경 예비능은 회백질 부피 증가, 백질 무결성, 구조적·기능적 연결성 강화 같은 변화를 동반한 뇌의 점진적 '강화'를 지칭하는 데 더 선택적으로 사용된다. 두 유형의 예비능은 모두 이중언어 사용으로 향상되며, 특히 평생 높은 수준의 이중언어 능력과 노출을 유지할 때 더 두드러진다.

평균 연령 81세 고령자를 대상으로 한 연구에서 영어를 포함해 두 언어를 쓰는 이들은 언어를 하나만 쓰는 이들보다 이전에 본 그림을 더 잘 기억했다.[4] 두 집단은 지능, 학력, 영어 어휘 수준이 비슷했음에도 결과는 달랐다. 또한 이중언어 화자들 중에서는 더 일찍 두 번째 언어를 배우고 더 오랫동안 사용한 사람이 기억력이 더 좋았다. 다른 연구에서도 셋 이상의 언어를 연습한 다중언어 사용 노년층이 인지 기능 저하 위험이 낮았으며, 이 결과는 연령과 학력을 통제한 후에도 유효했다.

비록 이중언어 사용자와 세 개 이상의 언어를 사용하는 사람들 간의 비교 연구는 드물지만, 삼중언어 사용자가 일부 인지 기능에서 이중언어 사용자보다 강점을 지니는 것으로 보인다.[5] 인구 집단 건강 연구에 따르면, 알츠하이머병 발병률은 다중언어 국가에서 더 낮다.[6] 평균 사용 언어 수가 하나인 나라들은 둘인 나라보다 알츠하이머병 발병률이 더 높았다. 사용 언어 수가 늘어날수록 알츠하이머병 발병률은 꾸준히 감소했으며, 국가별 사용 언어 수와 알츠하이머병 발병률 사이에는 직접적인 연관성이 있었다.

     5장 평생 지속되는 다중언어의 효과

다른 언어를 배우면 그 언어를 사용하는 사람들과 소통하고 세상을 돌아다니며 경험하는 과정을 통해 완전히 새로운 세계가 열린다. 새로운 언어를 배우는 효과는 일찍부터 나타나는데, 유아기부터 관찰되어 노년기에 이르기까지 평생 지속된다.

아동 다중언어 사용의 장점

어느 날 딸아이의 소아과 진료를 받으러 갔을 때 나의 외국 말투를 들은 간호사가 아이에게는 영어만 쓰라고 충고했다. 다른 언어를 쓰면 딸아이가 '혼란스러워지고' 장기적으로 해롭다는 것이었다.

간호사의 말은 틀렸다.

세간에는 여전히 오해도 많지만, 여러 언어나 방언을 쓴다고 부정적인 결과를 초래하거나 아이에게 의사소통장애를 일으킨다는 증거는 없다. 둘 이상의 언어나 방언을 사용해도 인지장애 발생률을 높이지도 않는다. 여러 언어나 방언을 쓰는 환경에서 자란다고 해서 말을 더듬거나 청각장애 위험이 커지지도 않을뿐더러 '혼란'을 겪지도 않는다. 물론 다중언어 환경에서 자란 아이들 중에서 의사소통이나 학습에 장애가 생기는 경우도 있지만, 한 언어만 쓰는 아이들보다 발생률이 더 높지도 않다. 이런 아이들은 자라면서 접한 언어의 수와 상관없이 장애가 있었을 가능성이 크다.

아이가 어린 부모들은 전문 지식이 없는 간호사, 의사, 교사, 학교 행정관, 가족 구성원, 심지어 택시 기사까지 믿으며 자녀에게 언어 하나만 사용하라는 잘못된 조언을 따른다. 이 과정에서 아이들은 삶을 풍요롭게 할 다른 언어와 문화에 노출될 기회를 박탈당할 뿐 아니라

인지적·신경학적·사회적·경제적 이점까지도 빼앗긴다.

과거에는 이중언어 사용이 부정적이라는 통념이 널리 퍼져 있었으나 최근 연구들은 이를 완전히 뒤집었다. 오히려 둘 이상의 언어를 쓰며 자라는 아이들은 평생 지속적인 혜택을 받게 된다는 증거도 있다.[7] 아이의 이중언어 사용은 지각 과제와 분류 과제[8]에서의 우수한 성과, 인지적 유연성,[9] 메타인지 능력[10] 향상으로 이어진다.

메타인지란 '생각에 대한 생각'을 뜻하며, 이해, 학습, 수행을 계획하고 모니터링하고 평가하는 과정과 자각을 포함한다. 메타언어 능력은 언어의 본질을 성찰하는 능력을 말한다. 이중언어 아동은 단일언어 아동보다 더 어린 나이에 '사물과 그 이름은 동일하지 않다', '하나의 사물에 여러 이름이 붙을 수 있다', '사물과 이름 사이의 연결은 자의적이다'라는 사실을 이해한다. 이는 언어가 상징체계라는 것을 깨닫는 중요한 인지 발달 이정표다.

중국어와 영어를 둘 다 하는 아동과 영어만 하는 아동의 머릿속에서 낱말들이 어떻게 구성되는지 반복 단어 연상 과제로 살펴본 연구도 있다.[11] 아이들의 나이는 5세에서 8세 사이였으며, 두 집단은 '동작성 지능지수performance IQ'가 일치했다. '개'라는 낱말을 던지면 아이들은 '고양이', '짖다', '목줄' 같은 연상을 떠올린다. '개-짖다' 같은 통합적(문맥적) 반응은 더 어린 나이에 나타나며, '개-고양이' 같은 범주적(계열적) 반응보다 덜 발달된 개념체계를 반영한다. 5세 아동은 단어에 대부분 통합적 반응을, 9세 아동은 대부분 범주적 반응을 보인다. 우리 연구에서 아동 두 집단의 반응은 여러 면에서 유사했지만, 이중언어 아동은 동사와 첫 번째 연상 반응에 대해 더 많은 범주적 반응

                              5장 평생 지속되는 다중언어의 효과

을 보였다. 이중언어 구사가 어린 시절부터 정보를 구성하는 방식을 변화시키고 범주를 기반으로 생각하는 능력을 향상시킨다는 것을 시사한다.

둘 이상의 언어를 사용하며 자라는 아이들의 또 다른 인지적 이점은 과제 전환 능력이 향상된다는 것이다. 예를 들어, '차원 변경 카드 분류Dimensional Change Card Sort'는 아이들이 파란색 또는 빨간색 배와 토끼처럼 물체를 색깔(빨간 토끼와 빨간 배가 서로 어울리고, 파란 토끼와 파란 배가 서로 어울리게) 또는 모양(빨간 배와 파란색 배가 서로 어울리고, 빨간 토끼와 파란 토끼가 서로 어울리게)에 따라 분류하도록 하는 과제다. 모양으로 분류할 때는 색깔을 무시하고, 색깔로 분류할 때는 모양을 무시해야 한다. 몇몇 아이들은 첫 번째 규칙을 배우고 특정 방식으로 분류하는 데 익숙해진 후 새로운 방식으로 전환하는 데 어려움을 겪는다. 이중언어 아동은 주의를 기울이는 차원을 유연하게 변경해야하는 이 과제의 다양한 버전에서 더 나은 성과를 보이는 경향이 있다.

또한 이중언어 아동은 중요한 것에 집중하고 불필요한 것을 무시하는 데도 더 능숙하다.[12] 예를 들어 '플랭커 과제Flanker task'에서 참가자들은 왼쪽으로 헤엄치는 물고기의 방향만 파악하고 방해 요소인 오른쪽으로 헤엄치는 물고기는 무시해야 한다.[13] 1~2초밖에 안 걸리지만 이중언어 아동은 단일언어 아동보다 이러한 과제를 더 빨리 수행하는 편이다.[14]

이중언어 아동은 자신과 타인의 신념이나 지식이 다를 수 있다는 것을 더 어린 나이에 이해한다는 증거도 있는데, 이는 '마음이론theory of mind'[15]과 '틀린 믿음 과제false-belief task'[16]의 성과에 바탕을 둔다. 마

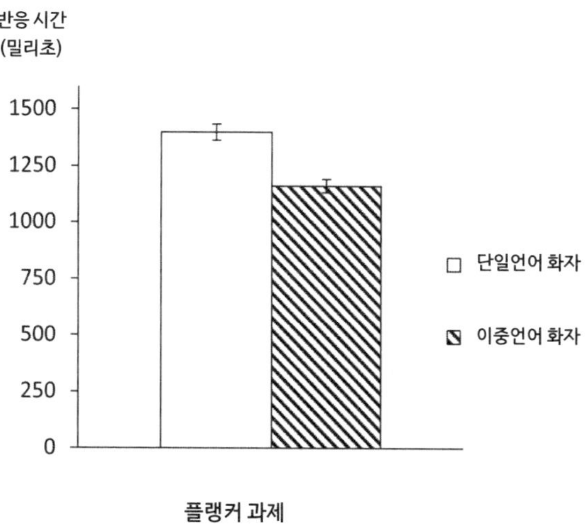

음이론은 자신과 타인의 정신 상태를 귀속하는 능력과 타인의 정신 상태나 의도가 우리와 다를 수 있음을 이해하는 능력을 일컫는다. 틀린 믿음 과제의 한 예는 아이에게 장난감을 가지고 노는 꼭두각시 둘을 관찰하게 하는 것이다. 꼭두각시 하나가 장난감을 상자에 넣고 나간다. 첫 번째 꼭두각시가 자리를 비운 동안 다른 꼭두각시는 장난감을 다른 위치로 옮긴다. 첫 번째 꼭두각시가 돌아오면 아이에게 꼭두각시가 장난감을 어디에서 찾을지 묻는다. 대개 4~5세 이상의 아이들은 방을 나간 첫 번째 꼭두각시가 방을 나가기 전에 원래 놓여 있던 상자에서 장난감을 찾을 것이라고 정확하게 답한다. 그러나 더 어린 아이들과 자폐 스펙트럼에 있는 많은 아이는 꼭두각시가 새로운 장소에서 장난감을 찾을 거라고 대답하는 편인데, 이 응답은 자신의 지식을 반영하며, 타인의 틀린 믿음을 이해하지 못하는 것이다. 여러 연구에 따르면, 세 살 정도의 어린 이중언어 아동도 틀린 믿음 과제에서 성공하는 것으로 나타났다. 이중언어 아동은 상호작용 상대의 언어에 더욱 주의를 기울이는 법을 배워야 하기에 사회언어학적 민감성이 더 일찍 발달하는 듯하다. 이중언어 사용은 타인의 관점을 이해하거나 자신의 상충되는 관점을 억제하는 데 도움이 되므로 사회적 인지 발달에 이롭다. (흥미롭게도 성인 이중언어 화자도 단일언어 화자보다 틀린 믿음 과제에서 자기중심적 편향을 덜 보인다. 일반적인 틀린 믿음 과제를 수행하는 젊은 성인의 눈 움직임을 추적하면 질문에 올바르게 답했음에도 불구하고 성인 단일언어 화자는 잠시 잘못된 자기중심적 응답을 고려하고 나서 그 경향을 바로잡고 인형의 관점을 제시할 가능성이 더 높았다.)

아마도 가장 놀라운 사실은 두 언어를 쓰는 환경에서 자라는 데 따른 인지적 이점이 아이들이 말을 하기 전부터 나타난다는 점이다. 아직 말을 못 하는 생후 7개월 아기를 대상으로 한 두 가지 실험에서, 어떤 아기든 보상이 곧 나타날 화면을 향해 기대하는 시선을 보내는 법을 배웠지만, 두 언어로 양육되는 아기들만 보상이 나타날 새로운 화면 위치로 예상 시선을 전환하고 이전 위치를 바라보려는 시선을 억제하는 법을 배웠다.[17]

아기가 언어를 배우는 방식에 관한 흥미로운 연구도 있다. 우리는 모든 언어의 소리를 듣고 발음하는 능력을 갖고 태어난다. 그러나 성장하면서 주변에서 사용하는 언어의 소리를 학습하게 되고, 그 결과 뇌와 발음 기관이 모국어의 소리에 맞추어 조율되며 다른 언어의 많은 소리를 구별하는 능력을 잃게 된다. 보통 생후 2년 차에 접어들 무렵까지 이 변화가 일어난다. '지각적 협소화perceptual narrowing'라는 이 과정에서 모국어 음소에 해당하는 신경 경로는 강화되고, 외국어 음소 신경 경로는 가지치기된다. 그 결과, 처음에는 모든 언어의 소리를 구별하는 '세계 시민'이었다가, 점차 모국어 소리만 구별할 수 있는 '한 나라의 시민'으로 바뀌게 된다. 다중언어 화자의 경우 이 '보편적' 소리 처리 능력이 더 오랫동안 유지된다.

풍부한 연구 결과에서 드러나듯 영아기부터 평생에 걸쳐 우리 뇌는 주변에서 들어오는 연속적 입력 속에서 통계적 규칙성을 암묵적으로 추출해 서로 다른 소리가 함께 나타날 확률을 학습한다. 예를 들어, 영어 화자는 [r] 소리로 시작하는 단어 뒤에 자음보다는 모음이 올 가능성이 크다는 사실을 학습한다. 유아의 인지와 통계적 학습에 관한 심리학자 제니 새프런과 동료들의 연구가 주목할 만한데, 아기들이 주변 언어 환경에서 이러한 확률을 추출하고 학습할 수 있으며, 우리가 아주 어린 시절부터 동시 입력 가능성을 새겨둔다는 것이다.[18] 다중언어 화자는 언어마다 상이한 소리의 동시 출현 확률이 다르다. 그러나 다중언어 환경에 몰입되어 있는 아기들은 이러한 확률 집합을 동시에 파악하고 학습할 수 있다.

몰입을 통한 암묵적 학습 외에도, 종종 부모가 사물을 가리키며 이름을 말해주거나 교과서에 나오는 익숙한 단어의 외국어 번역을 접하는 것처럼 새로운 언어는 명시적 지시로도 학습된다. 스페인어-영어 또는 중국어-영어를 하는 이들과 영어만 하는 이들을 대상으로 새 언어의 학습 능력을 비교한 연구에서는, 두 이중언어 집단 모두 낯선 음운 구조를 가진 단어 학습에서 단일언어 집단보다 더 좋은 성과를 보였다.[19] 지금까지 여러 연구에서 단일언어 화자보다 다중언어 화자가 새로운 언어를 더 쉽게 습득한다는 사실이 입증되어 왔다.

다중언어 구사 능력과 음악성 사이에서도 유사성이 발견되었다. 일반적으로 다중언어 구사와 음악은 모두 풍부한 청각적 입력의 형태이며, 뇌의 가소성에 영향을 미치는 경험 유형이다. 두 경험 모두 음의 높낮이, 리듬, 음색의 변화를 감지하도록 하는 과정을 활성화한다. 연구에 따르면, 음악가는 대체로 언어 학습 능력이 더 뛰어나며,[20] 많은 다중언어 화자가 특정 음악 관련 과제에서 더 나은 성과를 보인다[21](물론 이는 평균적으로 그렇다는 것이지 모든 음악가나 다중언어 화자에게 해당하는 것은 아니다). 심지어 생후 9개월의 이중언어 아기들도 단일언어 아기들보다 두 개의 바이올린 음을 더 잘 구별해낼 수 있었는데,[22] 이는 두 언어 사이의 미묘한 차이를 감지하고 구별하는 초기 경험이 음악과 같은 비언어적 소리 지각에도 전이될 수 있다는 의미다.

제2언어 배우기와 악기 배우기 모두 경험 의존적 가소성을 통해 실행 기능을 향상시키는 것으로 밝혀졌다.[23] 이중언어 사용과 음악성 각각, 이중언어 사용과 음악성의 결합이 실행 제어executive control 능력을 향상시키는지 확인하기 위해 우리는 젊은 성인들을 대상으로 '사이먼 과제Simon task'라는 비언어적·비음악적·공간적 과제를 테스트했다. 이 과제는 관련성이 없고 잘못된 정보를 제공하는 공간적 단서를 무시하는 능력을 측정한다. 결과적으로, 이중언어 화자, 음악가, 두 언어 이상을 구사하는 음악가들은 모두 언어를 하나만 구사하는 비음악가에 비해 산만한 단서를 무시하는 능력이 향상되어 있었으며, 이중언어 화자, 음악가, 이중언어 음악가 간의 성과 수준은 대체로 비슷했다.[24]

또한 실행 기능과 수학 성취도 사이의 연관성을 고려할 때, 규칙적으로 다른 언어를 사용하는 것이 어린이의 수학 능력을 향상시킨다고 생각할 만한 근거도 있다. 두 가지 대규모 데이터 세트에 따르면, 이중언어 능력이 4~5세 유치원 아동의 수학적 추론 및 문제 해결에 대한 표준화된 시험에서 중요한 예측 변수였다.[25]

한 연구에서 우리는 초등학교 3~5학년 학생들을 대상으로 수학과 읽기 표준화 시험 성적을 비교했다. 학생들은 세 가지 수업 프로그램 중 하나에 속했는데, 영어만 사용하는 일반 학급, 다수 언어(영어)와 소수 언어(스페인어)를 함께 사용하는 '이중언어 양방향 몰입two-way immersion 프로그램',[26] '전환형 영어-제2언어ESL 프로그램'이었다. 그 결과, 이중언어 양방향 몰입 프로그램이 소수 언어 학생과 다수 언어 학생 모두의 학업 성취에 긍정적인 효과를 주는 것으로 나타났다. 소수 언어 학생들은 양방향 몰입 프로그램에서 전환형 프로그램에 속한 또래들보다 더 좋은 성적을 냈으며, 다수 언어 학생들 역시 양방향 몰입 프로그램에서 단일언어 일반 학급의 또래들보다 더 좋은 성적을 보였다. 즉, 이중언어 양방향 몰입 프로그램은 소수 언어 및 다수 언어 아동 모두의 수학 및 읽기 능력을 향상시키는 것으로 보인다. 또한 양방향 몰입 프로그램의 또 다른 이점[27]으로는 문화와 언어가 다른 사람들에 대한 긍정적 태도[28]와 실행 기능의 강화[29]가 있다.

유아기 이중언어 아동의 어휘가 단일언어 사용 아동의 어휘보다 적다고 여기는 사람이 많다. 이중언어 아동이 흔히 한 언어로만 시험을 치르며,[30] 두 언어로 시험을 본다 해도 어휘력 측정 방식이 아이가 아는 여러 언어 라벨(낱말)의 총수라기보다 개념의 수로 평가된다는 이유 때문이다. 다시 말해, 아이가 어떤 사물을 일컫는 한 언어의 단어와 다른 언어의 단어를 모두 알더라도, 어휘력은 개념 수 기준으로 평가되며, 번역 대응어는 한 개념으로만 계산된다. 예를 들어, 영어만 말하는 아동이 'milk', 'house', 'dog' 세 단어를 안다면 그만큼의 어휘로 평가되는 반면, 스페인어와 영어를 말하는 아동이 'milk'와 'leche', 'house'와 'casa'라는 두 쌍의 네 낱말을 알아도 그것들은 두 개념으로만 계산되므로 한 언어만 말하는 아동보다 어휘력이 적은 것처럼 평가되는 것이다. 이런 평가 방식은 이중언어 아동에게 불리하게 작용한다.

그러나 두 언어를 합쳐 계산하면[31] 두 언어를 하는 아동이 아는 단어의 총합은 한 언어를 하는 아동과 비슷하다.[32] 고등학교 시점에 이르면 두 집단은 어휘력에서 더 이상 차이를 보이지 않는다.[33] 이때쯤 되면 둘 중 한 언어라도 단일언어 화자의 어휘 수준에 도달하면서, 동시에 두 언어 자원 모두를 활용할 수 있게 된다.

언어는 어떻게 뇌를 변화시킬까?

다중언어 화자가 여러 언어를 관리하는 데 사용하는 제어 시스템은 실행 기능이라는 고차원적 인지 기술의 일부다. 몇 번 언급했지만 좀 더 깊이 들어가보자. 실행 기능은 주의, 억제, 촉진, 작업 기억, 인지 유연성을 포함하는 일련의 인지 과정을 일컫는다. 이러한 기능은 평생 동안 발달하며, 치매나 뇌 손상과 같은 질병, 극심한 스트레스, 또는 단순히 노화로 인해 악화될 수 있다. 실행 기능 네트워크는 우리가 새로운 과제에 직면했을 때 반응을 시작하거나 중단하고, 환경과 행동을 모니터링하고, 미래 행동을 계획할 수 있게 해준다. 역사적으로 이러한 기능은 전두엽이 조절한다고 여겨졌으나, 최근의 연구 결과에 따르면 다른 뇌 영역도 실행 기능에 관여하며, 아마도 뇌 전체에 걸쳐 작용할 가능성이 높다.

1장에서 설명한 '스트룹 과제'에서 단어가 쓰인 잉크의 색깔을 말해보라고 했을 때 단어의 색 이름이 사용된 잉크 색깔과 다르면(예를 들어, 'RED'라는 단어를 검은색 잉크로 쓴 경우) 잉크 색을 말하는 데 시간이 더 오래 걸렸다. 단어와 잉크 색깔이 일치하면(예컨대 'BLACK'이라는 단어를 검은색 잉크로 쓴 경우) 잉크 색깔을 더 빨리 떠올렸다. 왜 그럴까? 'RED'라는 단어와 검정이라는 잉크 색깔이 다를 때 뇌는 무관한 단어는 무시하고 관련 있는 색깔에만 집중해야 하기 때문이다. 관련 있는 정보와 무관한 정보 사이에서 판단하고 어떤 정보에 따라 행동할지 선택하는 능력은 뇌의 실행 기능 중 하나인 인지 제어다. 인지 제어에는 관련 없는 정보를 억제하는 '억제(스트룹 과제의 경우, 단어 억제)'와 관련 있는 정보를 우선시하는 '촉진(스트룹 과제의 경우, 색깔 촉진)'이 모두 포함된다.

운전할 때는 도로에 집중하고 방해 요소를 무시해야 한다. 교실에서는 수업 내용에 주의를 기울이고 무관한 정보는 무시해야 한다. 수술을 집도하는 외과의사든, 표적을 조준하는 저격수든, 농작물을 가꾸는 농부든, 당면한 과제를 완수하려면 관련 있는 것에는 주의를 기울이고 무관한 것은 무시할 수 있어야 한다. 다시 말해, 억제 제어는 우리 모두가 항상 사용하는 능력이다. 지금 이 순간, 독자도 읽는 내용에 집중하고 나중에 뭐 먹을까 같은 잡생각을 무시하려고 억제 제어

     5장 평생 지속되는 다중언어의 효과

를 사용한다. 수많은 실험실 연구에서 둘 이상의 언어를 구사하는 사람들이 실행 기능의 여러 측면에서 더 나은 성과를 보인다는 것이 밝혀졌다.

여러 언어의 단어와 규칙을 반복적으로 전환하고 무관한 언어의 산섭을 무시해야 하는 다중인어 사용자들은 이렇게 무시할 것과 주의를 기울일 것을 바꾸는 과제 전환 능력을 머릿속에서 갈고닦는다. 차로가 더 많은 고속도로처럼 여러 언어에 걸친 병렬 처리가 뇌를 최적화한다. 뇌는 끊임없이 데이터를 수집, 처리하면서 언어적 경험을 포함한 과거 경험의 프리즘을 통해 유입되는 정보를 걸러낸다. 여러 언어를 듣는 데서 발생하는 상향식 입력은 뇌의 실행 기능에 의한 하향식 정보 처리를 변화시킨다. 이중언어 화자는 일상적으로 여러 언어를 오가거나 무관하고 상충하는 언어 정보를 무시해야 하므로 이러한 정신적 훈련으로 더욱 효율적인 제어 시스템이 발전한다.

동시에 활성화되는 언어들 사이의 경쟁을 조절하기 위해 이중언어 화자는 언어적 경쟁을 해결하는 데 동원되는 뇌 영역이 더 효율적으로 작동한다.[34] fMRI를 사용한 실험을 통해 우리는 무시해야 하는 여러 물체 중에서 목표 물체를 찾을 때처럼 이중언어 사용자의 뇌가 언어적 경쟁을 해결할 때 단일언어 사용자의 뇌보다 노력을 덜 기울인다는 것을 발견했다.

여러 언어를 끊임없이 관리하는 것은 뇌를 깊이 변화시킨다. 물론 언어가 다른 화자 간의 소통은 번역을 통해서도 가능하다. 하지만 번역된 정보를 단순히 받아들이는 것은 두 개 이상의 언어를 직접 경험할 때 뇌에 일어나는 신경학적 변화를 만들어내지는 못한다.

최근 MIT 연구에서는 '다언어 구사자polyglot'와 '초다언어 구사자
hyperpolyglot'의 뇌를 fMRI로 살펴보았다.[35] 연구자마다 정의는 다르지
만, 이 연구에서 전자는 언어를 네 개 이상 아는 사람, 후자는 10~55개
의 언어를 아는 사람이었다. 대조군과 비교했을 때 여러 언어를 쓰는
사람들은 언어 처리에 신경 자원을 더 적게 사용했다. 언어를 네 개
이상 구사하는 사람들의 언어 네트워크 활동 감소는 이중언어 화자가
언어 경쟁을 해결할 때 뇌 활성화가 줄어드는 신경영상 연구 결과와
일치하며, 다중언어 화자의 뇌가 언어를 처리할 때 신경 자원을 더 효
율적으로 사용하고 있음을 보여준다.

근육이 강할수록 무거운 물건도 힘을 덜 들이고 들 수 있듯이, 이중
언어 화자는 고전적인 실행 제어 영역에서 회백질이 늘어나 관련 정
보와 무관한 정보 사이의 경쟁을 더 쉽게 관리할 수 있다(관련 있거나
무관한 언어를 지속적으로 관리해온 경험 덕분이다). 이렇게 생각해보자.
규칙적으로 근력 운동을 하는 건강한 사람과 운동을 전혀 하지 않는
사람 모두 10킬로그램의 아령을 들어 올릴 수 있지만, 건강한 사람은
그 무게를 더 오래 들고 더 여러 번 반복할 수 있으니 훨씬 더 쉽다. 마
찬가지로 다중언어 사용자의 뇌는 단일언어 사용자의 뇌만큼 언어 경
쟁 과제를 수행하는 데 많은 힘을 들이지 않는다.

이러한 신경영상 연구에서 관찰된 차이가 여러 언어를 아는 결과
인지, 아니면 애초에 그런 차이로 여러 언어를 배우게 된 것인지는 확
실히 알 수 없다. 유전 연구와 장기 추적 연구가 이 질문에 답을 줄 수
있다. 그러나 언어 학습이 뇌 가소성과 뇌 변화에 영향을 미친다는 연
구는 두 가지 설명이 모두 작용할 수 있음을 시사한다.

다중언어 화자의 뇌는 언어 경험의 영향이 언어 지식 증가의 누적 효과보다는 단일언어와 다중언어 처리 간의 질적 차이를 반영할 수 있음을 보여준다. 동일한 신경 기제가 언어와 비언어적 과제 모두에 사용될 수 있기 때문에, 언어 영역에서의 경험으로 얻은 이점은 일반적 인지 변화로 확장되어 지각이나 주의를 비롯한 다른 과정에도 영향을 미칠 수 있다.

이중언어 화자는 일차 청각 피질과 같은 감각 처리와 관련된 영역과 전전두엽 피질과 같은 실행 기능과 관련된 영역에서 뇌 회백질 밀도와 부피가 더 크다. 이러한 신체적 변화의 행동적 상관관계는 유의미할 수 있는데, 일차 청각 피질의 헤슐 이랑Heschl's gyrus에서 회백질이 많을수록 말소리 지각 능력이 뛰어난 반면, 전전두엽의 회백질이 많을수록 인지 제어 능력이 향상된다.

여러 언어를 알면 피질 기능 외에 피질하 기능에도 영향을 미친다. 특히 놀라운 변화가 일어나는 뇌의 피질하 영역은 인지 기능과 보통 관련이 없다고 여겨지지만, 인류의 가장 오래된 공통 조상과 공유하는 부위다.《미국 국립과학원회보》에 게재된 연구에 따르면, 청소년들이 말소리의 음절을 들었을 때 이중언어 사용자의 뇌간이 같은 나이의 단일언어 사용자보다 자극을 더 강력하게 부호화한다.[36] 이러한 향상은 실행 기능의 이점과도 관련이 있었다. 이중언어 경험으로 청각체계가 소리를 처리하는 데 매우 효율적으로 변한 것이다. 이 연구는 이중언어 화자의 높은 청각적 지각 수준 덕에 신경 가소성이 늘고 감각 기능과 인지 기능이 긴밀하게 결합한다는 증거다. 이중언어 사용으로 인한 뇌간의 변화는 언어에만 국한되지 않고 뇌 전체에 광범위하게 영향을 미치는 전신적인 현상임을 나타낸다.

무엇이 중요한지에 주의를 집중하고 부수적인 것은 무시하는 능력은 언어 처리뿐 아니라 기억, 의사결정, 대인 관계를 포함한 전반적인 사고 과정에서도 매우 중요하다. 여러 연구에서 이중언어 능력이 실행 기능에 미치는 효과는 반드시 크지는 않아도 통계적으로는 유의미하다는 결과가 나온다. 뇌를 엔진에 빗댄다면 이중언어는 연비를 높여 같은 양의 연료로 더 멀리 갈 수 있도록 만들어주는 셈이다.

이러한 변화가 실제 인지 기능에 어떤 영향을 미치는지는 아직 완전히 밝혀지지 않았다. 더 세밀한 관점을 갖추면 어떤 상황에서 이중언어 능력이 실행 기능의 어떤 측면을 변화시키는지 이해할 수 있을 것이다. 또한 일부 연구에서 이중언어 화자가 단일언어 화자보다 실행 기능에서 눈에 띄는 차이를 보이지 않는 이유도 설명할 수 있을 것이다(다중언어 화자가 단일언어 화자보다 못한 결과를 보이지는 않고 대부분은 적어도 비슷한 수준이다). 자연계의 다른 많은 현상처럼 집단 간 실행 기능의 차이가 시간이 지나도 일정하게 유지되는 것은 아니다. 그러나 사람은 일생 동안 계속해서 배워나가며 모험을 하는 셈이다.

언어가 달라지면 사람도 달라질까?

'언어를 배우는 것은 세상을 바라보는 또 다른 창을 갖는 것이다'라는 격언이 있다. 다중언어 사용자는 다른 언어를 사용할 때 종종 다소 다른 버전의 자신이 된다. 영어에서는 과학자와 교수로서의 내 정체성이 더 많이 드러나고, 루마니아어에서는 딸과 관련된 측면의 정체성이 더 많이 드러난다. 또한 언어 전반에 걸쳐 보편적인 정체성 측면도 있다. 가장 중요한 점은 학습자라는 정체성이 나의 핵심이라는 것이다. 또한 언어에 따라 다양한 행동에 대한 관용 수준이 다르다는 것을 알게 되었다. 영어에서는 루마니아어보다 근거 없는 자신감과 오만함이 더 불쾌하게 느껴진다. 아마 능력을 평가하고 남들, 특히 성인의 자신감이 근거가 있는지 없는지 판단하는 데 아직 미숙했던 어린 시절의 모국어가 루마니아어라서 그럴 것이다(몰도바 작가 이온 크레안거의 말을 인용해보자면, "내가 똑똑하지 않다는 건 아는데, 주위를 둘러

보면 용기를 얻는다").

천 명이 넘는 이중언어 사용자에게 언어가 달라지면 다른 사람이 된 것처럼 느껴지는지 묻자 3분의 2가 그렇다고 답했다.[1] 마치 여러 정신 상태와 자아의 여러 버전이 내면에 공존하는 것과 같다.

심리학에서는 잘 정립된 성격 특성 분류체계에 따라 외향성, 친화성, 개방성, 성실성, 신경성을 '빅 파이브'로 제시한다(Extraversion, Agreeableness, Openness, Conscientiousness, Neuroticism의 머리글자를 따서 OCEAN 또는 CANOE라고 기억할 수 있다). 이중언어 사용자는 이러한 성격 특성에서 모국어와 제2언어에 따라 다른 평가를 받는 경우가 많다. 스페인어와 영어를 둘 다 하는 사람을 대상으로 한 일련의 연구에서 젊은 성인은 스페인어보다 영어로 테스트를 받을 때 외향성, 친화성, 성실성에서 더 높은 점수를 얻었다.[2] 또 다른 연구에서는 페르시아어와 영어를 둘 다 하는 사람이 페르시아어로 테스트를 받을 때 영어보다 외향성, 친화성, 개방성, 신경성에서 점수가 더 높았다. 마찬가지로 중국어와 영어를 둘 다 하는 홍콩 사람들은 중국어보다 영어로 테스트를 받을 때 외향성, 개방성, 친화성에서 더 높은 점수를 받았다. 물이 온도에 따라 고체나 액체, 기체가 될 수 있듯이 사람은 사용하는 언어에 따라 다른 존재가 될 수 있다.

중국어와 영어를 둘 다 하는 사람들을 대상으로 한 연구에서 참가자들은 중국어로 응답할 때 더 많은 집단 지향적 자기 묘사와 더 낮은 자존감을 보였다.[3] 외국어를 사용하면 사회적 규범과 미신적 신념을 따르는 정도가 줄어들고, 혐오 자극에 대한 부정적인 인식과 잠재적 위험에 대한 인식도 감소한다. 다른 언어로 테스트했을 때 나타나는 이러한 성격 차이는 일반적으로 '문화적 프레임 전환' 때문에 발생한다. 이러한 프레임 전환은 다른 문화적 규범에 따라 행동을 수정하는 것을 의미한다.[4] 언어와 문화는 매우 긴밀하게 얽혀 있기에 다중언어 사용자가 언어를 바꾸면 접근하는 문화적 틀과 세계관도 달라진다.

언어가 심리적 과정에 미치는 영향

다중언어 사용자의 자기 정체성, 태도, 속성에 나타나는 이러한 언어 간 차이는 어린 시절부터 관찰될 수 있다.[5] 심지어 양육과 부모-자녀 간의 상호작용조차도 이중언어 가정에서 언어에 따라 다를 수 있다. 태국어와 영어를 둘 다 하는 이들을 대상으로 진행 중인 대규모 연구 프로젝트에 따르면, 어머니와 자녀 모두 사용 언어에 따라 장난감 놀이부터 책 나눔, 최근 사건 회상까지 다양한 활동에서 서로 다르게 상호작용한다. 이러한 행동 차이는 미국 문화의 아동 중심적이고 이야기 공동 구성적인 접근과 태국 문화의 성인 중심적이고 이야기 전달자-청자 중심적 접근의 차이를 반영하며, 또한 미국의 개인주의적 문화 규범과 태국의 집단주의적 문화 규범의 차이와도 일치한다. 다시 말해, 언어를 바꾸면 가족과 상호작용하는 행동 패턴도 달라진다.

대학에서 프랑스어를 배울 때 브르타뉴 출신의 프랑스 여자 교수는 우리에게 프랑스어로 일기를 쓰라고 했다. 최근 그 일기를 다시 훑어보니 내가 상상했던 프랑스 문화와 라이프스타일을 일기에 담아낸 방식이 재밌었다(노천카페에 앉아 담배를 피우는 모습. 고마워요, 카뮈!). 루마니아어로 쓴 향수병 이야기나 영어로 쓴 학교와 직장 이야기와는 느낌이 사뭇 달랐다.

이중언어 사용에 관한 내 첫 공식 연구 프로젝트는 알래스카대학교에서 진행한 학부 우등 논문이었다. 논문에서 나는 이중언어 사용자들이 두 언어에서 제스처가 어떻게 다른지 비교했다. 러시아어와 영어를 둘 다 사용하는 사람들에게《빨간 모자》이야기를 영어나 러시아어로 들려달라고 요청했다(동화는 두 언어에서 매우 유사하기 때문이다). 그런 다음 이야기 비디오테이프를 필사하고 비언어적 의사소통 연구자들이 사용하는 체계에 따라 제스처를 여러 유형으로 분류한 후 언어별로 비교했다. 그 결과, 이중언어 사용자들은 두 언어에서 도상적iconic 제스처가 유사했으나, 영어와 러시아어에서 은유적metaphoric 제스처가 달랐다. 도상적 제스처는 나타내는 단어의 의미와 물리적으로 유사한 제스처를 말한다. 예를 들어, 무언가가 작다는 것을 보여주려고 엄지와 검지를 가까이 모으거나, 총을 쏘는 것을 묘사하려고 손가락 총을 드는 것과 같다. 은유적 제스처는 '다음 날'과 같은 진술이나 행복이나 공포의 묘사에 따라올 수 있는 더 추상적인 개념과 관념을 표현하는 것을 말한다. 30년 후, 우리는 태국어-영어와 영어-태국어 이중언어 사용자 어머니와 자녀를 대상으로 한 연구에서 이중언어 사용자들이 언어에 따라 제스처가 다르다는 결과를 재현했다. 이중언어 사용자들은 언어를 전환할 때 음성 코드가 서로 다를 뿐 아니라 비언어적 의사소통과 몸짓도 바꾸는 것으로 보인다.

언어가 심리적 과정에 미치는 영향에는 여러 메커니즘이 작용할 수 있다. 가장 뜻밖의 것 하나는 언어 구조의 차이와 관련된다는 것일 듯하다. 어떤 나라의 저축률과 은퇴 자산을 포함한 경제적 행동뿐 아니라[6] 흡연 감소나 안전한 성생활 실천 등 건강 행동도 언어의 구문

구조와 연관되어 있다는 것이다. 대규모 국가별 데이터 세트의 다양한 경제 및 건강 관련 행동을 비교 분석한 결과, 현재 시제와 미래 시제를 의무적으로 구별하는 언어의 화자는 미래 시제를 구별하지 않는 언어의 화자보다 미래 지향적 행동(더 건강한 식습관 등)을 보일 가능성이 낮았다. 현재 시제와 미래 시제를 문법적으로 구별하는 언어는 '강시적 미래 시제 참조 언어strong-future-time reference language'로 알려져 있으며, 프랑스어, 그리스어, 이탈리아어, 스페인어, 영어가 여기에 포함된다. 반면 현재 시제와 미래 시제를 문법적으로 구분하지 않는 언어는 '약시적 미래 시제 참조 언어weak-future-time reference language'로 알려져 있으며, 여기에는 표준 중국어, 에스토니아어, 핀란드어를 포함한 다양한 언어가 있다. 문법적으로 미래와 현재를 구분하지 않는 언어를 사용하는 사람들은 미래의 자신에게 이로운 행동을 할 가능성이 더 높다.

이러한 통사적 차이로 콘돔 사용과 같은 개인적인 결정이나 국가 저축률과 같은 사회적 결정에서 미래의 자신을 덜 고려하는 행동으로 이끄는 경우도 생기는 듯하다. 시각적 인식에서도 유사한 효과가 발견되었다. 자신의 얼굴 노화 이미지를 본 사람들은 이후 돈을 저축할 가능성이 더 높다. 여러 금융회사는 사용자들이 더 많은 투자를 하기를 바라며 웹사이트에 얼굴 노화 소프트웨어를 사용한다. 미래가 덜 멀어 보일 때 우리의 행동은 변화한다.

물론 언어 구조가 그러한 언어 사용자들 간의 차이의 원인보다는 반영일 수도 있다. 다시 말해, 언어의 언어적 구조와 미래 지향적 행동은 집단 간 문화 차이의 결과일 수도 있다. 한 나라에서 자란 이중언어 사용자들이 언어 간 차이를 보인다 하더라도 그 차이가 언어에만 기인한다고 단정 지을 수는 없다. 문화적 차이는 나라가 같거나 언어가 같아도 종종 존재하기 때문이다(캘리포니아와 플로리다처럼).

언어가 매개하는 심리 과정을 설명할 세 번째 방식은 노벨상을 받은 심리학자 대니얼 카너먼이 '프레이밍 효과Framing Effect'라고 명명한 것에서 비롯된다. 카너먼은 선호도가 구성되는 것이며, 무엇을 구성하는가는 마음에 떠오르는 것에 영향을 받는다고 주장했다. 떠오르는 생각은 언어의 영향을 받는다. 언어적 구성 요소는 특정 지점으로 이끌고 뚜렷한 특징을 강조해 경험에 영향을 준다. 주의를 끌고 특정한 특징을 더욱 강조하는 것 외에도 언어 전환은 점화priming 역할을 할 수 있다. 개별 언어는 그것과 관련된 정보를 다른 언어와 관련된 정보보다 우위에 둔다. 이중언어 화자에게 언어적 단서를 점화하면 해당 언어와 문화의 지식, 스크립트, 스키마와 일치하는 생각과 행동을 이끌어낼 수 있으며, 여기에는 사회적 판단과 소비자 결정도 포함된다.

감정 반응의 차이

두 언어를 하는 작가가 자서전에서 결혼이나 진로 같은 인생의 큰 결정을 두 언어로 고민하는 장면을 묘사한다.

그 남자와 결혼해야 할까? 영어로 질문이 다가온다.

그래.

그 남자와 결혼해야 할까? 이번에는 폴란드어로 메아리가 친다.

아니.

피아니스트가 되어야 할까? 영어로 질문이 온다.

아니, 그러면 안 돼. 넌 못 해.

피아니스트가 되어야 할까? 폴란드어로 메아리가 온다.

그래, 그래야지. 무슨 수를 써서라도.[7]

이 장면이 다소 극단적으로 보일지 모르지만, 언어에 따라 느끼는 방식이 달라지는 것은 드물지 않다.[8] 감정 반응은 모국어냐 제2언어냐에 따라 달라질 수 있다. 모국어는 보통 감정적으로 풍부한 맥락에서 습득되기 때문에 더 강한 감정 반응을 일으킨다. 이중언어 화자 대부분은 비모국어를 사용할 때 감정적 몰입이 덜하다고 보고한다. 심리치료 현장에서는 이중언어 화자들이 외상이나 괴로운 경험을 이야기할 때 비모국어로 전환하는 경우가 많다. 연구에 따르면, 외국어를 사용할 때 언어로 유발되는 공포 조건화가 줄어들고, 문학 작품도 모국어와 제2언어에서 다르게 울림을 준다. 이중언어 화자의 뇌를 기능적 신경영상으로 조사한 연구에서는 《해리포터》의 감정적인 대목을 읽을 때 감정 처리와 관련된 편도체를 포함한 여러 뇌 부위가 제2언어보다 모국어일 때 더 강하게 반응했다. 마법사와 마녀가 제2언어로도 주문을 걸 수 있을지 궁금해진다. 그 답을 알려줄 부엉이 집배원을 기다려본다.

비모국어를 사용할 때 감정이 줄어드는 양상은 생리학적 증거로도 확인된다. 외국어 자극을 처리할 때 감정 반응이 약해진다는 것이다. 피부전도도 반응이 언어 간의 감정 각성 차이를 측정하는 데 사용되었다. 신경계가 각성되면 땀샘 활동이 늘어나 피부전도도가 올라간다. 손가락이나 손에 전극 두 개를 붙이면 생리적 각성의 피부전도도 지표를 얻을 수 있다. 참가자들이 모국어로 감정적으로 강렬한 단어를 듣거나 읽을 때 제2언어보다 피부 전기 활동이 더 크게 나타났다. 스페인어와 영어를 둘 다 하는 이들을 대상으로 한 실험에서는 참가자의 어머니를 모욕하는 말을 들었을 때 영어보다 스페인어(모국어)에서 피부 전기 반응이 훨씬 강했다. 그러니 다음에 해외에서 누군가를 욕하려 할 때 본인에게만 모국어라면 상대방보다 격앙될 수 있다는 점을 염두에 두기 바란다.

메시지의 내용이 완전히 이해되더라도 꾸중을 듣거나 괴로운 경험을 이야기하거나 감정적인 글을 읽는 일은 모국어로 할 때 훨씬 더 강한 울림을 준다. 가수 카밀라 카베요가 히트곡 〈세뇨리타〉에서 숀 멘데스에게 "네가 날 세뇨리타라고 부르면 좋아"라고 노래할 때, 모든 다중언어 화자가 아는 사실을 표현한 것이다. 바로 말이 감정을 불러일으키는 강도와 색채가 언어마다 다르다는 점이다.

같은 언어 안에서도 단어가 다르거나 같은 단어라도 다른 방식으로 말하면 당연히 서로 다른 감정을 불러일으킬 수 있다. 한 학생은 부모가 꾸중할 때만 성과 이름을 다 부른다면서 나보고 줄임말 애칭으로 불러달라고 부탁했다. 마찬가지로 부모가 가운데 이름까지 붙여 부르면 뭔가 혼날 일이 생겼음을 직감했다는 영어 화자도 많다.

미국에서 중국어와 영어를 둘 다 하는 젊은 성인들을 조사한 연구에 따르면, 성적 의사소통에는 영어가 더 편하고, 부정적인 감정을 표현할 때는 중국어가 더 강한 정서를 담는다고 한다. 언어에 따라 여러 가지 사랑을 다른 말로 나타내기도 한다. 영어는 'love'로 다 포괄할 수 있지만, 많은 언어에서 연애는 부모나 가족의 사랑과 다르고, 반려동물을 매우 아낀다든가 음식이나 옷을 매우 좋아할 때는 각각 다른 단어로 일컫는다. 성행위와 관련된 말도 역시 언어마다 다르고, 같은 언이 안에서도 집단이나 사람에 따라 달라진다. 1990년대를 겪은 사람이라면 빌 클린턴 대통령의 "나는 그 여자와 성관계를 맺지 않았다"라는 발언을 기억할 텐데, 성행위의 정의를 어떻게 내릴 수 있는가를 둘러싼 공적 논쟁을 불러일으켰다.

일본어 표현 '秋風が立つ[아키카제가타쓰]'는 글자 그대로는 '가을바람이 불다'지만 의미는 '사랑이 식다'이다. '賢者タイム[켄자타이무]'는 남성이 오르가슴 후 성욕에서 벗어나 마음이 맑아져서 명료히 생각할 수 있는 '현자 타임'을 가리킨다. 남성 자위행위를 의미하는 일본어 '千擦り[센즈리]'는 글자 그대로는 '천 번 문지르기'라는 뜻이고, 여성 자위행위를 의미하는 '万擦り[만즈리]'는 '만 번 문지르기'라는 뜻이다. 색이나 시간 같은 개념을 언어마다 다르게 묘사하듯이 사람들이 사랑과 성을 말할 때 쓰는 단어의 차이 역시 가장 친밀한 행동과 관계에 대한 생각 차이를 반영하거나 만들어낸다.

감정을 나타내는 말은 번역하기 어려운 경우가 많다. 아이슬란드어 'sólviskubit[솔비스쿠비트]'도 내가 좋아하는 말인데, 해가 뜬 좋은 날씨를 즐기지 않고 집 안에 머무를 때 드는 양심의 가책을 뜻한다. 시카고에서 보기 드문 화창한 날씨를 창밖으로 보면서 컴퓨터 앞에 앉아 있을 때 이 말이 생각난다. 또 다른 예는 중국어 '報復性熬夜[바오푸싱아오예]'로 '보복성 철야'를 뜻하는데, 낮 시간을 마음대로 쓸 수

없는 사람들이 늦게까지 잠들지 않고 밤 시간에 자유를 되찾으려는 심리를 가리킨다. 영어에서도 비슷한 의미의 신조어가 생겼는데, 아마도 여러 언어 화자들 간의 온라인 교류가 늘어나면서 전해진 듯하다. 바로 ‘revenge bedtime procrastination’(보복성 취침 미루기)이다. 나도 떳떳하지 않다. 또 뭐가 있을까? 비행기의 환경적 악영향 때문에 비행기를 탈 때 드는 양심의 가책을 뜻하는 아이슬란드어 ‘flugvisku-bit[플루그비스쿠비트]’, 사물의 덧없음에서 비롯되는 애틋한 정감을 일컫는 일본어 ‘物の哀れ[모노노아와레]’, 아늑하고 편안하고 만족스러운 기분과 화기애애한 행복을 함께 담는 덴마크어 ‘hygge[휘게]’와 네덜란드어 ‘gezellig[허젤러흐]’, 너무 귀여워서 꼬집거나 깨물어주고 싶은 충동을 뜻하는 타갈로그어 ‘gigil[기길]’, 위로받을 수 없는 마음속 깊은 갈망을 가리키는 독일어 ‘Sehnsucht[젠주흐트]’. 또한 일본어 ‘甘え[아마에]’[9]는 도를 넘은 애정이나 신뢰를 표현하는 응석[10]을 뜻하고, 이팔루크어 ‘fago[파고]’[11]는 사랑, 연민, 슬픔이 섞인 감정을,[12] 벵골어 ‘লজ্জা[라자]’는 염치나 수줍음을 의미한다.[13]

다중언어 사용자는 여러 언어에 걸쳐 감정을 표현하는 단어의 범위가 더 넓으니 더 많은 감정을 경험할 수 있다는 주장도 나올 수 있다. 감정을 정확히 명명하고 포착할 수 있는 단어가 실제로 느끼는 감정에 영향을 미치는지는 아동 발달, 대인 관계, 심리치료 등 다양한 분야에서 여전히 논쟁의 대상이다(사피어-워프의 난제가 또다시 고개를 든다). ‘정서 명명affect labeling’ 연구에 따르면, 감정을 인식하고 이름을 붙이는 행위는 감정적 자극에 반응하는 편도체 활동을 방해한다. 공개 발표 전 자신의 감정을 말로 묘사하도록 요청받은 참가자들은 대조군 참가자들보다 생리적 활성화 감소가 더 컸다. 이는 정서 명명이 실제로 우리가 느끼는 방식에 영향을 미칠 수 있음을 보여준다. 동시에 감정은 언어적 경계를 초월할 수 있다. 몇 년 전 홍콩에서 열린 결혼식에 참석한 적이 있는데, 주로 영어만 구사하는 미국인 남성과 주로 숭국어만 구사하는 중국인 여성의 결혼식이었다. 두 사람은 거의 구글 번역을 통해 소통했다. 둘의 공통 언어는 사랑이었다고 할 수 있겠다.

기억에 영향을 미치는 방식

언어는 우리가 세상을 느끼고, 지각하고, 생각하는 방식을 형성할 뿐 아니라 우리가 무엇을 기억하는지도 형성한다. 내가 학계에 들어와 결국 심리언어학을 전공하게 된 계기는 기억 연구, 그중에서도 유년기 기억상실에 관한 논문을《실험심리학 저널》에서 읽은 것이었다.[14] 유년기 기억상실은 태어난 직후부터 생후 수개월 또는 수년간의 사건을 기억하지 못하는 현상을 말한다(정확한 기간에 대해서는 논란의 여지가 있으며, 출생 직후부터 대략 두 살, 길게는 네 살까지로 보지만 개인차가 있다).

아기의 언어 발달 제한이 유년기 기억상실의 원인 중 하나라고 여겨진다. 생후 몇 년 동안 일어난 사건을 기억으로 쌓아 올릴 언어적 지식과 틀이 없으니 그 시절을 기억하지 못하게 되는 것이다. 인간은 언어와 삶의 기억을 동시에 발달시키고, 이 둘은 서로 얽혀 서로를 지탱한다.

내가 생각하고 글을 쓰고 연구하는 방식은 인지심리학, 기억, 자아,

지능, 시지각 등을 다루는 울릭 나이서 저작들에 영향받았다. 저서《관찰된 기억Memory Observed》은 기억 연구를 실험실에서 실제 현상으로 끌어냈다. 그는 기억이 일상생활과 관련성을 가지려면 생태학적으로 타당한 연구가 필요하다고 강조했다. 올리버 색스의《아내를 모자로 착각한 남자》처럼 독자들이 마음 연구에 매료되도록 만드는 책이다.

하지만 이런 책들은 대부분의 대중과학서와 마찬가지로 마음과 기억을 철저히 단일언어적 관점에서 다룬다. 여러 언어를 쓰며 살아가는 전 세계 인구 절반 이상의 정신적 경험이 마치 단일언어 화자와 똑같기라도 한 것처럼, 다른 언어를 아는 것이 기억과 '기억된 자아'를 바꾸지 않는 것으로 간주한다. 이것은 인간 기억 연구의 맹점이다.

우리가 쓰는 언어는 적어도 세 가지 방식으로 기억에 영향을 미친다.

1. 인코딩 시 언어의 공동 활성화를 통해
2. '언어 의존적 기억language-dependent memory'을 통해
3. 기억을 떠올릴 때 쓰는 라벨을 통해

다중언어 화자가 사물을 다르게 기억하는 첫 번째 방식은 머릿속에서 둘 이상의 언어가 동시에 활성화되는 것을 통해 이루어진다. 파리 그림을 찾을 때 영어 화자는 손전등을 본 것을 기억할 가능성이 더 높은데, 'fly'와 'flashlight'의 첫소리가 겹치기 때문이다. 반면 스페인어 화자는 파리mosca와 손전등linterna의 단어가 겹치지 않으므로 손전등을 기억할 가능성이 높지 않다. 영어 화자에게는 단어 음소 겹침이 단순히 단어를 들을 때 무엇을 보는지에 영향을 미칠 뿐 아니라 나중

에 무엇을 기억하는지도 좌우한다는 사실이 밝혀졌다. 형태나 의미가 겹치는 대상은 무관한 것보다 더 잘 기억된다. 언어마다 단어 겹침이 다르므로 서로 다른 언어 화자는 같은 장면 속 사물을 다르게 기억한다. 마찬가지로 이중언어 화자의 기억은 보는 사물의 이름이 두 언어에서 겹치는지 여부에 따라 달라진다. 언어 내부에서뿐 아니라 언어간에도 형태가 겹치는 항목은 더 잘 기억된다. 똑같이 파리를 찾는 상황에서 스페인어와 영어를 둘 다 하는 사람은 영어만 하는 사람보다 화살을 더 잘 기억할 수 있다. 왜냐하면 스페인어에서 화살은 'flecha'라서 영어 'fly'와 어두가 겹치기 때문이다. 다시 말해, 이중언어 화자는 언어적 겹침에 따라 주변 세계를 다르게 바라볼 뿐 아니라, 교차언어적 공동 활성화로 인해 단일언어 화자와는 다르게 본 것을 기억한다.

다중언어 화자가 사물을 다르게 기억하는 두 번째 방식은 언어 의존적 기억 원리에 바탕을 둔다. 언어 의존적 기억이란 어떤 기억이 형성될 때 사용된 언어가 기억을 떠올리는 순간 다시 재현되면 그 기억에 더 쉽게 접근 가능하다는 개념을 말한다.

심리학에서 '기분 의존적 기억mood-dependent memory'과 '언어 의존적 기억' 이론은 어느 시점에서든 기억의 접근성이 현재의 기분이나 사용하는 언어에 따라 달라진다고 본다. 기분이 좋을 때는 즐거운 기억이 더 잘 떠오르고, 기분이 우울할 때는 슬픈 기억이 더 잘 떠오른다(이 때문에 우울증이 악순환되기도 한다). 언어의 경우도 마찬가지로 어떤 사건이 일어났을 때 사용된 언어를 다시 사용할 때 그 기억이 더 잘 떠오른다.

'doctor', 'birthday', 'cat', 'dog' 같은 영어 단어로 단서를 주었을 때

러시아어와 영어를 둘 다 하는 사람은 영어가 사용되었거나 다른 영어 화자가 포함되었던 자전적 사건들을 더 잘 기억한 반면, 그 단어들의 러시아어 번역어로 단서를 주면 러시아어가 사용되었거나 다른 러시아어 화자가 포함되었던 자전적 사건들을 더 잘 기억했다. 이중언어 화자는 기억이 일어난 언어로 자전적 기억을 이야기할 때 감정의 강도도 더 크게 표현한다. 여러 언어를 쓰는 사람들은 모국어와 제2언어에서 삶의 기억들이 서로 다르고, 세상의 정보도 다르게 회상한다. 이는 기억 접근성이 언어에 따라 달라지기 때문이다. 어떤 기억이 표면으로 떠오르는지는 언어마다 달라진다. 이중언어 화자는 사건이 일어났을 때 쓰던 언어를 다시 사용하면 그 사건을 더 잘 떠올린다. 이렇게 불러온 기억은 우리가 자신과 삶을 생각하고 타인과 상호작용하는 방식에도 영향을 미친다.

생물학, 화학, 역사, 신화 같은 학문 지식을 기억해내는 것조차[15] 학습할 때와 시험 볼 때 사용한 언어가 일치하는지 여부에 영향을 받을 수 있다. 스페인어와 영어를 둘 다 하는 대학생들을 대상으로 한 연구에서 스페인어로 학습한 정보는 스페인어로 시험을 볼 때, 영어로 학습한 정보는 영어로 시험을 볼 때 더 잘 기억났다. 즉, 학습할 때와 시험 볼 때 사용한 언어가 같으면 더 좋은 기억력을 보였다. 물론 학습의 궁극적인 목표는 맥락과는 독립적으로 정보를 불러올 수 있는 것이며(배운 것을 같은 언어, 장소, 기분일 때만 기억할 수 있다면 실생활에 거의 쓸모가 없을 것이다), 실제로는 대부분 그렇다. 우리는 언어, 맥락, 기분과는 상관없이 기억을 불러낼 수 있다. 하지만 과거에 경험한 상황이 회상을 통해 재현될 때 기억의 내용과 방식에 약간의 차이가 나타나기도 한다. 그래서 오랫동안 가지 않았던 장소에 다시 가면 잊고 있던 기억들이 물밀듯이 떠오르기도 한다. 언어도 마찬가지다. 한동안 쓰지 않던 언어를 다시 사용하게 되면 옛 기억이 갑자기 되살아난다. 대부분의 일상에서는 필수적이지 않을지 몰라도, 꼭 필요한 기억을 떠올리기 위해 단서가 절실할 때가 있고, 언어가 바로 그 단서가 되어줄 수 있다.

이민 기억을 다룬 연구에서 우리는 부정적인 감정 단어가 긍정적인 감정 단어보다 더 자주 등장한다는 사실을 발견했는데, 특히 나이가 들어 이민 온 사람들에게서 두드러졌다. 또 이중언어 화자들은 모국어보다 제2언어에서 감정 단어를 더 많이 사용했다. 아마도 제2언어가 감정적 경험으로부터 거리를 두게 해주고, 모국어와 같은 수준의 감정적 효과를 내기 위해서는 더 많은 감정 단어를 써야 하기 때문일 수 있다.

기억이 언어의 영향을 받는 세 번째 방식은 언어마다 사물을 명명하는 방식이 다르다는 점에서 비롯된다. 스페인어는 영어 ‘corner’에 해당하는 낱말이 둘인데, 안쪽의 ‘rincón[링콘: 구석]’과 바깥쪽의 ‘esquina[에스키나: 모퉁이]’다. 이 때문에 모서리와 관련된 배열에서 스페인어 화자는 영어 화자보다 사물이 어디에 놓여 있는지 더 잘 기억한다. 한국어도 마찬가지로 손가락에 꼭 맞는 반지를 묘사할 때 사용하는 ‘끼다’와 봉투에 적당히 틈새를 두고 들어가는 편지를 묘사할 때 사용하는 ‘넣다’를 구별해 말한다. 이렇게 명명법이 서로 다르기 때문에 우리가 환경의 특정 측면을 얼마나 정밀하게 기억하는지도 다르다.

다중언어 화자들은 흔히 기억의 접근성이 자신이 쓰는 언어에 존재하는 라벨로 달라진다고 말한다. 예를 들어, 영어에는 사촌을 뜻하는 단어가 하나뿐이지만, 중국어에는 외가, 친가, 남녀, 연장자, 연소자에 따라 무려 여덟 가지 단어가 있다. 적절한 단어 하나만 사용해도 그에 따른 추가 정보가 즉시 드러나기 때문에 그런 구별이 없는 언어보다 빨리 해당 친척을 떠올리고 기억한다. 뱅골어 같은 언어는 '먹다'가 '마시다', 심지어 '담배 피우다'도 뜻한다(뱅골어와 사용 빈도는 다르나 한국어 '먹다'도 비슷하게 '마시다', '담배 피우다'에 두루 쓴다─옮긴이). 이 때문에 10대들이 파티에서 누가 술을 마셨는지 담배를 피웠는지 기억이 불분명하다고 둘러댈 때 핑계가 된다는 우스갯소리도 있다.

다중언어 화자의 언어 사용과 기억이 실제로 중요한 결과를 낳는 사례는 형사 책임을 다루는 연구에서 잘 드러난다. 모의 배심원들은 모국어와 제2언어를 쓸 때 서로 다른 판단을 내렸다. 예를 들어, 가능성을 표현하는 조동사 'may'와 'might'는 영어가 모국어인 사람들에게는 의사결정에 큰 차이를 주지 않았다. 그러나 영어가 제2언어인 사람들은 조동사를 다르게 처리했다. 'The man might have dropped the bag by the bushes(남자는 덤불 옆에 가방을 떨어뜨렸을지도 모른다)' 같은 문장에서 비원어민 영어 화자들은 사건을 'might'보다 'may'로 표현한 경우 일어났을 가능성이 더 크다고 판단했다. 증인의 확실성 평가도 'may'에서 현저히 더 높고, 'might'에서 더 낮았다.[16]

단일언어 화자도 명명이 기억에 미치는 영향을 피할 수는 없다. 같은 언어 안에서도 교통사고 영상을 본 뒤에 차가 얼마나 빠르게 달렸는지 묻는 질문에서 'bumped(부딪쳤다)'보다 'smashed(충돌했다)'라는 말을 썼을 때 더 빨리 달렸다고 응답했다. 어떤 단어를 쓰느냐는 우리

　　　　　　　　　　　　6장 언어가 달라지면 사람도 달라질까?

의 기억에 영향을 미친다. 그래서 광고주들은 상품을 홍보하며 단어 하나를 고를 때도 무척 신중하다. 텔레비전 광고를 볼 때 제약회사의 신약 이름에 주목해보라. 연구에 따르면, 약의 이름이 발음하기 쉬울수록 더 안전하게 인식되고 더 높은 용량으로 권장되기도 한다.

법적 상황에서 언어가 기억에 어떤 영향을 미치는지 연구한 개척자 엘리자베스 로프터스는 생태학적으로 타당한, 즉 실제 생활과 연결된 기억 현상 연구의 선구자였다.[17] 스티븐 세시 등 다른 학자들과 함께한 연구는 기억을 바라보는 방식에 큰 영향을 주었다. 즉, 기억은 재구성적이고 부정확하며, 사용하는 언어적 라벨이 그 재구성에 영향을 미친다는 것이다. 특정 방식으로 제시되는 잘못된 정보나 유도 질문 때문에 아예 거짓 기억이 만들어지기도 한다.

이제는 고전으로 꼽히는 연구에서 로프터스 박사와 공동 연구진은 실제로 일어나지 않은 사건(쇼핑몰에서 길을 잃은 일처럼)과 실제로 일어난 여러 사건의 묘사를 함께 제시하며 사람들을 인터뷰했는데, 조작된 사건을 진짜 기억으로 받아들였을 뿐 아니라[18] 기억한다고 믿는 세부사항까지 덧붙인 사람이 많았다. 나는 이 연구를 자동차로 개를 쳤다는 조작된 사건으로 변형해 재현해보았다.[19] 학부생들의 부모에게 설문지를 보내 자녀의 어린 시절에 관한 잊지 못할 기억들을 적어달라고 요청하면서, 자녀가 알 법한 개나 다른 동물이 차에 치인 적이 있었는지도 특별히 물었다. 그리고 부모가 제공한 실제 기억들과 내가 삽입한 조작된 사건을 함께 사용해 학생들을 인터뷰했다. 다른 거짓 기억 연구와 마찬가지로, 일부 학생들은 조작된 사건을 진짜로 기억한다고 받아들였을 뿐 아니라 개의 크기나 색깔, 사건이 일어난 시간처럼 결코 제공되지 않은 세부사항까지 기억한다고 주장했다.

다중언어 화자는 기억이 모국어와 비모국어 양쪽 모두의 영향을 받을 수 있다. 인간의 기억은 일반적으로 거짓 침투나 거짓 기억에 취약하지만, 이중언어 화자가 어느 언어에서 더 취약한지는 명확하지 않다. 연구마다 거짓 기억의 발생률이 더 높은 쪽이 모국어나 제2언어로 달라지며, 숙련도, 상대적 언어 우위, 검사 시 연령, 언어를 습득한 나이 등에 따라 달라진다는 연구도 있다.

분명한 점은 기억 접근성에 언어가 미치는 영향이 실제 세계에 중요한 함의를 갖는다는 것이다. 예를 들어, 법정에서 이중언어 화자 증인을 신문할 때, 이중언어 화자 내담자에게 심리치료를 제공할 때, 중요한 정보를 기억할 최적 조건을 만들 때 등이다. 로프터스 박사와 나는 현재 진행 중인 소송에서 이중언어 화자의 신문을 다루는 전문가 증인으로 참여하는 중이다. 이는 언어와 기억이 서로 상호작용하며 개인의 삶에 중대한 결과를 초래할 수 있는 수많은 실제 상황 중 하나일 뿐이다.

윤리적 판단의 기준이 되다

현실 세계에서의 의사결정은 종종 윤리적 고려를 포함한다. 그렇다면 이런 윤리적 고려가 제2언어에서 더 크게 작용할까?

소설가 어슐러 K. 르 귄의 여운이 깊은 이야기 〈오멜라스를 떠나는 사람들〉에서 도시는 고통을 모르고 매 순간 축제와 기쁨으로 가득 찬 풍요로운 삶을 누리는 주민들로 가득하다.[20] 그러던 어느 날 그들은 낙원의 삶을 지탱하는 숨겨진 진실을 알게 된다. 고통과 비참 속에 홀

6장 언어가 달라지면 사람도 달라질까?

로 버려진 한 아이의 고난이었다. 그 아이를 돕거나 조금이라도 친절을 베풀면 도시 전체의 행복한 삶은 끝나버리는 것이었다. 진실을 알게 된 일부 주민은 결국 오멜라스를 떠나 미지의 세계로 걸어 나간다.

짧은 이야기지만 오래도록 울림을 남긴다. 당신이 그런 상황이라면 이떻게 하겠는가? 아이의 희생을 못 본 척하며 도시 전체의 번영을 유지하겠는가? 아니면 아이를 구해 고통을 끝내고 오멜라스의 낙원을 무너뜨리겠는가? 아니면 그저 떠나겠는가? 그리고 이 이야기를 읽고 선택을 요구받는 언어에 따라 당신의 결정이 달라질까?(아직 실행되지 않은 실험이지만, 사실 우리는 매일 이와 비슷하게 소비자로서 극적이지는 않더라도 소소한 선택을 한다.)

윤리학에서 의무론은 행위 자체가 옳은가 그른가에 따라 도덕성을 판단해야 한다는 원칙이고, 이와 달리 공리주의는 가장 많은 사람에게 가장 큰 이익을 주는 행위가 옳다고 본다. 그런데 사용하는 언어에 따라 도덕적 결정이 의무론적인지 아니면 공리주의적인지 달라진다는 사실이 밝혀졌다.

'외국어 효과'는 한 사람을 희생시켜 다섯 명을 살릴 것인가와 같은 도덕적 딜레마 상황에 직면했을 때 외국어를 사용하면 더 공리주의적인 결정을 내리게 된다는 것이다. 이는 아마도 외국어가 심리적 거리감을 늘리고 감정적 개입을 줄이기 때문일 것이다. 제2언어를 사용하면 감정과 더 밀접히 연결된 희생 비용에 초점을 맞춘 의무론적 가치 준수는 줄어들고, 숙고와 심의에 더 밀접히 연결된 희생의 이익에 초점을 맞추며 공리주의적 가치에 더욱 접근하게 된다. 비록 정신적 고통을 겪더라도 비모국어를 사용할 때 사회적 이익이 더 큰 결정을 내릴 가능성이 높다.

제2언어 사용은 도덕적 판단, 재원 배분, 건강 및 의료 선택에서 모국어 사용보다 더 논리적이고 합리적인 결정을 이끌어내며 미신도 억누를 수 있다.[21] 많은 다중언어 화자 연구에서 드러나듯 외국어 사용은 위험 감수, 저축, 소비자 결정, 환경 보호, 사회적 정체성, 성격, 자아 해석[22] 등과 같은 영역에서 이중언어 화자의 판단과 선호를 체계적으로 변화시킬 수 있다.[23]

중국어와 영어를 둘 다 하는 이들이 도박 결정을 내리고 나서 각각 긍정적 또는 부정적 피드백을 받고 금전적 이익 또는 손실("훌륭해요! +10달러" 또는 "안됐네요! −3달러")이 생겼을 때, 비모국어로 받은 긍정적 피드백은 도박 횟수를 줄였고,[24] 성공 후 운이 뒤따를 것 같다고 믿는 '핫핸드 효과hot hand effect'도 감소시켰다.

또한 외국어 사용은 정보 제시 방식framing에 따른 편향을 줄여주는데, 1979년의 고전적 실험인 '질병 문제Disease Problem'에서 잘 드러난다.[25] 아무 조치를 취하지 않으면 600명이 전염병으로 사망할 것이라는 전제에서 시작해, 이득의 관점과 손실의 관점, 두 가지 방식으로 문제가 제시된다. 이득을 강조하는 방식은 선택지 1을 고르면 200명을 구하고, 선택지 2를 고르면 모두를 구할 확률이 3분의 1, 아무도 못 구할 확률이 3분의 2다. 손실을 강조하는 방식은 선택지 1을 고르면 400명이 죽고, 선택지 2를 고르면 아무도 죽지 않을 확률이 3분의 1, 모두가 죽을 확률이 3분의 2다. 같은 내용이지만, 잠재적 이익(200명을 구함)이 강조되면 사람들은 위험을 더욱 회피하는 성향을 보이며, 보장된 결과를 제시하는 선택지 1을 더 선호하게 된다. 그러나 외국어에서는 이러한 감정적 편향이 줄어들어[26] 문제 제시 방식과 상관없이 일관된 위험 선호를 보이게 된다. 다시 말해, 사람들의 선호도는 모국어보다 외국어를 사용할 때 문제의 제시 방식에 영향을 덜 받는다.

일반적으로 혁신적이지만 거부감을 유발할 만한 제품(안전 인증을 받은 제활용수나 곤충으로 만든 식품 등)을 외국어로 접하면 덜 역겹다고 인식된다. 원자력, 살충제, 화학비료, 나노기술의 위험성과 이점을 평가하도록 요청받은 경우,[27] 이중언어 사용자들은 제2언어로 판단할 때 이를 덜 위험하고 더 유익한 것으로 평가했다. 비슷한 맥락에서 이중언어 사용자들은 모국어보다 제2언어로 질문을 받을 때 안전 인증을 받은 재활용수를 마실 가능성이 더 높았다.[28]

예방접종[29]이나 수술[30]을 받을지 의료적 결정[31]을 내릴 때조차 질문과 답변이 모국어인지 제2언어인지에 따라 달라진다. 이민자 가정부터 외국 출신의 의사들에 이르기까지 전 세계의 의료인과 환자 수백만 명이 모국어와 비모국어를 혼용해 의료 결정을 내린다. 미국의 의사 중 거의 30퍼센트가 이민자이며, 외국 출생 간호사, 기술자, 보조원 수백만 명과 함께 일한다. 모국어가 아닌 언어로 생활하는 전 세계 다중언어 사용자 수백만 명을 염두에 두면, 확실히 신체적·정신적 건강과 같은 중요한 결정에서 외국어도 일상적으로 사용하고 있음을 알 수 있다.

이중언어 사용자들이 모국어나 비모국어로 일련의 의료 시나리오를 평가하도록 요청받았을 때, 외국어를 사용하면 질병 증상과 치료 부작용의 심각성 인식이 감소하고, 개인적 위험의 확률적 정보에 더욱 민감해졌다. 질병은 제2언어로 접하면 치료가 더 쉬워 보이고 신체적·정신적 고통도 덜하다고 인식되었다. 제2언어 사용은 또한 예방 치료의 비용과 혜택에 대한 민감도를 높이고 실험적 치료에 대한 수용도를 증가시켰다.

모국어나 외국어 사용이 예방 치료 수용과 거부에 따른 결과를 평가하는 방식에 변화를 준다는 사실은 일상적으로 비모국어로 의료적 선택을 하는 의료 제공자와 환자 수백만 명에게 시사점이 있다. 언어 경험과 노출은 건강 관련 정보를 해석하는 방식을 체계적으로 변화시켜 개인 및 공중 보건에 상당한 영향을 미치기도 한다.

뉴질랜드의 폴리네시아 원주민 마오리족에게는 '내 언어로 나는 눈 뜬다'라는 격언이 있다. 우리의 믿음, 투표 방식, 선호도, 정체성까지 모두 언어적 영향을 받는다. 우리는 다른 언어를 쓸 때마다 또 다른 자아가 된다. 언어는 각기 다른 경험, 기억, 감정, 의미의 집합체와 연결되고, 이러한 요소들의 접근성은 언어마다 다르기 때문이다. 결과적으로 사용하는 언어에 따라 개인의 다양한 면모가 전면에 부각된다.

6장 언어가 달라지면 사람도 달라질까?

PART 2

사회를 바꾸는 언어

지난해의 말은 지난해의 것이니,
다가오는 해의 말은 또다시 목소리를 기다린다.
—T. S. 엘리엇, 《사중주 네 편》

7장

언어의 영향력

아이들이 두어 살쯤 되었을 때 내가 묻고 대답하게 하면 가족과 친구, 다른 부모들뿐 아니라 공공장소에서 우연히 듣게 되는 낯선 사람들도 깜짝 놀라곤 했다.

"4 빼기 2는?"

"2."

"81 나누기 9는?"

"9."

"745 곱하기 0은?"

"0."

"미국의 주가 된 마지막 지역은 어디야? 알래스카야 아니면 하와이야?"

"하와이."

“미국의 두 번째 대통령은 누구야? 제퍼슨이야 아니면 애덤스?”

“애덤스.”

이렇게 수학부터 정치, 물리학부터 스포츠까지, 겉보기에는 어떤 주제든 내 아이는 모든 것을 알고 모든 답을 아는 듯했다.

내 아이들은 모두 천재였을까? 아이들은 또래 아이들보다 특출나지는 않았다. 유일한 차이점은 엄마가 언어 발달을 연구하고 가르친다는 것인데, 내가 언어에 대해 아는 것을 활용해 원하는 답을 얻을 수 있었다. 이미 눈치 챈 독자도 있겠지만, 질문과 답변 목록에는 흥미로운 패턴이 있다.

아이가 내놓은 답은 항상 제시된 선택지 목록의 마지막 단어였다. 이러한 행동에는 코치가 필요 없다. 언어 발달의 특정 단계에서 아이들은 선택지가 주어졌을 때 마지막으로 들은 단어를 따라 한다. 아이들에게 이러한 반복은 단어 학습 과정의 일부다. 전 세계의 많은 부모가 자녀 양육의 일환으로 언어 발달 수업을 받지 않고도 이 점을 알아차린다. 바쁜 부모라면 자녀가 비록 짧은 기간일지라도 마지막 선택지를 선택하리라는 사실을 알기만 해도 바쁜 아침이나 지친 밤에 부모가 원하는 대로 옷을 입히고, 음식을 먹이고, 활동하게 하는 등 삶의 방향을 바꿀 수 있다. 어린 자녀와 함께 한번 시도해보고 틱톡 영상을 만들어봐도 좋을 것이다.

언어가 우리의 선택에 영향을 미친다는 것은 놀랄 일이 아니지만, 그러한 결정은 우리 자신의 인생에만 국한되지 않는다. 이 책의 전반부에서는 언어가 개인에게 미치는 영향을 살펴보았고, 후반부에서는 더 넓은 사회적 맥락에서 언어를 더 폭넓게 살펴볼 것이다. 언어는 우리의 뇌, 신체, 정신, 감정에만 영향을 미치는 것이 아니다. 사회의 구조와 기능은 언어, 언어적 다양성, 다중언어 사용의 영향을 받는다. 정치나 역사책, 또는 과학적 발전이나 발견 어디에서든 언어의 힘이 보인다.

언어가 민족의 정체성을 만든다

내가 언어 발달 지식을 활용해 아이들에게 채소를 먹이거나 엿듣는 참견쟁이를 놀라게 했듯, 정치인, 정치평론가, 공인도 언어를 사용해 대중을 설득한다고, 아니, 조종한다고 해야 할까?

공화당 부시 행정부가 '상속세'를 '사망세'라 부르고, 완화된 배출 기준을 '맑은 하늘 구상'이라 부르고, 석유 시추를 '책임 있는 에너지 탐사', 벌목을 '건강한 산림 구상'이라 부르기 시작했던 때가 기억나는가? 또는 민주당 바이든 행정부가 이민자를 지칭하는 용어를 '불법'에서 '미등록'으로, '외국인'에서 '비시민' 또는 '이주민'으로 바꿨던 때가 기억나는가? '생명권'과 '선택권'을 들었을 때 서로 느낌이 다르듯, 세금이라면 어느 쪽에 반대표를 던질 가능성이 더 높을까? 사망세는 슬픔에 잠긴 시기에 부과되는 세금이 연상되고, 상속세는 부유층에 부과되는 세금을 떠올리게 한다. 이는 미국에서만 나타나는 현상이 아니다. 국제 언론에서 '하늘 닫기'가 불러일으키는 반응은 '항공기 격추'와 매우 다르다.

민주 정치든 독재든 전 세계 모든 나라에서 단어가 선택되고 새로운 라벨이 만들어지는 것은 라벨이 개념을 완벽하게 반영하기 때문이 아니라 개념의 인식을 바꾸기 때문이다. 소련에서 가장 유명한 두 신문은 《이즈베스티야》(뜻은 '뉴스')와 《프라우다》(뜻은 '진실')인데, 소련

언론 선전에 대한 오래된 농담은 《프라우다》에는 진실이 없고 《이즈베스티야》에는 뉴스가 없다'는 것이다. 좀 더 최근의 예로 우크라이나 전쟁은 러시아에서 '특수 군사 작전'이라 불렸다.

조지 오웰의 디스토피아 소설 《1984》에서 전체주의 정권은 오세아니아 인구를 통제하고 자기표현과 자유 의지와 같은 체제 전복적 사상을 억압하려는 수단으로 '신어Newspeak'를 만들어낸다. 표현할 단어가 없다면 그런 사상 자체도 존재하지 않게 된다는 것이다.

신어의 목적은 단순히 영국 사회주의Ingsoc 추종자들에게 적합한 세계관과 정신적 습관을 표현하는 매체를 제공하는 것이 아니라, 다른 모든 사고 방식을 불가능하게 만드는 것이었다. 신어만을 모국어로 삼으며 자란 사람은 '평등'이 한때 '정치적 평등'이라는 부차적 의미가 있었다는 사실이나 '자유'가 한때 '지적 자유'의 의미였다는 사실을 모를 것이다. 체스를 전혀 모르는 사람이 '퀸queen'이나 '룩rook'이 '여왕'이나 '떼까마귀'의 뜻이 아님을 알지 못하는 것과 마찬가지다. 그가 저지를 수조차 없는 범죄와 과오가 많을 텐데, 그것들이 이름도 없으니 상상도 할 수 없기 때문이다.[1]

예술이 삶을 모방하기보다는 마치 오웰의 소설처럼 삶이 예술 작품을 모방하는 것 같다.

2018년 동계올림픽 당시 남북한 선수들이 단일팀으로 참가했을 때, 본질적으로 같은 언어임에도 서로 소통하기가 언제나 매끄럽지는 않았다. 분단 이후에 남한에서는 영어를 비롯한 외래어 사용이 늘어난 반면 북한에서는 고유어를 쓰는 경우가 많기 때문이다. 남북한이 서로 완벽히 소통하려면 때로는 사전도 필요하다.

또 다른 전국적인 '언어 실험'에서 소련 당국은 구소련 사회주의 공화국 몰도바의 문자를 로마 문자에서 키릴 문자로 변경했다. 로마 문자는 몰도바 서쪽에 사는 루마니아인들이 쓰고, 키릴 문자는 몰도바 동쪽에 사는 러시아인들이 쓴다. 몰도바는 인구 대부분이 루마니아계인데, 수십 년 동안 모국어에 맞지 않는 문자를 써야 했다. 루마니아어는 격 변화 등 여전히 라틴어와 공통점이 많은 로망스어이며, 로마 문자를 쓴다. 민족 정체성을 조작하려는 소련의 시도는 몰도바인들 사이에 러시아적이고 소련 지향적인 정체성을 강화하고 루마니아와 서구 지향적인 정체성과 거리를 두는 것이 목표였다.

개인의 자아가 언어의 영향을 받듯이 민족 정체성도 그 공동체의 언어로 형성된다. 문화, 민속, 신념체계, 가치관, 역사, 집단 정체성은 언어의 영향을 받는다. 그래서 집단과 국가 전체가 모국어 사용을 금지당하거나 심지어 다른 언어를 강요받기도 했다. 이러한 현상은 북미와 남미, 유럽, 아시아, 오세아니아에서 발생했으며, 오늘날에도 여러 지역에서 계속된다. 일반적으로 경제적·정치적·물리적 지배가 사람들의 관심을 끌지만, 언어를 통한 지배는 언어와 정신이 매우 밀접하게 연결되어 있기 때문에 민족의 심장을 꿰뚫는다. 특정 단어뿐 아니라 전체 언어를 금지하는 것은 특정한 사고방식과 삶의 방식을 금지하는 것이다.

북한과 구소련처럼 수백만 명의 사람들에게 영향을 미치는 국가 차원의 언어 실험은 드물다. 대신에 언어는 정치적 목적을 위해 더욱 미묘한 방식으로 수정된다. 재명명만이 사용되는 유일한 전술은 아니다. 아이들이 마지막 단어를 따라 하듯 어른들도 제시되는 항목의 순서에 영향을 받는다. 예컨대 기억의 초두효과와 최신효과는 목록의 첫 번째와 마지막 항목이 중간 항목들보다 더 잘 기억된다는 것이다.

또 다른 기법은 두운법alliteration으로, 인접하거나 연결된 단어의 시작 부분에 같은 글자나 소리를 사용하는 것이다. 이를테면 'Build Back Better Budget(더 나은 재건 예산)' 또는 'Save Social Security First(사회보장제도부터 지키자!)'처럼 더욱 강렬하고 기억에 남도록 메시지를 전달한다. 환유는 미국 정부의 행정부를 '백악관'으로, 금융 부문을 '월가'로 표현하듯, 관련 속성이나 부사로 대체해 부르는 것인데, 여론을 조작하는 기법도 된다. 대명사 사용(우리 대 그들), 은유, 유추도 언어를 사용해 지지를 얻고, 선택된다는 착각을 일으키고, 분열을 조장하거나 사람들을 하나로 모으는 방법이다. 조지 오웰을 다시 인용하자면, 이번에는 에세이에 나오는 구절인데, "정치적 언어는… 거짓말을 진실처럼 들리게 하고, 살인을 존경스럽게 보이게 하며, 바람밖에 없는데 단단하게 보이도록 고안되었다".[2]

정치인들의 언어 활용

정치인들은 대명사를 사용해 조종도 한다. '우리'를 '그들'과 대조적으로 사용하는 것은 집단 사이의 유사점보다는 차이점에 초점을 맞추고 강조한다. 이러한 분할 정복 방식은 새로운 것이 아니다. 율리우스 카이사르와 나폴레옹 보나파르트 모두 이 방식을 군사 전략으로 사용했으며, 로마 제국 이전에도 그랬다. 하지만 카이사르와 보나파르트의 승리는 다른 영토의 정복을 의미했는데, 동일한 국가 정치 지형 내에서는 승리가 달리 정의되어야 한다.

다중언어 사용은 필연적으로 포함과 배제의 문제를 제기한다. 언어마다 1인칭 복수 대명사 '우리'를 다르게 처리한다. 화자와 청자를 모두 포함하는 '우리'가 일반적이고 '우리'의 청자 배제 여부는 맥락에 따라 좌우되지만, 어떤 언어들은 화자만 일컫고 청자를 배제하는 대명사도 따로 존재한다. 이는 흥미로운 구별인데, 정치인이 어떤 '우리'를 쓰느냐에 따라 청중을 포함할지 배제할지 서로 다른 입장을 나타낼 수도 있기 때문이다. 영어는 '우리'의 포함과 배제 구별이 없으나, 중국어, 베트남어, 말레이어, 구자라트어, 펀자브어, 타갈로그어, 말라얄람어, 타밀어, 하와이어 등은 구별이 있다(한국어의 '우리'는 청자의 포함과 배제의 구별이 없는 반면, 낮춤말 '저희'는 청자를 배제하므로 이런 경우와 비슷하다—옮긴이). 이러한 언어로 유권자들에게 연설하는 정치인들은 의도한 집단에 청중을 포함하거나 배제하는 효과를 낼 수 있도록 해야 한다.

정치인은 청중에 따라 말하는 방식을 조정한다. 버락 오바마 대통령은 흑인과 백인 청중 중 누구에게 호소하는지에 따라 다르게 말했다.[3] 민주당 예비선거 토론 당시 카멀라 해리스 부통령은 아프리카계 미국인 영어의 음운론, 형태통사론, 운율 등 미묘한 언어적 변화로 자신의 입장을 반영했다.

여러 언어나 방언을 정치 무대에서 능수능란하게 활용하는 정치인도 많다. 가장 유명한 냉전 연설 중 하나에서 존 F. 케네디 대통령은 "Ich bin ein Berliner(나는 베를린 사람입니다)"라는 유명한 말을 했다. 이는 베를린 시민들과의 연대를 표명하고, 미국과 서유럽의 동맹, 베를린 장벽 건설 반대 의사를 나타내려는 것이었다. 당시 이 말이 그토록 강력했던 이유는 영어로 진행하던 연설 중간에 독일어로 발언했기 때문이다. 독일 시민 대다수는 나이에 관계없이 이 발언을 잘 알고, 다른 유럽 나라의 많은 학생도 여전히 학교에서 이 역사적인 순간을 배운다.

케네디는 그날 서베를린에서 영어보다 청중의 언어를 사용함으로써 더 큰 영향력을 발휘하고 청중의 마음에 깊은 울림을 줄 수 있다는 것을 직관적으로 이해했다. 케네디는 유능한 수많은 연설가처럼 언어가 우리의 이성뿐 아니라 감성에도 영향을 미친다는 사실을 파악했는데, 이는 심리언어학 연구를 통해 점점 더 분명해지고 있다.

수십 년 후, 우크라이나 전쟁 중에 볼로디미르 젤렌스키 우크라이나 대통령은 연설에서 우크라이나어와 러시아어를 매끄럽게 오가며 자국민에게는 우크라이나어로, 러시아 국민에게는 러시아어로 호소했다. 영어권 언론과 정책 결정자들을 상대로 하는 연설과 회견에서는 영어로 말했고, 다른 나라 국민들에게 말할 때는 그들 언어의 낱말도 섞어서 썼다.

미국 최초의 여성 국무장관인 매들린 올브라이트는 영어, 체코어, 프랑스어, 러시아어를 구사했다. 전 국무장관 콘돌리자 라이스는 영어와 러시아어를 구사하며, 플로리다 주지사를 지낸 젭 부시는 영어와 스페인어에 능통하다. 심지어 다른 언어에 능통하지 않은 이들도 해당 언어를 사용하는 유권자가 많은 지역 사회에서는 연설 일부를 그 언어로 하기도 했다. 그러나 특정 언어 공동체를 겨냥한 정치적 메시지는 가식적이거나 알랑거리는 것으로 비치면 오히려 해당 집단 내에서 역효과를 낼 수 있다. 미국에서는 히스패닉 유권자나 소비자를

대상으로 하는 경우 'hispandering(히스패닉 알랑거림)'이라는 용어로도 부른다.[4]

　미국에서 스페인어로 유세하면 스페인어 화자들 사이에서는 지지율이 오르는 경향이 있으나 백인 영어 화자들의 지지는 줄어들 수 있다.[5] 스페인어와 영어를 모두 구사하는 백인 후보에 대한 공화당 유권자의 태도를 조사한 결과, 스페인어 사용은 중남미계 유권자 사이에서는 긍정적으로 평가되었으나, 텍사스를 제외한 앵글로계 유권자 사이에서는 부정적으로 평가되었다.[6] 정치 기사가 스페인어판으로 제공될 때도 비슷한 현상이 나타나서, 중남미계 사이에서는 지지가 늘었으나 중남미계가 아닌 백인 사이에서는 지지가 줄었다.[7]

광고 언어의 중요성

　정치에서 언어의 역할이 특히 두드러지지만, 정치인만 언어를 사용해 의사결정을 조작하는 것은 아니다. 광고업자는 소비자들이 감당할 수 있든 없든 상관없이 가능한 한 가장 높은 가격을 지불하도록 유도할 적절한 언어적 조합을 찾아내는 대가로 보수를 받는다.

　다중언어 화자를 대상으로 한 광고에서 마케팅 구호[8]는 제2언어보다 모국어로 감정이 더 잘 전달되는 경우가 많다.[9] 한 연구에서는 외국어를 사용할 때 판매 물품의 가격 책정에서 소유감이 더 약하게 나타나는 것으로 밝혀졌다.[10] 중남미계 미국인들이 스페인어와 영어 광고를 얼마나 호의적으로 받아들였는지는 스페인어 화자가 다른 미국인에게 어떻게 평가받는다고 생각하느냐에 달렸다.[11] 부정적 문화 고정관념이 있다고 느끼는 이에게 스페인어 광고는 더 부정적인 제품 평가로 이어졌다. 광고 언어의 효과는 광고하는 제품에 따라서도 달라지는 것으로 보인다. 미국에서 스페인어는 흔히 가정이나 가족과 연관되고 영어는 일이나 정부와 연관되기 때문에, 가정과 관련된 광고는 스페인어가,[12] 일과 관련된 광고는 영어가 더 긍정적으로 평가되었다. 마찬가지로 인도에서 초콜릿과 같은 기호품은 힌디어보다 영어 광고가 더 효과적이었고,[13] 세제와 같은 생필품은 영어보다 힌디어 광고가 더 효과적이었다. 광고주가 누구냐에 따라서도 달랐는데, 지역 업체나 브랜드의 광고에 비해 다국적 기업의 광고에서는 언어가 더 중요하게 작용했다.[14]

동일한 제품이라도 대상 소비자에 따라 광고 언어는 달라진다. 고소득층을 겨냥한 감자칩 광고는 저소득층을 대상으로 한 광고와 다르다.[15] 상류층에는 가공되지 않은 천연 식품이며 인공 첨가물이 없다는 점을 강조했다. 노동 계층을 대상으로 한 광고는 가정식 레시피를 바탕으로 미국적 풍경 속에서 전개되었다. 값비싼 간식 광고는 저렴한 간식 광고보다 더 복잡한 언어를 사용했다. 전자는 고등학교 1~2학년 수준, 후자는 중학교 2학년 수준의 언어였다. 식품 광고 언어 연구에 따르면, 고가 식품 광고는 제품에 포함되지 않은 요소(저지방, 인공 성분 없음, 동물 실험 미실시)에 초점을 맞추는 반면, 저가 식품 광고는 포함 요소(30퍼센트 늘어서 더 커짐)에 집중하는 것이 더 일반적이다.[16] 제품 설명에 사용된 배타적 언어는 소비자에게 독점적 감정을 유발하려는 것이다.

다중언어 경험은 언어적 조작에 덜 취약하게 만들 수도 있다. 노르웨이의 한 연구에 따르면, 두 언어를 구사하면 언어를 하나만 아는 이보다 조작적인 언어를 감지하는 데 더 능숙했다.[17] "런던에 가본 사람이 나보다 더 많다"나 "학교를 졸업한 남자가 그보다 더 많다"처럼 의도적으로 오도하도록 설계된 문장을 제시하면 언어를 둘 이상 구사하는 사람들은 오류를 더 정확히 포착하고 해당 진술을 거부하는 데 더 뛰어났다. 연구에서 드러나듯이 이중언어 사용자들은 직관적인 답변을 억제하는 인지 제어를 더 효과적으로 발휘할 수 있고, 언어적 오도를 감지하는 데 필요한 추론을 수행한다.

정치와 광고에서 언어의 영향력은 매우 강력해 동일 인물이 언어를 바꿔 사용하면 서로 다른 정치적 신념을 가질 수도 있다. 다중언어 사용자가 언어를 바꾸면 보수주의 대 진보주의 척도에서 종종 점수가 달라진다. 이들은 정치적 의견도 바꿔서 투표 방식, 소비 행동, 더 나아가 사회적 관계에까지 영향을 미칠 수 있다.

영어-스페인어 및 스페인어-영어 이중언어 사용자를 대상으로 한 연구에서 제2언어로 된 정치적 진술(대통령 지지자들이 인종차별주의자인지 여부와 같은)은 제1언어 진술보다 감정 자극이 덜했으며, 정서성의 감소로 불쾌감이 중화되었다.[18] 외국어를 사용하면 도덕적 위반 행위를 판단할 때 극단적인 감정이 덜 유발된다는 것도 일반적이다. 또 다른 이중언어 사용자 연구에서 기사와 온라인 댓글을 읽은 후 모국어 사용자는 무례한 댓글보다 예의 바른 댓글에 더 설득되는 반면, 제2언어를 사용할 때는 댓글의 예의 바른 태도가 미치는 영향이 줄었다. 이와 비슷하게 정파적 신호는 제2언어보다 모국어로 전달될 때 사람들을 설득하는 데 더 효과적이다. 이중언어 사용자는 제2언어를 사용할 때 타협을 선택하고 온건함과 신중함을 지지하며 결정을 미루는 경향이 더 컸다.

광고 문구, 연설문, TV나 영화 대본, 소설뿐 아니라 논픽션 서적을 쓸 때도 어느 정도 감정적 반응을 유발하려는 의도가 담긴다. 소셜 미디어가 우리의 생각을 한 입 거리 트윗으로 압축하기 훨씬 전에 단여섯 단어만 쓴 출처 불명의 단편소설이 있다. "For sale. Baby shoes. Never worn(팝니다. 아기 신발. 사용 안 함)." 최소한의 단어로 최대의 효과를 내는 것은 제품 광고 전략을 논의하는 수많은 마케팅팀 회의의 주제다. 트위터가 단순화를 발명한 것은 아니다. 인터넷 이전 시대의 인상적인 문구도 있지 않은가. "시간이 더 있었다면 편지를 더 짧게 썼을 텐데."

언어는 고정적이지 않다

내가 언어에 매료된 것은 출생의 우연(루마니아인이 다수인 가정에서 태어남), 역사적 유물(러시아어가 공용어였던 출생지), 교육적 부산물(영어 수업이 의무였던 학교), 지리적 우연(우크라이나와 맞닿은 곳에 살고 흑해에서 여름을 보냄), 그리고 독서를 즐기는 습관(어릴 적에 프랑스 작가들을 가장 좋아함) 덕분이었다. 단어가 시간에 따라 어떻게 변하는지 논하는 라디오 프로그램을 듣는 것도 좋아했다.

'지피jiffy'가 100분의 1초에 해당하는 시간 단위임을 아는가? 다양한 낱말의 어원은 매우 흥미롭다. 어원학은 단어의 기원과 그 의미가 시간이 지남에 따라 어떻게 변하는지를 연구하는 학문이다. 영어권은 어원학etymology을 곤충학entomology과 혼동할 사람들도 있을지 모른다. 아재개그 식으로 말하자면, 어원학과 곤충학을 구별하지 못하는 사람은 이루 말할 수 없을 만큼 언어학자를 곤경과 충격에 빠뜨린다.

언어는 고정적이지 않다. 해마다 새로운 단어가 사전에 추가되고, 더 이상 안 쓰는 단어는 삭제된다. 오랜 시간 동안 영어가 어떻게 변화해왔는지 시편 23편을 통해 살펴보자.

확장 성경 (2011)

The Lord is my shepherd; I have everything I need.

He lets me rest in green pastures.

He leads me to calm water.

킹제임스 성경 (1611)

The Lord is my shepherd. I shall not want.

He maketh me to lie down in green pastures.

He leadeth me beside the still waters.

중세 영어 (1100~1500)

Our Lord gouerneth me and nothyng shall defailen to me.

In the sted of pastur he sett me ther.

He norissed me upon water of fyllyng.

고대 영어 (800~1066)

Drihten me ræt, ne byð me nanes godes wan.

And he me geset on swyðe good feohland.

And fedde me be wætera staðum.

새번역

주님은 나의 목자시니, 내게 부족함 없어라.

나를 푸른 풀밭에 누이시며 쉴 만한 물가로 인도하신다.

개역개정

여호와는 나의 목자시니 내게 부족함이 없으리로다.

그가 나를 푸른 풀밭에 누이시며 쉴 만한 물가로 인도하시는도다.

어느 세대든 스스로가 특정 방식으로 바꾼 말이나 새로이 창안한 언어적 표현이 최초라고 믿지만, 언뜻 새롭게 보이더라도 이전에 있었던 것이 표면적으로만 바뀐 변형일 때도 많다. 또는 프랑스 사람들이 말하듯 "더 변할수록 더 그대로다plus ça change, plus c'est la même chose." 오늘날 영어권 젊은이들이 온라인에서 널리 사용하는 유행어 'dead'를 생각해보자. 이 단어는 이모지나 밈 형태로 쓰여 '이례적으로', '매우', '절대적으로'('she's dead beautiful'처럼) 또는 그 자체로 '재미있어서 웃겨 죽겠다'를 뜻한다. 휴대전화 세대가 감정을 표현하고자 이 단어를 사용하기 약 500년 전인 1660년대에 조상들은 비슷한 방식으로 'smite'라는 말을 쓰기 시작했다. 원래 이 동사는 '때리다', '강타하다', '죽이다'의 뜻인데, 마음이나 감정에 큰 인상을 남긴다는 비유도 되면서 과거분사 'smitten'이 '홀딱 반한'을 뜻하게 되었다.

같은 언어 안에서도 사람들은 집이나 직장에서, 또는 조부모나 동료와 함께할 때 다른 식으로 말하며 어휘와 말투도 달라진다. 언어학 용어로 언어 내의 이러한 다양성을 '사용역register'이라 하며, 우리 대부분은 필요에 따라 써먹을 다양한 사용역이 있다. 아기에게 말할 때의 '유아 주도적 사용역infant-directed speech register'은 모음을 길게 늘이고 음조를 높이고 단어 사이의 구분을 더욱 뚜렷하게 해 아기의 학습을 돕는다.

언어의 변동성은 그 자체로 많은 의미 있는 정보를 담으며, 사회적 지위, 정체성, 소속감을 전달할 수 있다. 언어 공동체 내의 언어 변이는 일반적인 현상이므로, 사회 방언은 사회 집단과 사회 계층의 소속을 나타낼 수 있는 언어 다양성의 한 유형이다.

조지 버나드 쇼의 희곡 〈피그말리온〉을 읽거나 연극을 본 독자도 있을 텐데,[19] 이 작품은 뮤지컬 영화 〈마이 페어 레이디〉로 각색되어 오드리 헵번이 두 언어학자의 내기의 대상이 된 젊은 여성 역을 맡았다. 음성학 교수 헨리 히긴스는 단순히 말투만 바꿔도 그 사람의 사회적 계층과 삶의 환경을 바꿀 수 있다고 주장한다. 짙은 런던 코크니 사투리로 말하던 젊은 여자가 교수의 언어 수업을 듣고 상류층 사교계 명사처럼 말하는 모습으로 변하면서 뮤지컬 곡과 로맨스가 이야기를 수놓는다.

말투를 고쳐 인식을 바꾸는 것은 영화에서만 일어나는 일이 아니다. 편협한 사회적 고정관념에 맞춰 말하는 방식을 바꾸는 데는 윤리적 문제가 뒤따름에도 불구하고, 억양 교정은 언어 치료사가 제공하는 가장 수익성이 높은 서비스에 속한다. 언어장애 아동이나 뇌졸중을 겪은 성인을 대상으로 의료보험 및 사회 복지 서비스에서 최소한의 보장만 받는 임상 서비스와 달리, 억양 교정 서비스는 일반적으로 사업가, 미디어 및 연예계 유명인 또는 특정 방식으로 말하고 발음하는 법을 배우고 싶은 이들이 자비로 부담한다. 아무래도 허영심 같다고 여기며 가혹하게 판단하기 전에, 말하는 방식이 취업 기회나 사회적 관계, 삶의 성과에 영향을 미칠 수 있다는 점도 염두에 두어야 한다. 사람들은 말투나 억양으로도 의식적이든 무의식적이든 평가받기 마련이다. 억양 프로파일링은 실제로 존재한다. 고정관념에 딱 맞게 특정 언어나 지역 방언, 사회 방언을 말하는 이에게 흔히 편견과 선입견이 따라붙어 심하면 적극적 차별 대우로도 이어진다.

1960년대 이전에는 언어의 변이가 연구에서 대체로 무시되어 자의적이고 사소한 것으로 여겨졌다. 지역적 변화 등 일부 변이가 연구되기는 했으나, 당시 언어학자 대부분이 백인 남성이었기 때문에 다른 사회 집단에서 발생한 많은 변이가 무시되었다. 1960년대에 언어학자 윌리엄 라보프는 새로운 방법을 사용해 변이가 자의적이지 않으며 집단 소속을 나타내므로 사회적으로 유의미하다는 것을 입증했다. 오늘날 사회언어학이라는 분야 전체가 언어의 변이와 그 사회적 토대를 연구한다.

매우 기발하게 언어 변이를 조사한 사회언어학 실험이 많다.[20] 잘 알려진 세계적 연구에서 뉴욕시 여러 매장의 판매원들에게 4층에 있는 제품의 위치를 묻고 'fourth floor'의 발음을 비교했다. 판매원들의 발음은 판매하는 물건의 가격대에 따라 달랐다. 노동자 계층을 대상으로 하는 가장 저렴한 매장(S. 클라인)에서는 판매원들이 r 두 개를 모두 삭제하는 경향이 있었다(fou'th floo'). 상류층을 대상으로 하는 가장 비싼 매장(색스)에서는 판매원들이 r 발음을 둘 다 일관되게 발음했다. 중산층 대상 매장(메이시스)에서는 판매원의 발음이 다들 달랐고, r을 하나만 발음한 판매원이 많았다. 흥미롭게도 격식 있는 상황에서는 하층 중산층이 과잉 보상해 상층 중산층보다 r 발음을 더 많이 사용했다. 이는 사회 계층에 따른 언어의 실제적 차이와 유사성을 보여주는 사례였다. 이후 다른 사회언어학 연구들은 지역, 성적 지향, 정치적 이념, 연령, 그 밖의 범주에 따라 언어에 체계적인 변이가 있음을 보여주었다.

발음은 사회 계층뿐 아니라 태도도 반영할 수 있다. '마서스비니어드 연구'로 알려진 연구에서는 매사추세츠주 케이프 코드 인근 마서스비니어드섬의 주민들이 섬과의 소속감을 느끼는 방식에 따라 발화 방식이 달라지는 것이 관찰되었다.[21] 소속감이 높고 섬에 머물고자 하는 주민들은 말할 때 모음 위치가 더 많이 상승했다.(모음의 높이는 발음될 때 혀의 대략적인 위치를 나타낸다. 화자들마다 'light'에서 [ai], 'house'에서 [au]와 같은 이중모음의 첫소리가 조금씩 달라서 [əi]/[əu]로 상승하는 경우가 있다. 즉 [아이/아우]와 [어이/어우] 사이에 변이가 있다.) 소속감이 적고 섬을 떠나고자 하는 주민들은 모음 상승 비율이 가장 낮았다. 소속감이 보통이고 별다른 견해가 없는 주민들은 중간 정도로 모음을 올렸다. 섬에 소속감이 적은 사람들과 차별화하려는 마음이 클수록 모음 상승의 정도가 더 컸다.

집단 정체성을 반영하는 모음 속성 변화는 사례가 많다. '북부 도시 모음 추이'는 미국 내륙 북부 방언 지역의 악센트를 특징짓는 모음 연쇄 변화를 말한다. 미네소타를 떠올리면 된다. '북부 도시 모음 추이'는

1930년대에 [ai] 발음이 약간 상승하면서 시작된 것으로 여겨진다. 세월이 흐르며 사회적 학습이 전반적인 모음 변화를 더욱 촉진해 지역색이 담긴 발음 패턴이 생겼다. 수많은 영화와 TV 프로그램이 이러한 모음 변화를 활용해 특정한 청각적 질감을 부여하고 시청자에게 문화적 배경이 연상되도록 한다(장편 영화 〈파고〉와 동명의 TV 시리즈 참조).

언어 변화의 패턴은 언어 변이가 무작위로 보일지라도 실제로는 그렇지 않다는 것을 알려준다. 음운 대비는 집단 내에서 소속감을 형성하고 표시하고자 생겨난다. 동시에 언어적 변이성은 공동체와 동일시하려는 욕구와, 범주나 고정관념에 묶이지 않으려는 욕구 사이에서 종종 갈등을 낳는다. 명확히 정의된 언어적 공동체가 존재하는데도 필요에 따라 범주를 넘나드는 사람도 많다. 언어는 편견과 차별의 원인이 될 수 있으므로 다양한 언어 공동체의 발화 패턴을 연구하면 사회 문제와 사회 구조를 통찰할 수 있다.

언어는 고정관념을 활성화하는 데 매우 효과적이다. 두 언어를 구사하는 아랍계 이스라엘인들에게 아랍어나 히브리어로 '암묵적 연합 검사IAT'를 실시한 결과, 히브리어보다 아랍어를 사용할 때 유대인에 대한 암묵적 편견이 더 컸다. 또 다른 연구에서 아랍어와 프랑스어를 둘 다 하는 이들은 프랑스어보다 아랍어로 검사받았을 때 모로코에 친화적 태도를 더 많이 보였다. 마찬가지로 스페인어와 영어를 둘 다 하는 이들은 영어보다 스페인어로 검사받았을 때 스페인에 호의적인 태도를 더 많이 보였다. 이러한 고정관념 활성화 연구에서 드러나듯, 태도는 표현되는 언어의 영향을 받고, 그 언어에 내재된 문화적 가치를 반영하는 방식으로 바뀐다.

같은 말이라도 문화적 함의가 다를 수 있다. "아무것도 안 가져와도 돼요"라는 말도 문화권마다 의미가 다르다. 동유럽이나 아시아 사람들은 초대를 받으면 관습상 소소한 선물이라도 들고 간다. 결혼식, 기념일, 생일 같은 중요한 행사에서는 손님이 선물, 금전적 기부, 특별한 경험, 여행, 여흥 등 주인이 손님에게 쓴 비용에 상응하는 만큼 이바지하리라는 암묵적인 기대가 있다. 반면에 뭔가 가져오길 원하는 북미 사람이라면 선물 목록을 만들거나 무엇을 가져올지 직접 말해줄 테고, 각자 음식을 가져와서 파티를 하는 포트럭 행사를 열기도 할 텐데, 이런 게 생소한 문화권도 많다. 문화권에 따라 직접적인 요청을 선호하고 간접적인 기대는 혼란스럽고 불분명하게 여기는 곳이 있고, 직접적인 요청은 세련되지 않고 무례하다 여기며 간접적인 요청이 규범인 경우도 있다. 직접 요청과 간접 요청 중 무엇을 선호하는지는 각 문화권이 사회적 결속이나 조화로운 관계를 얼마나 중시하는지, 예의를 어떻게 정의하는지에 따라 달라진다.

언어적 다양성을 고려하라

일본 문화는 특히 간접적인 요청과 언어 속의 암묵적인 문화적 규범으로 유명하다. '분위기를 파악하다'라는 뜻의 일본어 '空気を読む[구키 오요무: 공기를 읽다]'는 영어 'read the room'과 비슷하지만 의미가 훨씬 깊다. 일본 문화에서는 사람들이 진정으로 뜻하는 바를 알려면 말에만 의존할 수 없기에 '분위기 파악'이 훨씬 더 중요하다. 일부 협상 수업에서는 일본인이 "아마도"라고 하면 "안 된다"를 에둘러 말하는 것일 수도 있다고도 가르친다.

                                                      7장 언어의 영향력

몰도바 같은 나라에서 바다 건너온 미국 손님을 결혼식에 초대했다면 주인이 결혼식 전후로 잠자리를 제공하고, 식사도 대접하며, 결혼식과 저녁 식사, 파티도 함께하겠다는 뜻이다. 반면에 네덜란드 같은 나라에서 결혼식에 초대받는다면 예식에만 참석하는 것을 의미하며, 손님이 결혼식 저녁 식사나 뒤풀이 파티에 초대받는 것은 별개 문제일 수도 있다.

나는 여러 나라, 여러 언어 문화권의 결혼식에 참석하면서, 비록 언뜻 보기에 문구가 비슷하고 심지어 언어가 같더라도 청첩장은 의미가 매우 다를 수 있음을 알게 되었다. 중국 청첩장은 일반적으로 예식, 만찬, 파티 등 결혼식의 모든 행사가 포함되며, 특정 행사에만 참여하는 것이 아니다. 미국에서는 청첩장에 예식 시간과 축하 행사 시간이 별도로 명시되지만, 축하 행사는 빼고 예식에만 초대하는 경우는 드물다. 초대장이 영어라도 의미가 늘 같지는 않다.

발화의 의미가 문화적 규범에 따라 달라지는 사례는 이게 다가 아니다. 언뜻 추상적으로 보일 수도 있으나 이러한 차이점은 대인 관계에 직접적인 영향을 미친다. 내 연구실에서는 집단 구성원의 문화적 배경에 따라 직접 요청과 간접 요청을 다양하게 사용한다. 20년 전 유럽인이 다수인 집단(우크라이나, 독일, 러시아), 10년 전 미국인이 다수인 집단(동부 해안 및 중서부), 현재 아시아계가 다수인 집단(일본, 태국, 모리셔스, 중국)은 학생 지도나 자문, 프로젝트 관리나 감독에 필요한 대인 관계 기술이 각기 달랐다.

언어적 다양성을 고려하고 언어와 문화 간 간극을 메우려는 노력은 우리의 개인적 관계, 업무, 사회 제도 전반과 관련이 있다. 기술이 발달하면서 언어가 다른 사람들 간의 상호작용이 더욱 쉬워지고 보편화되고 있다. 언어가 다른 사람이나 집단이 세상을 다르게도 본다는 사실을 인식하기만 해도 언어 간, 문화 간 소통에 마음과 힘을 더 많이 기울이게 된다.

공용어와 방언

영어는 하늘의 공용어로 간주된다. 항공의 국제어는 영어이며, 출신이나 모국어에 관계없이 모든 조종사가 비행 시 영어로 신원을 밝히고 국제민간항공기구ICAO에서 정한 수준만큼 영어를 말하고 알아들을 수 있어야 한다.

시어도어 루스벨트 대통령은 "우리에게는 단 하나의 언어만 필요하다. 그것은 영어다"라고 선언하며, "우리에게는 하나의 언어만 있어야 한다. 그것은 독립선언문, 워싱턴의 고별사, 링컨의 게티즈버그 연설과 두 번째 취임 연설의 언어여야 한다"라고 덧붙였다.

그러나 미국 건국의 아버지들은 하나의 공용어를 두는 것에 찬성하지 않았다. 토머스 제퍼슨은 이 생각에 강력히 반대했다. 이민자들의 나라로 세워진 미국 식민지에서는 북미 원주민의 언어들 외에도 영어뿐 아니라 네덜란드어, 프랑스어, 독일어도 사용했다. 실제로 미국 대통령 대다수는 언어를 두 개 이상 구사했다. 존 퀸시 애덤스, 토머스 제퍼슨, 제임스 가필드, 체스터 아서 대통령은 여러 현대어와 고전어를 구사했다. 모국어가 영어도 아닌 사람들도 있는데, 마틴 밴 뷰런 대통령은 네덜란드어, 멜라니아 트럼프 영부인은 슬로베니아어다. 그레이스 쿨리지 영부인은 미국 수어를 구사해서 청각장애 학생들을 가르치기도 했다.

미국도 방언이 다양하다. 언어적 변이는 연속체처럼 있고 서로 다른 언어 사용자 간의 접촉에서도 비롯된다. 방언과 언어의 경계는 다소 임의적이다. 언어학자 막스 바인라이히의 "언어는 육군과 해군을 갖춘 방언이다"라는 우스개 정의가 전적으로 틀린 것은 아니다. 언어와 방언의 구별은 대체로 정치적 문제다. 국가와 정부는 종종 특정 지역의 사회정치적 역학과 그것이 국가 정체성, 정책, 교육에 미치는 영향을 바탕으로 어떤 것을 개별 언어로, 어떤 것을 다른 언어의 방언으로 간주해야 할지 구별한다. 이로 인해 개별 언어보다 방언 간의 차이가 더 커지기도 한다.

예컨대 보통화와 광둥어는 다 중국어의 방언들이라고 대강 뭉뚱그려지기도 하는데, 서로 소통이 되는 덴마크어, 노르웨이어, 스웨덴어나 보편적으로 다른 언어로 인정되는 현대 로망스어(프랑스어, 스페인어, 포르투갈어, 이탈리아어, 루마니아어)보다 실제로는 훨씬 더 차이가 크다.

구소련 시절, 소련 당국은 몰도바어를 루마니아어와 별개의 언어로 선언했다. 하지만 언어학적으로 몰도바어는 루마니아어의 방언(정확히는 다코루마니아어)이다. 루마니아의 트란실바니아나 왈라키아에서 쓰는 방언을 개별 언어로 친다면 몰도바어도 별개의 언어인 셈이다. 뱀파이어가 실재한다면 이들 방언도 개별 언어일 것이다. 동시에 러시아 정치는 우크라이나의 언어가 러시아어와 별개가 아니라고 우기는데, 우크라이나어와 러시아어는 몰도바어와 루마니아어보다 차이가 훨씬 더 크다. 다시 말해, 몰도바어와 우크라이나어의 지위와 민족 정체성은 동일한 기준에 따라 결정되지 않았고, 언어적·민족적·역사적 근거에 기반을 두지 않았다. 정치적 이념으로 결정된 것이다. 언어와 방언은 전 세계적으로 언제나 중대한 정치적 수단으로서 민족운동이나 민족 정체성을 부추기거나 억누르는 데 사용되었다.

미국에서 가장 강렬한 감정을 불러일으키고 격렬한 논쟁의 도화선이 되는 방언은 흑인 영어다. 그 말을 실제로 구사하든 아니든 상관없다. 아프리카계 미국인 영어, 아프리카계 미국인 토착어, 아프리카계 미국인 토착 영어, 흑인 영어, 에보닉스 등 다양하게 알려져 있는데, 에보닉스는 불쾌하게 여기는 사람이 많고, 다른 용어들도 이런저런 이유로 반대가 많다.

오늘날 미국에서 아프리카계 미국인 영어는 스스로를 아프리카계라고 여기는 미국인 약 13퍼센트 중 다수와 자신을 다인종이라 여기는 많은 미국인이 사용한다. 지역, 연령, 소득, 직업, 교육 수준에 따라 다소 차이가 있으나, 아프리카계 미국인 영어는 대부분 전국적으로 놀라울 정도로 균일한 언어 규칙이 있고, 뉴욕, 시카고, 로스앤젤레스 어디에서 사용되든 거의 동일한 패턴을 따른다.

언어와 정체성, 인식의 문제가 밀접하게 상호연결되어 있음을 고려할 때, 미국 내 아프리카계 미국인들의 공통어에 여전히 부정적인 편견이 만연한 것은 안타까운 일이다. 언어 연구자들은 아프리카계 미국인 영어가 열등한 엉터리 영어가 아니라는 것을 안다. 표준 미국 영어와 대조되는 아프리카계 미국인 영어의 많은 문법적·음운적 구조는 서아프리카 언어에도 존재하는 특징이다.

아프리카계 미국인 영어의 특징을 이해하려면 역사를 알아야 한다. 아프리카 곳곳에서 노예로 끌려온 사람들은 때때로 공통 언어 없이 같은 농장에서 함께 생활해야 했다. 인간은 의사소통 욕구가 강력하다 보니 농장주들의 주요 언어뿐 아니라 노예들이 알던 서로 다른 모국어의 단어, 문법, 음운 체계가 융합되어 그들끼리 소통할 언어체계로 진화히게 되었다. 시간이 흐르면서 이러한 언어들은 피진어와 크레올어, 방언으로 진화했는데, 자메이카 파투아어, 아이티 크레올어, 퀴라소 파피아멘토어, 모리셔스 크레올어, 남아프리카 아프리칸스어 등이 있다. 이런 언어 진화의 사례에서 드러나듯 인간의 생존에는 언어가 필요하다. 언어를 빼앗기면 우리는 스스로 언어를 만들어 낸다. 최근 니카라과에서 기록된 사례를 보면 청각장애 아동들은 다른 의사소통 수단이 없는 상황에서 니카라과 수어를 만들어 서로 소통했다.

다양한 아프리카 언어 사용자 간의 언어 접촉으로 방언들이 진화한 것은 노예무역이 이루어졌던 세계 각지에서 찾아볼 수 있다. 남미의 수리남은 서해안 아프리카 언어가 네덜란드어(식민 종주국 언어)와 어떻게 상호작용해 크레올어가 모습을 갖추었는지 잘 연구된 사례다.

자메이카의 파투아어는 아프리카에서 유래한 단어가 많은데, 모음이 적고 자음이 다른 독특한 음성체계로 영어가 걸러진다. 영어와 서아프리카 언어의 낱말, 소리, 문법의 이런 혼합은 밥 말리와 더 웨일러스의 노래 〈트렌치타운 록〉에서 들을 수 있다. "Nuh waan yuh fi galang so. Waan come cold I up"은 "네가 그러지 않았으면 좋겠어. 나한테 쌀쌀맞게 구는구나"라는 뜻이다.

언어체계로서 흑인 영어의 체계는 임의적이지 않으며, 명확한 음운, 통사, 의미 규범을 따른다. 'She tall'에서 계사 'is' 생략 또는 3인칭 단수 표지나 소유격 ''s' 생략은 영어에서는 바람직하지 않으나, 서아프리카를 비롯한 세계 여러 언어에서 흔히 볼 수 있다. 이러한 생략은 의미의 희생 없이 군더더기를 효과적으로 줄인다고 여길 만하다.

언어학자들이 특히 주목하는 점은 흑인 영어 화자들이 아주 어린 나이부터 방언 간 전환을 능숙하게 해낸다는 것이다. 이러한 코드 전환code-switching에는 놀라운 인지적 유연성이 숨겨져 있다. 그러나 이중 방언 구사가 이중언어 구사와 유사하게 인지·신경 기능에 영향을 미치는지는 아직 알려진 바 없다. 이와 관련한 연구와 연구비 지원이 부족한데, 1990년대 중반의 에보닉스 논쟁이 지나치게 논란을 일으킨 탓도 있다.

오늘날 흑인 영어는 문학, 대중음악, 미디어에서 널리 쓰이며, 개인적 이야기를 넘어 미묘하면서도 절박한 사회적 메시지를 전달하는 데 활용된다. 힙합과 랩은 특히 흑인 영어를 통해 인종, 불평등, 정치, 역사, 사회 정의에 관한 메시지를 성공적으로 증폭시킨 대표적 장르다.

흑인 영어의 강력한 구전 전통은 여러 세대에 걸쳐 중요한 정보를 전달해왔다. 토머스 제퍼슨 대통령은 죽은 아내의 이복누이이자 노예였던 샐리 헤밍스와의 사이에서도 자녀를 두었는데, 이 사실을 확인할 유전자 검사가 가능해지기까지는 후손들이 이를 뒷받침할 문서 없이 대대로 이야기를 전했다(제퍼슨의 첫 번째 아내 마사와 샐리 헤밍스는 노예를 소유한 백인 아버지가 같았으나 어머니가 달랐는데, 마사의 어머니는 백인이고 샐리의 어머니는 흑인 노예였다).

내 동료 레이철 웹스터는 조상인 벤저민 배니커에 대한 책을 집필

중인데,[22] 그의 이야기도 구전을 통해 여러 세대에 걸쳐 전해져 왔다. 대중은 주로 벤저민 배니커를 아프리카계 미국인 연감 작가, 측량사, 수학자, 박물학자로 알고 있다. 메릴랜드주 케이턴즈빌의 벤저민 배니커 역사공원 박물관과 메릴랜드주 아나폴리스의 배니커-더글러스 박물관은 그의 이름에서 따왔다. 배니커의 동상은 워싱턴 D. C. 스미소니언협회 산하 국립 아프리카계 미국인 역사문화박물관에 있으며, 토머스 제퍼슨을 비롯한 당대 유명 인사들과 주고받은 서신은 미국 의회도서관에 소장되어 있다.

공식 문서에 빠진 이야기는 제퍼슨-헤밍스 가문이나 혼혈 미국인 수백만 명의 이야기와 크게 다르지 않다. 가문의 구전 전통에 따르면, 벤저민 배니커의 어머니는 계약 노예로 팔린 백인 여성 몰리 웰시와 아프리카인 노예 바나카의 딸이었는데, 몰리는 어린 시절 계약 노예로 팔리고 수년 뒤 자신이 소유하게 된 땅에서 일할 아프리카 노예 남성 둘을 사들였다. 몰리는 그들을 해방시키고 바나카와 결혼해 여러 자녀를 두었고, 그중 한 명인, 벤저민 배니커의 어머니 메리도 해방된 아프리카 노예 남성과 결혼했다. 아프리카계 미국인 언어와 문화의 강력한 구전 전통은 이러한 이야기들이 혈통 보고서로 확인되기까지 수 세기 동안 보존되는 데 이바지했다.

어떤 이들은 흑인 영어가 '나쁜' 영어이며, 화자들의 기회를 제한하고, 궁극적으로 사회적 상향 이동성을 저해한다고 주장한다. 하지만 어떻게 언어나 방언 자체가 '좋거나' '나쁠' 수 있을까? 이러한 편견은 언어와는 별개의 현상에 뿌리를 둔다. 흑인 영어에 씌워진 편견은 인종차별이다. 흑인 영어는 미국의 수많은 영어 방언 중 하나일 뿐이다.

미국에서는 총 350개가 넘는 언어와 방언이 사용된다. 영어와 북미 원주민의 언어들 외에 가장 많이 사용되는 언어는 스페인어와 중국어(북경어, 광둥어, 복건어)다. 미국에서 널리 사용되는 다른 언어[23]로는 프랑스어, 아이티 크레올어, 타갈로그어, 베트남어, 한국어, 독일어, 아랍어, 러시아어가 있다. 이 모든 언어를 기회로 삼아 언어가 어떻게 우리의 정체성을 형성하고 사회적 관점을 넓히면서 우리의 역량을 변화시키는지 살펴볼 수 있다.

8장

언어가 가져오는 변화

영어에서 'he'나 'she'와 같은 생물 대명사는 인간에게 한정되나 때로는 동물에게도 사용된다(동물의 생물학적 성별에 대한 우리의 인식에 따라 일부 동물에게만 적용된다). 그 외의 모든 것에는 'it'이 붙는다. 다른 많은 언어에서는 인격체와 비인간 자연세계 개념 사이의 경계가 허물어지고 있다. 대부분의 미국 원주민 언어에서 동물과 식물은 인간에게 사용되는 것과 같거나 유사한 생물 대명사로 지칭되며, 그 경계는 인간 대 다른 모든 것 사이가 아니라 자연세계 대 다른 모든 것 사이에 있다. 〈자연을 말하기〉라는 에세이에서 포타와토미어를 구사하는 환경생물학 교수는 자신의 모국어에 관해 이렇게 말한다.

파란 어치와 비행기는 동사가 다르다. 이는 생명을 단순한 사물과 구별하기 때문이다. 새, 곤충, 열매는 인간과 마찬가지로 존중하는 문법으로 언급

된다. 마치 우리 모두가 한 가족의 구성원인 것처럼 불리는데, 정말로 우리가 그렇기 때문이다. 자연에는 'it'이 없다. 우리 조상들이 친척이라고 불렀던 것들은 천연자원으로 이름이 바뀌었다.[1]

우리가 배, 자동차, 총에도 이름도 붙이고 애착을 갖는다면 정작 생명을 지탱하는 물, 식물, 흙에는 그만큼 정성을 쏟지 않게 될까? 우리의 생각은 언어에 영향을 미치고, 우리의 언어는 생각과 행동에 영향을 미친다.

영어에서는 무생물을 일반적으로 'it'이라고 부른다. 하지만 명사에 성이 있는 언어에서는 무생물도 'he'나 'she'에 해당하는 대명사로 지칭한다. 문법적 성별은 우리가 세상을 생각하는 방식에 두 가지 방식으로 영향을 미친다. 첫 번째는 생물성과 무생물성의 개념, 세상에서 생물과 무생물을 언어적으로 구분하는 방식이다. 방금 살펴봤듯이 언어에서 생물성과 무생물성의 구분은 생태적 정의의 관점과 자연 속에서 우리의 위치를 어떻게 보는지에 따라 특히 흥미롭다. 두 번째는 남성과 여성의 문법적 성 체계의 개념을 중심으로 한다.

문법적 성이 있는 언어는 대부분 남성 및 여성 두 가지만 있지만 셋 이상인 언어도 있다. 러시아어와 독일어는 남성, 여성, 중성이 있고, 반투어군 언어들은 문법적 성이 10개에서 20개까지 있다. 언어는 사물을 흥미로운 방식으로 범주화한다.[2] 나는 많아야 문법적 성이 세 가지인 유럽 언어들만 하기에 20가지 문법적 범주 중 어떤 것이 어떤 무생물에 속하는지 명확하게 이해하지 못한다는 것을 인정해야겠다. 마찬가지로 문법적 성이 전혀 없는 언어를 쓰는 사람은 어떤 무생

    8장 언어가 가져오는 변화

물이 남성이고 여성인지 이해하는 데 어려움을 겪는다. 내게 러시아어를 배우던 영어권 학생들은 도대체 규칙이라곤 없어 보이는 문법적 성 할당에 끊임없이 당황했다. "왜 펜은 여성이고 연필은 남성인가요? 천둥은 남성인데 왜 번개는 여성인가요?"

연구에 따르면, 문법적 성별은 사람들이 사물을 생각하고 논하는 방식에 영향을 미친다. 한 연구에서 독일어와 스페인어 화자들에게 두 언어에서 문법적 성별이 반대되는 사물을 묘사하도록 요청했다. 독일어와 영어를 둘 다 하는 이들은 (독일어에서 남성인) '열쇠'를 '단단하다', '무겁다', '들쭉날쭉', '쇠붙이', '톱니 모양의', '쓸모 있음'으로 묘사했다.[3] 스페인어와 영어를 둘 다 하는 이들은 (스페인어에서 여성인) '열쇠'를 '금빛', '복잡', '작다', '사랑스럽다', '반짝이다', '자그맣다'로 묘사했다. 언어가 사물의 정신적 표상을 변화시키는 것을 다시금 확인할 수 있다.

문법적 성에 대한 또 다른 실험에서 독일어 화자들은 사과의 이름이 파트리샤일 때보다 패트릭일 때 더 잘 기억했다.[4] 사과를 뜻하는 독일어 'Apfel[아펠]'이 남성이기 때문이다. 반면 스페인어 화자들은 사과의 이름이 패트릭일 때보다 파트리샤일 때 더 잘 기억했다. 사과를 뜻하는 스페인어 'manzana[만사나]'가 여성이기 때문이다. 문법적 성처럼 사소해 보이는 언어의 특징들이 기억과 같은 고차원적 인지과정에 영향을 미친다.

영어 원어민 화자들에게 남성과 여성을 구분하는 가상의 언어를 가르치자 성별 효과가 빠르게 나타났다.[5] 참가자들에게 문법적으로 성이 할당된 무생물의 사진을 보여주었다. 각 사물의 성은 참가자를 절반으로 나눠 서로 반대로 지정되었다. 참가자들은 형용사로 사물의 사진을 묘사하도록 요청받고, 나중에 제3자가 독립적으로 남성 또는 여성으로 평가했다. 독일어 화자와 스페인어 화자를 대상으로 한 연구 결과에서 예상할 수 있듯이, 새롭게 학습된 문법적 성은 참가자들이 묘사에 사용한 형용사 선택에 분명히 영향을 미쳤다.

문법적 성은 당혹스러운 방식으로 나타날 수도 있다. 러시아어는 요일의 문법적 성이 서로 다른데, 월요일, 화요일, 목요일은 남성, 수요일, 금요일, 토요일은 여성이다. 러시아 동화, 이야기, 그림에서도 그렇고, 사람들도 월요일, 화요일, 목요일은 남성으로, 수요일, 금요일, 토요일을 여성으로 의인화한다. 일요일은 왜 남성도 여성도 아닌 중성인지는 추측만 할 수 있을 뿐이다. 아마도 일요일이 러시아 정교회에서 성일로 여겨져 성별 구분이 없기 때문일 수도 있고, 남성과 여성의 요일 수를 균형 있게 유지하려는 것일 수도 있고, 성별이 이분법적이지 않다는 언어적 메시지일 수도 있고, 아니면 시간이 흐르며 언어가 진화하면서 우연히 그렇게 되었을 수도 있다.

문법적 성별 고정관념은 온라인 기계 번역에도 스며들었다. 인류학자 알렉스 샴스는 구글 번역에서 튀르키예어를 영어로 옮길 때 나타난 현상을 트위터에서 지적했다. 튀르키예어는 성 중립적인 언어다. 그런데 구글 번역에서 튀르키예어 3인칭 대명사 'o'가 들어간 문장을 영어로 옮기면 대명사에서 묘한 결과가 나왔다. 'O bir doktor[오 비르 독토르: 그 사람은 의사다]'는 'he'이고, 'O bir hemşire[오 비르 헴시레: 그 사람은 간호사다]'는 'she'였다. 'O evli[오 에블리: 그 사람은 결혼했다]'는 'she'이고, 'O bekar[오 베카르: 그 사람은 독신이다]'는 'he'였다.

     8장 언어가 가져오는 변화

'O çalışkan[오 찰르슈칸: 그 사람은 부지런하다]'은 'he'이고, 'O tembel[오 템벨: 그 사람은 게으르다]'은 'she'였다. 소셜 미디어에서 집단적인 반발이 있은 직후, 번역 알고리즘은 튀르키예어 3인칭 대명사를 영어로 번역할 때 양성 옵션을 모두 제공하도록 수정되었다. 이는 언어와 소셜 미디어 모두의 강력한 영향력을 보여주는 증거다.

성별 고정관념은 무생물뿐 아니라 우리 자신을 포함한 사람들에 대한 인식에도 영향을 미치고, 우리의 삶을 형성한다. '여성 건강관리'를 '생식 건강관리'로, '여성 권리'를 '인권'으로 꾸준히 대체한다면 재생산권(출산과 관련해 여성 스스로 결정할 권리)에 대한 인식이 달라질까?

언어를 통해 지속되는 성별 고정관념에 맞서고자 아르헨티나 같은 일부 라틴 아메리카 나라의 사회운동은 성별을 나타내는 언어 사용을 멈추고 성 중립적 용어로 대체하려는 시도까지 벌여왔다. 그러나 무생물의 문법적 성별을 없애는 것보다 사회가 새로운 단어를 채택하거나 기존 용어를 대체하는 것이 더 쉽다. 실제로 문법적 성별을 완전히 없애려는 노력은 성공하지 못했지만, 성별 이분법적 대명사 대신, 또는 이와 함께 성 중립적 대명사를 사용하려는 시도는 세계 여러 나라에서 점점 더 성공을 거두고 있다.

스웨덴에서는 남성 대명사 'han'과 여성 대명사 'hon'에 더해 최근에 성 중립 대명사 'hen'이 추가되었다. 프랑스에서는 남성 대명사 'il'과 여성 대명사 'elle'을 합친 성 중립 대명사 'iel'이 새로 도입되었다. 다른 언어들에서도 비슷한 변화가 나타났다. 영어에서는 'they'가 'he'나 'she' 대신 3인칭 단수 성 중립 대명사로 점점 더 많이 쓰이고 있다(마치 'you'가 단수와 복수 모두에 쓰이듯). 스페인어 화자들은 'niño(남자아이)'와 'niña(여자아이)' 대신 성 중립형 'niñe'도 쓴다. 성 중립 대명사를 사용하자는 주장은 성 차별을 최소화하자는 것이다. 하지만 성 대명사가 사람들의 인식과 평가에 미치는 영향을 최소화하려는 노력은 여러 집단의 반대와 지지가 뒤섞인 반응을 얻고 있으며, 이러한 추세가 일시적인 현상일지, 아니면 우리가 정신적으로 성을 표현하는 방식을 영원히 바꿀지는 아직 불확실하다.

성별 고정관념은 사람의 이름에도 드러난다. 실험 결과 'Anne[앤]'이나 'Owen[오언]'처럼 이름이 부드럽게 들리는 사람은 친화적인 성격으로, 'Kirk[커크]'나 'Kate[케이트]'처럼 이름이 센 느낌이면 외향적인 성격으로 인식되는 경향이 있다. 취업 여부나 제안받는 급여액도 이름에 담긴 인종, 성별, 나이 정보에 따라 달라질 수 있다. 유치원 입학 가능성부터 면접 기회, 타인의 인식과 평가까지 우리의 이름은 타인의 머릿속에서 불러일으킬 연상을 좌우한다. 조건이 동일하거나 심지어 연구자가 가짜로 조작했을지라도, 이력서, 강의, 제품이 여자가 아닌 남자한테서 나왔다고 여겨지거나 특정 인종, 국가 집단에 속한다고 인식될 때 지능, 역량, 자질, 인기가 더 높게 평가될 가능성이 크다.

이민자들은 새로운 사회에 더 잘 적응하려고 종종 이름도 바꾼다. 나도 이 책의 저자로서 어떤 이름을 쓸지 고민이 많았다. 영어 원어민에게 '이국적'으로 들리는 루마니아어 이름 '비오리카'를 그대로 쓸 것인가? 미국에서 30년 넘게 사는 동안 내 이름만 듣고 늘 여러 어림짐작을 하는 사람이 많았다. 피부색이 더 밝고 눈이 파란 내 아이들을 놀이터에 데리고 가면 내 이름, 억양, 짙은 머리색 때문에 보모라 여긴

　　　　　　　　　　　8장 언어가 가져오는 변화

이도 종종 있었고, 덕분에 다른 보모들이 내 앞에서 이웃들의 사적인 이야기를 편히 털어놓는 경우도 많았다. 그래서 나는 책을 낼 때 이름 첫 글자만 쓰거나 성을 이름 자리에 쓰는 것도 고려했다. 어슐러 K. 르 귄이 단편 〈아홉 생명〉을 발표할 때 작가가 여자라는 것이 드러나지 않도록 이니셜만 써서 U. K. 르 귄으로 출판하라는 요청을 받았다는 기사를 읽은 적도 있다. 또 어린 시절 조르주 상드의 소설을 읽고 나중에야 아망틴 뤼실 오로르 뒤팽의 필명이었다는 것을 알게 되었던 기억도 떠올랐다. 결국 나는 출생 때 받은 이름을 그대로 쓰기로 마음먹었다. 최근에는 비주류 문화권에 속하는 이름이거나 그런 문화권 출신이라는 게 명백한 저자들이 책을 점점 더 많이 내고 있기 때문이다. 물론 내 이름도 루마니아의 성별 고정관념을 반영한다. 나는 꽃에서 따온 이름으로, 내 남동생은 나무에서 따온 이름으로 지은 부모님은 다른 많은 사람처럼 이름이 사회적 인식, 성격, 나아가 인생길에까지 영향을 미친다고 믿었다. 이런 믿음은 사회적 편견을 반영하는 동시에 강화하기도 한다.

언어적·문화적 편견 극복의 과제

직업, 임상, 교육 환경에서 비원어민 차별은 흔한 일이다. 내가 노스웨스턴대학교에서 의사소통장애학과에 소속된 이유 중 하나는 다른 언어 화자들의 상이한 의사소통 패턴이 종종 장애로 오인되기 때문이다. 20년 넘게 내 연구의 주안점 중 하나는 차이가 장애를 의미하지 않는다는 점을 학생, 임상의, 대중에게 교육하는 것이었다. 다른 언어든 방언이든 다양한 언어적 배경을 가진 아이들은 장애로 과다 또는 과소 진단되거나 오진되는 경우가 많다. 진단 기준과 대부분의 평가 및 개입 근거는 단일언어 또는 방언 사용자를 기반으로 한다.[6] 다양한 문화적 배경을 가진 다른 언어 또는 방언 사용자들은 의사소통 방식에서 주류 문화의 규범과 충돌할 수 있다.

아동이나 성인이 의사소통장애로 진단받으려면 주류 문화의 관점에서 의사소통 패턴 자체가 주의를 끌고, 의사소통을 방해하며, 화자에게 정서적 부담을 주는 것만으로는 충분하지 않다. 이는 해당 개인의 집단이 정의하는 자체 문화의 관점에서도 마찬가지다. 어린아이가 다르게 말할 때 의사소통장애라고 결론짓기 전에 이러한 차이가 아이의 모국어 또는 방언의 규범을 반영하는지 여부를 판단해야 한다. 미국 언어청각협회의 입장은 영어 능력이 제한된 아동의 어려움이 영어와 해당 아동이 가장 자주 쓰는 언어 양쪽에서 지속될 때 의사소통장애로 간주하며, 어떤 영어 방언도 언어장애로 간주해서는 안 된다는 것이다.

미국을 비롯한 여러 나라의 인구 통계학적 추세에 따라 환자 집단이 변하고 언어적으로 점점 더 다양해지면서 의료 업무가 환자의 다양성과 직접적으로 연관되어 실시되는 경우가 많다. 언어, 의사소통 방식, 문화적 가치관, 기대치의 불일치는 언어적·문화적 다양성을 지닌 개인과 가족들의 서비스 이용률 저하, 미준수, 조기 종료로 이어질 수 있다. 조기 개입과 가족 참여는 성공적인 결과의 핵심 요소이므로 제공 서비스 접근 방식의 차이를 고려하는 것이 특히 중요하다. 언어적·문화적 역량을 갖추는 것은 의료 종사자에게 도덕적·윤리적으로는 물론이고 경제적으로도 타당하다. 입소문과 후기는 빠르게 퍼지는

     8장 언어가 가져오는 변화

데, 특히 온라인은 더하며, 혹시라도 법적인 문제가 발생하면 막대한 비용을 초래할 수 있다.

언어적·문화적 편견을 극복하는 첫 단계는 그 존재를 인식하는 것이다. 소통하는 사람의 언어나 문화가 자신과 다를 수 있다는 인식만으로도 사회적 역학 관계를 바꿀 수 있다.

둘째로 임상의와 교육자가 타인의 관점을 경시하기보다 인정하고 존중하면 소통의 창이 열리고 수용성이 높아질 수 있다. 가족의 관점을 경청하고, 설령 그 관점이 임상의가 훈련받은 문화적 규범에 어긋나더라도 일축하지 않아야 가족이 치료를 포기하지 않고 아이를 계속 데려오도록 하는 데 도움이 될 수 있다. 가족 문화에서 신봉하는 특정 치료가 효과적이지 않을 때 임상의는 곤란할 수 있다. 하지만 그 치료가 환자에게 해롭거나 손상을 입히지 않는 한, 가족이 효과적인 치료를 아예 거부하는 것보다는 주류 문화의 표준 치료법과 병행하게 하는 게 더 나을 수 있다. 어떤 신념을 거부하기 전에 그것이 무해한지(위약 효과는 실재한다!) 생각해보는 것이 최선이다. 핵심은 환자의 이익을 염두에 두면서 세심한 배려와 이해심을 보이는 것이다. 가족과 공동체의 역할이 개인의 결정과 선택에 더 강력하고 큰 영향을 미치는 문화권도 많다.

다양한 커뮤니티에서 일하는 사람은 그곳의 언어와 문화부터 배워야 한다고 조언하고 싶다. 언어적으로 다양한 집단과 일할 때는 어려운 단어와 관용구를 피하고 격식 있는 말을 쓰는 것이 좋다(미국은 평균적으로 격식이 덜하다). 추가 권고 사항은 예/아니요 질문을 피하라는 것이다. 대화하며 계속 "예"라고만 답하던 상대방이 해당 언어로 아무

것도 제대로 말하거나 알아듣지 못했다는 사실을 뒤늦게야 깨닫기도 하기 때문이다. 또 모호한 전달보다는 구체적인 표현이 좋다. '아기를 따뜻하게 하라'나 '균형 잡힌 식생활을 하라' 같은 지침의 의미는 문화에 따라 달라진다. 상대의 언어 구사 수준을 잘 모르겠다면 목소리를 높이기보다 천천히 말해야 한다. 문화적으로 다양한 자료를 활용해 환자들, 특히 어린이들이 자신과 비슷한 사람들이 팸플릿이나 검사 키트에 등장하는 모습을 보게 하는 것도 도움이 된다. 문화권에 따라 부적절할 수 있는 특정 훈련(발음장애가 있을지 모를 어린이를 대상으로 화자의 입을 만지는 경우처럼)의 적절성을 늘 염두에 둬야 한다.

문화는 비언어적 의사소통, 눈 맞춤, 침묵과 멈춤의 해석은 물론 유머 감각과 풍자 등 다양한 측면에서 다르다. '해야 할 일'과 '하지 말아야 할 일' 몇 개만 나열한 목록만으로 언제나 통하기는 어렵다. 통역 서비스는 대개 그런 간단한 목록 이상으로 고려할 게 많다.

물론 통역사 활용에도 나름의 어려움이 있다. 전문 통역사가 서비스를 제공하든 가족이 통역 서비스를 제공하든 제3자가 함께 있으면 상황이 복잡해질 수 있다. 언젠가 10대 아들을 둔 어머니와 의사의 통역을 부탁받은 적이 있다. 아들은 생식기 관련 질환으로 의사를 만나야 해서 너무나 부끄러웠는데, 어머니와 여자 통역사가 함께 있으니 더욱 괴로웠다. 아들은 자세한 이야기와 정보 공유를 꺼렸다. 이런 상황은 드물지 않다.

숙련된 전문가를 고용하는 장점은 두 언어 모두에 능통하고, 내용도 잘 알며, 역할 갈등이나 부정적인 가족 역학 관계가 없다는 것이다. 단점은 이민자 가족 대부분이 감당하기 어려운 비용이다. 다른 언어

     8장 언어가 가져오는 변화

를 구사하는 사람을 현장에 배치하는 병원도 일부 있지만, 일반적으로 지역 사회에서 가장 자주 사용되는 언어에 한해서만 가능하며, 희귀 언어 사용자는 임상 현장에서 통역사를 만날 수 없다. 대형 의료기관들은 이제 전화나 화상, 온라인을 통해 통역 서비스를 이용하는데, 도움은 되지만 여전히 대부분의 의료진과 환자가 감당할 수준을 넘어서는 비용 때문에 이용이 역시나 쉽지 않다.

이민자 가정에서는 아이들이 부모와 조부모, 친척들에게 언어 중개자 역할을 해주는 경우가 많다. 이 아이들은 통역사로서 훈련받지 않아 통역할 내용에 대한 지식과 이해도가 제한적이며, 두 언어 모두에 충분히 능숙하지 않을 수도 있다. 말기 질환 진단을 받은 부모를 통역하는 아이의 경우를 떠올려보자. 아이가 부모를 걱정시키고 싶지 않거나, 구체적인 내용을 이해하지 못하거나, 부모가 말하려는 바를 전달하기 싫어하거나, 여러 가지 다른 이유로 언어 간 의사소통이 단절될 수 있다.

병원 진료, 취업 면접, 학교 배정 시험, 비자나 시민권 심사, 기타 행정 업무 등과 관련해서 가족 구성원의 언어 중개자 역할을 맡은 아이는 학교를 결석하고 학업에 뒤처지거나 수면 부족, 스트레스, 불안에 시달릴 위험이 있다. 세대 간의 역할 역전은 서로 원망을 불러일으킬 수 있으며, 복잡한 가족 역학 관계는 모두에게 부정적인 결과를 초래할 수 있다. 통역 과정의 복잡성을 인지하고 인정하며 공개적으로 논의하는 것은 모든 당사자가 겪는 압박감을 어느 정도 완화하는 데 도움이 될 수 있다.

이중언어 교육, 왜 중요한가

열여섯 살에 토플 시험을 봤을 때 나는 기회가 단 한 번뿐임을 알았다. 시험 한 번 보는 비용이 소련에서 공중보건의였던 부모님의 월급을 합친 것보다 더 비쌌기 때문이다. 시험을 치르려면 모스크바까지 기차로 스무 시간을 가야 했다. 게다가 모스크바 도서관에서 모의고사를 보며 시험 준비를 했는데, 오래된 토플 모의고사 책이 있는 가장 가까운 도서관이었기에 여러 번 다녔다. 도서관이 열자마자 가서 문 닫을 때까지 쭉 있었다. 다행히도 미국 대학 입학 기준 점수를 몇 점 차이로 간신히 넘겼다. 모의고사를 치르며 시험 형식에 익숙해지지 않았다면 합격하지 못했을 것이고, 몇 점만 더 낮았어도 완전히 다른 삶이 펼쳐졌을 것이다. 전날 밤 기차의 공용 객실에서 창밖으로 스쳐 지나가는 마을의 불빛과 나무 그림자를 보며 시간을 보내지 않았다면 더 높은 점수를 받았을지도 모른다. 이후 시베리아를 거쳐 알래스카까지 가는 열흘간의 여정은 힘겨웠으나, 전쟁, 굶주림, 학대, 사랑하는 사람의 상실, 또는 이 모두를 극복한 수많은 이의 여정에 비할 바는 아니었다. 루마니아의 차우셰스쿠 정권이나 쿠바의 카스트로 정권을 벗어나려고 목숨을 걸고 위험한 물살을 헤엄칠 필요는 없었다. 이민자들이 여정 중에 익사나 동사한 이야기를 읽을 때면, '신의 은총이 아니었다면 나도 그랬을 텐데'라는 생각이 든다. 나는 냉전 종식과, 고르바초프와 레이건 행정부 간의 외교 덕분에 미국에서 공부하게 되는 행운을 누렸다.

혼자서 세상을 헤쳐 나가며 모르는 언어로 낯선 나라에서 살아가야 하는 아이들의 이야기는 제2언어를 배우는 학생들이 맞닥뜨리는 어려움을 여실히 보여준다. 가족과 함께 온 아이들조차도 그 경험은 고통스러울 수 있다. 유치원 첫날 아이를 데려다주던 때의 스트레스와 감정을 떠올려본 적이 있다면, 학교에서 쓰는 언어를 모르고 선생님과 급우들의 말을 못 알아듣는 아이에게 학교생활이 얼마나 더 고되고 *쓰*라린 경험이 될지 상상할 수 있을 것이다.

일각에서는 이중언어 교육은 비용이 많이 든다고 주장한다. 하지만 이중언어 교육을 지원하지 않으면 결국 더 많은 비용을 들이게 된다. 아이가 교사의 말을 알아듣거나 배우지 못해 읽고 쓸 줄 몰라서 좌절감을 느끼고 결국 학교를 그만둔다면 이러한 패턴은 장기적으로 훨씬 더 큰 비용을 초래할 수 있다. 학교 중퇴는 여러 부정적인 결과를 가져온다. 불완전 고용 및 실업, 약물 남용, 건강 악화, 낮은 소득, 가족 구조 변화, 그리고 높은 수감률 등과 상관관계를 보인다. 이중언어 교육을 지원하며 교사와 교장의 급여를 지불할 것인가, 아니면 그러지 않아 생긴 결과로 교도관과 교도소장의 급여를 지불할 것인가? 학교에 투자하면 교육 수준과 소득이 오르고 성인이 되어 빈곤과 수감 가능성이 줄어든다.

미국 학령기 아동의 약 26퍼센트가 집에서 영어가 아닌 다른 언어로 말한다.[7] 텍사스, 뉴멕시코, 애리조나, 플로리다 등 여러 주는 이 수치가 훨씬 높다. 이민자들이 정착하거나, 원주민이 거주하거나, 여러 공식 언어가 지원되는 지역에서는 다중언어 사용 인구 비율이 더 높다. 캘리포니아는 학령기 아동의 거의 절반이 둘 이상의 언어를 사용한다.

일부 아이들은 집에서 언어 하나를 사용하며 자라다가 학교에 입학하면서 영어를 배우기 시작한다. 이를 '순차적 이중언어 사용자'라

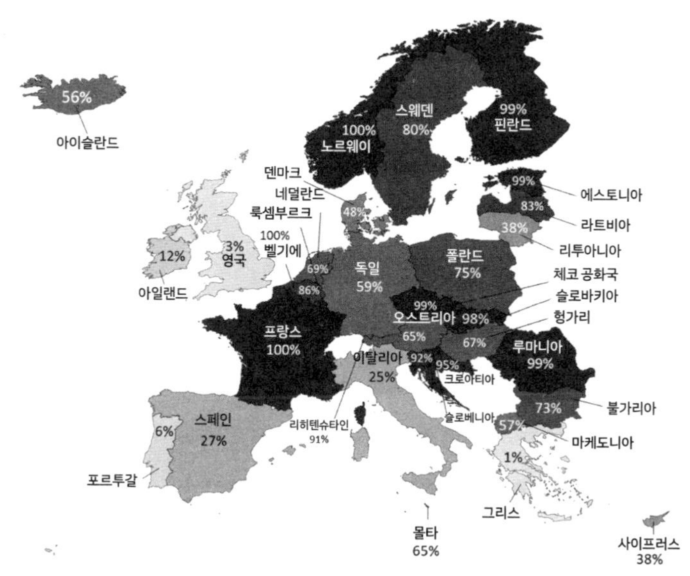

유럽에서 세 개 이상의 언어를 배우는 학생의 비율

고 한다. 또 다른 아이들은 두 언어를 모두 쓰는데, 한 언어는 가족 구성원 중에서도 조부모와, 다른 언어는 형제자매와 사용하듯 대상이 다르다. 이를 '동시적 이중언어 사용자'라고 한다. 순차적으로든 동시에든 여러 언어를 배워 심지어 동등한 수준의 유창성과 능숙도까지 달성하는 것도 가능하다.

하지만 이중언어 교육은 여전히 정치적으로 뜨거운 감자다.[8] 이 논쟁이 정당이나 인종, 이민 신분에 따라 달라진다고 생각한다면 오산이다. 어쩌면 이민자들 스스로 이중언어 교육을 주류로 끌어올리려 한다고 짐작하기 쉬울 텐데, 본래의 민족 정체성을 넘어 미국인으로 동화되고 통합되기를 바랄 뿐인 이민자도 많고, 일부는 이중언어 교육에 반대도 한다.[9] 이 문제의 정파성은 익숙한 범주를 벗어난다.

미국 아이들에게 외국어를 가르치지 않는 것은 교육 시스템의 더 큰 문제 중 하나다. 현재 미국의 중등학교는 읽기, 과학, 수학 분야에서 다른 선진국들보다 뒤처져 있다. 유럽 학생 대부분은 늦어도 만 아홉 살에는 제1외국어를 배우며, 몇 년 지나면 제2외국어도 배워야 한다.

다른 언어를 배울 가능성은 거주지뿐 아니라 사회경제적 계층에도 영향을 받는다. 상류층 및 중산층 가정 아이들 다수는 학교에서 외국어 수업을 받도록 권장되며, 일부 학부모는 외국어 학습이 유익하다는 전제하에 개인 언어 과외교사를 고용하고, 몰입 프로그램을 지원하고, 해외 유학을 보내거나 아이와 함께 어학연수를 간다.

반면에 대개 이민자나 소수 집단인 사회경제적 하위 계층 가정은 교육자, 임상의, 정책 입안자로부터 모국어나 방언을 버리고 해당국 언어만 사용하라는 지시를 받는다. 부모들은 모국어와 방언이 자녀의 언어 및 인지 발달을 저해하고 학업에 어려움을 초래할 것이라는 말을 자주 듣는다. 이러한 주장을 뒷받침하는 연구는 전혀 없다. 사회가 다양한 사회경제적 계층에서 다중언어 사용을 인식하는 방식의 이러한 차이는 다중언어 사용의 효과와는 무관한 편견에 기인한다.

위상이 낮다고 여겨지는 언어의 사용자는 다른 언어, 기왕이면 세계화된 경제와 세계의 권력 역학 접근에 유리한 주요 언어를 익히는 이점을 잘 안다. 하지만 그 반대의 경우는 드물며, 경제력이 높은 나라와 관련된 언어의 사용자는 다른 언어를 배우는 가치를 늘 인식하지는 못한다.

연구에 따르면, 소수 언어 아동과 다수 언어 아동 모두 이중언어 교육의 혜택을 받는다. 그러나 이중언어 교육은 연구와 실제 사이에 여전히 간극이 존재한다. 이 문제는 종종 왜곡되는데, 두 언어로 교육한다는 '이중언어 교육'이라는 용어가 미국에서는 영어 외의 다른 언어로 하는 교육으로 오해되는 경우가 많다.

이중언어 교육이 효과적인 까닭은 모국어로 새로운 자료를 계속 학습하는 동시에 제2언어를 습득하는 과정에서도 교과 과정에서 심화된 지식과 정보를 익힐 수 있기 때문이다. 이를 통해 아이들의 학업이 발전한다. 적절한 비유로 이중언어 교육의 '빙산 모델'이 있다.[10] 표면으로 보이는 단어, 문법, 발음, 말 알아듣기는 빙산의 일각일 뿐이다. 그 아래에 있는 의미, 분석, 종합, 평가는 훨씬 더 깊고 중요하며 더 가치가 있다.

빙산 끄트머리만으로는 물속에 잠긴 덩어리가 얼마나 거대한지 알 수 없듯이, 이중언어 화자의 표면적 특징이 더 깊은 기반과 고도의 비판적 사고를 늘 나타내지는 않는다. 학습자가 영어를 익히면서도 모국어로 더 깊은 인지 능력을 지속적으로 키우도록 하는 교육 프로그램은 두 언어 모두로 탄탄한 개념적·학문적 기반을 구축할 수 있게 한다.

또 다른 측면은 영어 원어민도 외국어를 배우게 해서, 다른 언어를 알면 생기는 인지적·신경학적·경제적·문화적 이점을 누릴 수 있도록 하는 것이다. 모든 어린이가 두 가지 이상의 언어를 배우도록 적극적으로 장려하고 지원하면 다중언어 세계 경제에서 경쟁하는 미국에 더 이로울 수 있다.

언어적 배경이 다른 아이들 간의 학업 성취도 차이는 비주류 언어

  8장 언어가 가져오는 변화

나 문화에서 자란 아이가 정규 교육을 시작할 때 경험하는 언어적·문화적 단절을 통해서도 설명될 수 있다. 미묘하거나 애매한 메시지들이 꼭 의도되지 않았어도 교육 과정에도 들어가다 보니 학업 성적에 영향을 미친다.

나이지리아계 미국인 인류학자 존 옥부는 같은 학교에서 공부하는 아메리카 원주민 아동과 인도계 이민자 아동의 학업 성취도 차이를 관찰했다.[11] 두 집단 모두 중산층 백인 또래 집단과 비교할 때 주류 미국 교육에 진입할 때 문화적 단절을 경험한다. 그러나 평균 학업 성취도는 이민자 집단이 비이민자 집단보다 우수하다. 그에 따르면, 소수자 집단 사이에 학업 성취도 측정 결과가 다른 것은 학교 교육을 바라보는 관점 차이 때문이기도 하다. 이민자 소수 집단은 학교 교육을 가정환경과 다른 행동이 허용되는 대체 모델로 보는 경향이 더 크고 반드시 문화 동화와 동일시하지는 않는 반면, 이민자가 아닌 비자발적 소수 집단은 학교 교육을 지배 집단에 대한 일방적인 동화나 문화 동화로 여겨 의식적이든 무의식적이든 저항할 가능성이 더 높다는 것이다.

이민자 소수 집단은 다수 문화와는 다른 기준 틀을 스스로에게 적용할 수 있으며, 이민 전의 본국에서보다 더 나은 삶을 살고 있다고 여긴다. 스스로를 늘 수용국의 계층체계 안에 두지는 않고, 기존 체계 밖의 이방인으로 여길 수도 있다. 또한 본국으로 돌아갈 선택권을 유지할 수도 있다. 일반적으로 두 문화에 동시에 참여하고 두 문화를 오가며 살아도 집단 정체성에 위협이 되지 않는다고 믿는다. 이민자들 역시 차별, 열악한 교육, 학력과 경력에 걸맞지 않은 일자리 등 사회적 성취에서 장벽에 부딪치지만, 지배적인 위계를 거부하거나 이해하지 못하고 아직 차별을 내면화하지 않았을 수도 있다.

이와 달리 이민자가 아닌 소수 집단은 노예 제도, 정복, 식민지화를 통해 비자발적으로 사회에 편입되었기에, 이민자의 경우와 비교하면 다수 집단의 기준 틀과 계층체계를 수용할 가능성이 더 높다. 여러 세대에 걸쳐 내면화된 차별과 착취를 겪으며 굴욕적인 경험, 기회 부족, 전반적으로 불만족스러운 삶의 여건이 자신들 본연의 문제가 아닌 지배 집단의 착취 때문이라는 사실도 깨달았다. 이민자가 아닌 소수 집단에게 고국 귀환은 현실적인 선택지가 아니다(미국 남북전쟁 이후 아프리카 대륙으로 돌아간 미국계 라이베리아인의 역사가 있으나 결과가 꼭 좋지는 않았다).

결과적으로 비이민자 소수 집단에게 학교 교육은 때때로 지배 문화와 동화되는 방식이며, '백인 방식'으로 성공하느냐 자신의 집단에 소속되느냐 중 하나를 골라야 하는 것처럼 느껴진다. 출세의 한계를 경험하고, 다수 집단이 정한 규칙을 따라도 '성공'은 보장되지 않는다는 생각을 키워간다. 물론 이들도 여전히 교육을 중시하고, 교육을 사회적 성공에 중요하며 신분 상승과 좋은 직업을 얻는 기폭제로 여긴다. 동시에 부모와 조부모의 뻔한 격려의 말이 부모의 현실 경험과 일치하지 않음을 알게 되면 혼란스러워한다. 이러한 대조는 시스템 내의 불평등과 부당함을 부각시켜 운명론적 태도, 불신, 환멸로 이어질 수 있다.

내 수업에서 옥부의 저서를 접한 다수 집단 학생들은 극명하게 다른 소수 집단 학생들의 경험을 알게 되면 대개 믿기 어려워한다. 이민자든 아니든 소수 집단 학생들은 대개 그 묘사가 자신과 가족의 경험과 일치한다고 동의한다. 최근에는 소셜 미디어와 사회운동이 소수 집단 학생들의 경험을 주류 담론으로 끌어들였다.

따라서 학교에 편견과 차별이 만연해도 놀라운 일이 아니다. 학교는 진공 상태가 아니기 때문이다. 사회적 통념이 계속 변화함에 따라 학교는 주류 문화가 적절하다고 여기는 것을 계속해서 반영한다.

번역의 중요성

10대 시절 미국에 처음 왔을 때는 미국 친구들이 쓰는 말의 뜻을 항상 알지는 못했다. 주변 상황이나 문장 속 다른 단어를 바탕으로 의미를 추론하거나 짐작하기도 했고, 그냥 단어의 의미를 물어볼 때도 있었다. 현재 미 해군 군목으로 근무하는 절친한 친구가 "이 단어는 무슨 뜻인 것 같아?"라고 물으면, 단어의 발음을 바탕으로 짐작해보곤 했다. 가끔은 웃음이 터지기도 했지만, 맥락에 바탕을 두고 추측하면 정답에 가까울 때가 많았다. 이러한 어림짐작은 역사가 오래되었다.

1933년의 연구에 따르면, 영어 화자들은 일본어 반의어 쌍을 영어 번역과 69퍼센트의 정확도로 일치시켰다.[1] 영어 'war'와 'peace'를 일본어 'heiwa(平和)'와 'tatakai(戦い)'와 함께 제시하자 우연이라 예상되는 것보다 더 높은 확률로 '헤이와'가 '평화'를, '타타카이'가 '전쟁'을 뜻한다고 제대로 추측했다. 독자 여러분도 연구에 나오는 단어 쌍

의 의미를 맞혀봐도 좋겠다. '토오이'와 '치카이' 중 '멀다'와 '가깝다'는 각각 무엇일까?(정답은 '토오이'가 '멀다', '치카이'가 '가깝다') '미카타'와 '테키' 중 '적'과 '자기편'은 무엇일까?(정답은 '미카타'가 '자기편', '테키'가 '적') '토리'와 '무시' 중 '새'와 '벌레'는 무엇일까?(정답은 '토리'가 '새', '무시'가 '벌레') 오답이 더 많은 독자도 있을 텐데, 솔직히 내 예상도 목록의 스물다섯 쌍을 직접 시도해보기 전에는 그랬다. 나 같아도 정답률은 약 50퍼센트(우연의 수준) 정도일 것이라고 생각했다.

그래서 2022년에 내 연구실에서 이 연구를 재현해보기로 했다. 영어만 아는 사람들에게 프랑스어, 일본어, 중국어, 폴란드어, 루마니아어, 러시아어, 스페인어, 태국어, 우크라이나어 등 9개 언어, 45개 반의어 쌍의 의미를 영어 번역과 일치시키도록 요청했다.[2] 놀랍게도 다들 기본적으로 어림짐작만 했음에도 불구하고 반의어 쌍들을 영어 번역과 올바르게 일치시킨 확률(65퍼센트)이 우연으로 예측한 것(50퍼센트)보다 높았다. 정확도는 중국어(55퍼센트), 일본어(55퍼센트), 러시아어(56퍼센트)에서 가장 낮았고, 그 뒤를 태국어(57퍼센트), 폴란드어(58퍼센트), 우크라이나어(58퍼센트)가 이었으며, 루마니아어(74퍼센트), 프랑스어(79퍼센트), 스페인어(81퍼센트)에서 가장 높았다.

또 다른 연구에서는 이탈리아어와 폴란드어 화자들에게 핀란드어, 일본어, 스와힐리어, 타밀어 단어를 듣고 셋 가운데 하나를 골라 뜻을 짐작하도록 요청했다. 핀란드어와 일본어의 경우, 참가자가 말소리만으로 한 선택이 우연 예상치보다 더 자주 올바른 의미에 부합했다. 이러한 차이는 명사와 동사에서는 유의미했지만 형용사에서는 그렇지 않았는데, 이 사실도 흥미롭다. 결국 음성 상징 연구는 특정 언어와 참가자의 경험(아는 언어의 수, 언어 간의 유사성, 해당 언어 어휘력 및 문해력 수준)에 따라 다른 패턴을 보이며, 결과들이 일관성이 없거나 상반될 가능성도 높다.

형태와 의미의 관계

형태와 의미 관계 연구의 증거는 기원전 플라톤의 《대화편》에 묘사된 고대 그리스 철학자 소크라테스의 기록에서도 찾아볼 수 있다.[3] 《대화편》에서 크라틸로스와 헤르모게네스가 이름이 '자연적'인지 '관습적'인지 묻자 소크라테스는 소리의 조합이 단어의 지시 대상의 본질을 표현하며, 동작이든 물의 흐름이든 묘사하는 데 가장 적합한 소리가 따로 있다고 답한다. 헤르모게네스는 사물의 이름은 관례나 관습의 결과이며 바뀔 수 있다고 반박한다. 크라틸로스는 이름은 신이 부여한 신성한 기원이 있으니 본질적으로 옳다고 주장한다. 2000년 전에 제시된 이 세 가지 입장에서 알 수 있듯 인류는 말과 그 뜻에 오래도록 매료되었고, 철학, 종교, 신비주의(만트라), 마법(주문), 민속, 문학에 이르기까지 다양한 학문 분야가 이러한 질문을 탐구해왔다.

'진정한 본성'과 일치하는 '진정한 이름'이라는 개념은 세계 여러 종교에서 찾아볼 수 있다. 고대 유대교는 신의 참된 이름이 매우 강력하다고 여겨 그 힘의 남용을 막고자 사용을 금했다. 기독교 역시 출애굽기 20장 7절에서 신의 이름을 망령되이 일컫기를 금한다. 이름의 힘은 도교, 불교, 수피파를 비롯한 비서구 사상에도 존재한다. 요기들은 '옴'이라는 만트라가 우주의 진동을 반영한다고 여긴다.

형태와 의미의 관계는 대부분 자의적이지만 완전한 무작위는 아니

　　　　　　　　　　　　　　　　　　9장 번역의 중요성

다. 단어의 형태는 의미의 표상에, 단어의 의미는 그 형태에 영향을 미칠 수 있다.

소리와 의미의 관계를 말하면 흔히들 시계의 똑딱거리는 소리나 자동차의 경적 소리처럼 말 자체가 묘사하는 사물의 소리와 닮은 의성어를 떠올린다. 동물의 소리를 흉내 내는 의성어가 가장 흔한 예다. 흥미롭게도 이런 말도 언어마다 다르다. '꿀꿀'과 '멍멍'이 영어는 '오잉크오잉크'와 '우프우프'인데, 러시아어는 '흐류흐류'와 '가브가브', 루마니아어는 '코비츠코비츠'와 '함함'이다. 일본어는 한 단어로 여러 동물의 소리를 묘사한다. 동사 '鳴く[나쿠: 울다]'는 일반적으로 개, 고양이, 양, 개구리, 새, 벌레의 소리를 나타낸다. 일본은 다른 동물들끼리 더 잘 소통할 수 있다는 '덕후' 농담을 하거나 이중 방언 구사 염소(정말 그런 게 있음)를 이야기하며 곁길로 새기 전에 형태와 의미로 돌아가보자.

형태와 의미가 관계있다는 직접 증거는 비음성언어에서 찾을 수 있다. 수어는 종종 단어의 의미를 시각적으로 연결해 나타내는데, 손짓의 위치나 움직임, 손 모양이나 손바닥의 방향을 사용한다. 여러 수어에서 '책'은 책장을 펼치는 동작과 비슷하고, '차'는 컵에 티백이나 찻숟가락을 넣고 돌리는 것과 유사하다. 몸짓과 손짓은 언어 발달 과정 초기의 의사소통 수단이다.

형태와 의미의 관계는 표음문자가 아닌 표어문자를 쓰는 중국어에서도 찾아볼 수 있다. 중국어의 한자는 글자 하나가 종종 낱말이 되기도 한다. 예를 들어, 음역인 '美國(미국)'은 겉으로는 한자 '아름다울 미美'와 '나라 국國'을 합친 것처럼 보인다. '嫉妒(질투)'와 '奴隷(노예)'

는 부수에 '계집 녀女'가 들어간다. 낱낱이 분석한 개별적인 의미가 실제 단어의 의미 파악에 과연 얼마나 작용할지, 그리고 청각적이든 시각적이든 기호의 형태가 사람들이 개념을 표상하고 생각하는 방식에 영향을 미칠 수도 있을지 궁금해진다.

중국어와 달리 표음문자인 알파벳을 쓰는 언어의 경우는 또 다르게 볼 수 있다.

나의 학문적 할아버지(지도교수의 지도교수)였던 심리학자 볼프강 쾰러는 1929년에 처음으로 음성 상징을 입증했는데, 이는 이후 '부바키키 효과Bouba-kiki Effect'로 널리 알려지게 되었다.

'부바키키 효과'는 아래 그림과 같은 두 가지 모양을 사람들에게 보여주고 어느 것이 '부바'이고 어느 것이 '키키'인지 묻는 실험을 일컫는다. 느낌대로 고르면 된다.

실험 결과, 둥글둥글한 꼴은 부바, 뾰족뾰족한 꼴은 키키라고 판단하는 경향이 일관되게 더 높은 것으로 드러났다. 이러한 결과는 대학생, 노인, 아주 어린 아이들, 영어든 그 외의 언어 사용자든 동일하게 적용된다. 쾰러는 테네리페섬에서 '발루바'와 '타케테'라는 이름을 붙여 스페인어로 실험을 처음 진행했고, 이후에 널리 재현되었다. 이러한 연관성 선호도는 생후 4개월 영아에게서도 나타났다.

타밀어 사용자와 미국 대학생을 대상으로 한 연구에서는 선호도가 최대 95~98퍼센트에 달하는 것으로 나타났다. 모든 연구를 종합하면 평균적으로 약 88퍼센트라서 좀 낮게 나오지만 우연히 맞힐 확률보다는 여전히 상당히 높다(자폐증이 있는 개인의 경우 이러한 비율은 약 56퍼센트로 더 낮지만 그 이유는 불분명하다).

기능적 신경영상을 이용한 신경과학 실험에서 이름과 사물의 불일치가 감지되면(부바가 뾰족한 모양과 짝을 이룰 때) 이름과 사물의 일치가 감지될 경우(부바가 둥근 모양과 짝을 이룰 때)보다 뇌의 전전두엽 활성화가 더 강했다. 불일치 조건에서 더 많은 인지 자원을 투입해야 했기 때문일 가능성이 높다. 흥미롭게도 고차원 인지를 담당하는 전두엽 피질뿐 아니라 청각 및 시각 뇌 네트워크에서도 대뇌 피질 활성화가 다르게 나타났다. 이는 음성 상징이 감각 처리의 초기 단계에도 내재되어 있을지 모른다는 의미다.

이러한 효과의 원인이 무엇인지, 또 수학 같은 다른 코드에도 이러한 효과가 나타나는지는 아직 명확하지 않다(어떤 모양이 더 큰 수, 1이나 2, 무한대나 0을 나타내는가). 여러 가설이 제시되었다. 그중 하나는 소리를 낼 때 입 모양의 차이와 관련이 있다는 것이다. 입술 모양이 '부바'는 둥글고 '키키'는 옆으로 벌어진다. 또한 이러한 연관성은 모음과 자음의 비율과 말소리의 음소적 특성과 관련이 있다는 것이다. 사람들이 소리의 음향적 단서에 따라 음성 상징 판단을 내리는 듯한데, 정확히 어떻게 그러는지는 불분명하다.[4]

시는 언어 그 자체다

모음과 자음의 의미와 음소적 특성의 관계는 세계 여러 지역에서 수 세기 동안 관심을 받아왔다. 러시아의 과학자 겸 철학자이자 작가인 미하일 로모노소프는 1755년 대학교를 세웠으며(현재의 로모노소프 모스크바국립대학교이며, 구소련의 약 12개 기관이 그의 이름을 따서 명명됐다), 모음과 자음의 음성 상징을 연구한 글도 썼다. 예를 들어 'e[에]', 'и[이]', 'ю[유]' 같은 전설모음은 부드러움을 나타내고, 'о[오]', 'у[우]', 'ы[으]'와 같은 후설모음은 두려움을 나타낸다는 것이다.

시는 음성 상징과 가장 강력히 연관된다. 활음조(조화롭고 편안하게 느껴지는 소리), 두운(첫머리에 같은 소리를 반복), 각운(마지막에 같은 소리를 반복) 및 기타 언어적 도구를 통해 시는 특정 소리가 어떤 감정과 생각을 불러일으킨다는 개념을 극대화한다.

시인의 세계관은 그 언어를 얼마나 형성하며, 시인의 언어는 그 인식을 얼마나 형성할까? 둘 다 어느 정도 작용할 것이고, 그 사이에 '피드백 루프Feedback Loop'도 있을 것이다. 시인의 서정성이 인지를 반영하듯이 서정성도 시인의 인지를 변화시킨다. 에드거 앨런 포의 말처럼 "낮에 꿈꾸는 자는 밤에만 꿈꾸는 자가 놓치는 많은 것을 안다".[5]

시어를 그토록 독특하게 만드는 것은 각 언어 단위에 응축된 의미의 밀도다. 작가가 자유로이 페이지를 넘나들며 표현하는 산문과 달리, 시인의 말솜씨는 적절한 단어 선택뿐 아니라 적절한 모음과 자음 선택에도 정밀해야 한다. 이러한 모음과 자음은 시의 물리적 경험을 끌어내는 소리를 만들어낸다. 화가가 팔레트에 색을 섞듯이 시인이나 작사가는 소리를 섞어 딱 맞는 정신 상태를 불러일으킨다.

시는 매우 오래된 의사소통 형태다. 시는 문자 언어보다 역사가 앞서고, 사냥 시는 선사 시대부터 지어졌다고 여겨진다. 따라서 시는 언어의 청각적 경험과 문자 형태를 잇는 연결 고리로 볼 수 있다. 초기 시들은 전쟁과 승리를 기록하고 세월을 넘어 정보를 전달했으며, 민속 문화의 일부로 집단 전체가 머릿속에 새겼다.

네 발 달린 글자 'm'

시는 아람 사로얀이 〈태어나는 글자의 클로즈업〉[6]에서 묘사한 네 발 달린 글자 'm'[7]이나 조지 맥도널드의 두 단어 시 〈가장 짧고 달콤한 노래〉[8]의 "집에 와"처럼 짧을 수도 있다. 그리고 《일리아드》와 《오디세이》, 또는 180만 단어로 이루어진 인도의 《마하바라타》처럼 길기도 하다.

시 번역은 의미 전달을 넘어 소리, 구문, 구조, 운율, 각운, 음보, 질감, 연상, 정서, 암시, 의미 층위도 반영해야 하기에 난관에 부딪친다. 이 모두는 언어마다 다르다. 예술적 기교에 충실하면서 그런 요소를 다시 만들어내려면 번역이 원작 시의 근사치나 모방이 되어 그 자체로 시가 되어야 한다. 이를테면 루이스 캐럴이 지은 〈재버워키〉의 "All mimsy were the borogoves, / And the mome raths outgrabe" 같은 시구는 어떻게 번역할 수 있을까?[9]

시를 번역하려면 적어도 시를 쓸 만큼 두 언어에 능통해야 한다. 시 번역은 본질적으로 시를 변형해 다른 언어 환경에서 새롭게 창조하는 것이기 때문이다. 그 자체로 연구 대상인 번역 안에서 시 번역은 또 다른 연구 분야다.

엘리엇 와인버거의 《왕유를 보는 열아홉 가지 방법》에는 중국 당

나라 때의 시인 왕유의 오언절구 한시 〈녹시鹿柴〉의 열아홉 가지 번역이 나온다.[10] '사슴 울타리'나 '사슴 울짱'의 뜻인 시제만 해도 "Deer Fence" 외에 "The Form of Deer", "Deep in the Mountain Wilderness", "Deer-Park Hermitage" 등으로 의역되고, 첫 구 "空山不見人(공산불견인: 빈산에 사람 보이지 않고)"도 "There seems to be no one on the empty mountain" 외에 "Through the deep wood, the slanting sunlight", "Not the shadow on a man on the deserted hill" 등 번역이 다양하다. 번역이 완전히 똑같은 경우는 없다. 이러한 시적 변동성은 다른 언어로 번역될 때 더욱 커진다.

시에 더 적합한 언어가 따로 있는지 질문을 받은 적도 있다. 딱히 그런 언어는 없다고 본다. 누구든 자신의 언어에 영혼이 담긴다고 생각하기 때문이다. 완전히 익히지 못한 다른 언어를 온전히 느끼기는 어렵다. 두 번째나 서너 번째로 익힌 언어들은 서정성이 모자란다는 불평을 수없이 접했다. 그리스어, 중국어, 스페인어, 아일랜드어 등 언어를 막론하고 다들 모국어가 얼마나 서정적이고 감성적인지 열변을 토할 것이다. 그리고 모두 실제로 시적이고 서정적이며 감성적이지만, 힌디어, 일본어, 우르두어, 스와힐리어 등 다른 어떤 언어보다 더 그런 것은 아니다. 실험실 연구에서는 신뢰도와 타당도가 미리 정해진 객관적 척도로 언어 능력을 측정함으로써 다중언어 사용자의 언어 능력을 측정하지만, 실험실 밖에서는 다양하게 복잡한 시를 즐기는 능력이 다중언어 사용자의 능숙도를 가늠하는 매우 좋은 지표가 될 수 있다.

시인의 언어를 구별하는 것은 출신국이 아니라, 언어의 관습과 규범에서 벗어나 글을 쓰면서 언어를 변화시키며 자신만의 독특한 목소리와 세계관을 부여하는 방식이다. 제각기 규칙이 다른 언어마다 시인은 어떤 규칙을 깰지 정해야 하며, 시 번역은 언어마다 깨야 하는 규칙 집합이 서로 다르기에 더욱 어렵다. 어떤 면에서 시는 언어 그 자체이며, 더 정확히는 그 하나의 언어를 통해 그 자체의 우주를 창조한다. 다른 언어를 배우듯이 시의 언어는 정신, 뇌, 감각, 감정, 기억을 형성한다.

니체의 《차라투스트라는 이렇게 말했다》에는 이런 구절이 있다.[11] "모든 시인은 이렇게 믿는다. 풀밭이나 고독한 산비탈에 누워 귀를 쫑긋 세우는 자는 하늘과 땅 사이에 있는 사물들에 대해 무언가 알게 된다고." 뒤에 나오는 "시인은… 깊어 보이게 하려고 자신의 물을 흐려 놓는다"라는 묵상은 잠시 접어둬도 좋다. 내 경험상 시인은 학술 논문, 리포트, 정치 연설을 쓰는 이보다 그런 단점이 덜하다.

언어의 미묘함에 지나치게 예민한 습성은 시인만의 전유물이 아니다. 작가, 영화 제작자, 음악가, 예술가, 언어로 소통하고 영향과 감동을 주며 밥벌이하는 거의 모든 이가 딱 맞는 단어를 찾느라 고심해왔을 것이다(연애편지를 쓰는 연인들이나 수신 문자 메시지에 맞춰 문자를 보내는 이들도 그렇다).

다른 언어로 옮긴다는 것

나는 학교를 다니는 수년 동안 생계를 위해 많은 일을 했다. 그중에는 루마니아, 우크라이나, 러시아, 기타 구소련 공화국의 고아원에서 온 아이들의 국제 입양에 필요한 서류 번역이나, 해당국의 결혼상담소 등을 통해 편지 왕래로 정해진 신부들에게 보내는 연애편지 및 기타 서신 번역도 있었다. 1996년 애틀랜타 올림픽이나 1993년 미국 상원의원과 정치 지도자, 러시아 정치인, 석유 산업계 기업 임원들이 한자리에 모인 4개 지역 회의처럼 알래스카와 러시아 극동 지역 간의 정치 경제 사업에서 통역도 했다.

통역과 번역을 다 하는 사람도 있으나 일반적으로 통역사는 말을, 번역가는 글을 옮긴다. 〈코민스키 메소드〉나 〈빅뱅 이론〉의 각 에피소드가 끝날 때 화면에 딱 1~2초쯤 나오고 휙 지나가는 제작자 척 로리의 빽빽한 메시지를 번역할지 말지도 고민하는 이가 번역가다. 글로 쓴 텍스트를 다루다 보니 상대적으로는 시간적 여유가 있다. 다른 언어로 옮기는 과정에서 메시지나 작가의 독특한 사고방식이 얼마나 손실되는지는 말하기 어렵다.

훌륭한 번역가는 말의 마법사다. 다른 언어로 옮길 때 훌륭한 통역사나 번역가는 직역보다는 문화적·언어적·경험적으로 적합한 대안을 찾으려고 노력한다. 이는 관용적 표현이나 속담뿐 아니라 예시, 이야기, 문화적 레퍼런스에도 해당된다. 나는 이 책을 영어로 쓰면서 영어권 독자에게 맞는 여러 구절, 일화, 레퍼런스에서 골라야 했다. 루마니아어나 러시아어로 글을 쓴다면 다른 문화적 배경, 일화, 구절을 활용해야 할 것이다. 블라디미르 나보코프나 무라카미 하루키를 비롯해 여러 언어로 글을 쓰는 작가들은 언어마다 내는 목소리가 다소 다르다.

통역사와 번역가로 일한 경험 덕에 통역사의 업무, 특히 다른 언어로 연설을 실시간 통역해야 하는 동시통역사의 업무가 얼마나 어려운지 간파하게 되었다. 유엔 회의에서 목격하는 통역이 바로 이런 종류다. 대부분은 듣는 사람의 귀에 꽂힌 작고 거의 안 보이는 이어폰을 인식하지 않는 한 동시통역이 진행 중이라는 사실조차 알아차리지 못해도, 동시통역사는 연사가 말하는 동안에도 내용을 옮긴다. 연사가 잠시 멈추고 통역사가 방금 말한 내용을 옮기는 순차통역도 있다. 대화가 계속 진행되는 동안 멈춤 없이 통역사가 다른 언어로 옮기는 것이 동시통역이다. 끊임없이 쏟아져 들어오는 말을 바로바로 해독해 어휘, 의미, 구문에 타당하게 다른 언어로 재구성하면서, 언어 및 문화에 특화된 용어와 함의를 반영하고 재구성된 정보를 목표 언어로 표현하는 능력을 마주할 때마다 경외감을 느낀다. 작업 기억, 주의력, 언어 이해, 언어 생산에 가해지는 인지 부하는 상상을 초월한다!

통역사와 번역가로서의 내 경험은 25년 후 제네바대학교에서 유엔 근무 동시통역사들과 연수생들을 연구한 박사 과정 학생의 논문 심사위원으로 참여하면서 전환점을 맞았다. 그는 동시통역사의 안구 운동, 신경 기능, 인지 능력을 연구하는 스위스의 대규모 연구단의 일원이었다.

이 동시통역사 연구에 따르면, 집중적인 언어 제어는 뇌의 여러 영역 간의 더 광범위한 연결과 관련될 수 있다. 다른 다중언어 사용자보다도 동시통역사의 주의 제어와 작업 기억의 반복 사용은 실행 기능 향상 및 신경 구조의 효율적 활용으로 이어진다. 동시통역사는 이중 과제 및 과제 전환 실험에서 다중언어 화자의 제어보다 성과가 우수하다. 또한 좌측 전두극의 회백질 부피가 더 크고, 전두극과 좌측 하전두회 및 중전두회 사이의 기능적 연결성이 더 뛰어나다. 동시통역사는 주의력, 억제 제어, 작업 기억 과정과 관련된다고 알려진 전전두엽 피질의 알파 주파수 진동에서 더 높은 연결성을 보인다.

동시통역사의 뇌를 연구한 결과, 동시통역에 필요한 극도의 언어 제어는 언어 처리에 관여하는 뇌 영역뿐 아니라 학습, 운동 제어, 일반 실행 기능과 관련된 영역도 변화시키는 것으로 밝혀졌다. 동시통역 집중 훈련 프로그램 시행 전후 통역사의 뇌를 비교하자 여러 영역에서 활성화가 감소한 것으로 나타났는데, 훈련을 통해 동시통역에서 사용되는 과정이 더 자동화되고 인지 자원 필요가 줄어든다는 것이다. 또한 동시통역 집중 훈련은 언어 이해 및 생산과 관련된 뇌 영역과 주의 제어와 관련된 피질 두께를 증가시켰다. 동시통역사의 피질 두께 증가는 높은 수준의 언어 제어가 인지 예비능에 기여하는 보호 요인으로도 작용함을 나타낸다.

동시통역 훈련 및 경험 전후의 뇌 비교는 단순히 통역사와 비통역사의 뇌를 비교하는 다른 연구들과는 달리 뇌 가소성을 드러낸다. 이 연구는 제2언어 학습 결과에 따른 뇌 변화의 신경영상 연구와 유사하나 다중언어 경험 습득의 더 극단적인 형태다.

그러나 통역사와 번역가의 수는 일상생활에서 필요나 선택에 따라 통번역에 참여하는 다중언어 사용자의 수에 비해 미미하다. 다중언어 사용자라면 누구든 언제 어떤 식으로든 통번역을 해본 적이 있다.

통역이 잘되면 환자를 정확하게 진단하고 적절하게 치료해 완치에 이르겠지만, 잘못되면 엉뚱한 신체 부위를 수술하거나 치료를 망치거나 아예 하지 못해 사망에도 이를 수 있다. 번역이 잘못되면 심각한 의학적·법적 결과를 초래하거나 경제적·정치적 파장을 일으킬 수도 있는데, 관광하다가 헤매는 것에 비할 바가 아니다.

오역은 웃음을 주기도 한다. 'Translate Server Error'라는 중국 음식점 사진이 온라인에 있다. 주인이 중국어 메뉴를 영어로 번역하려다가 기계 번역에서 발생한 오류 내용이 간판에 인쇄된 것 같다. 오역을 주제로 쓱 검색하면 비슷한 유형의 간판과 경험담 수천 개가 나온다. 가볍게 웃고 싶은 날에 고양이 영상 대신 볼 만한 대안이 될지도 모르겠다.

유머는 특히 번역이 어려울 수 있다. 일단 타이밍을 잘 맞춰야 하고, 대상 언어 화자들의 다양한 일상 경험에 익숙해야 한다. 영어로 처음 들었던 말장난 농담이 아직도 기억난다. 미혼 여성이 알래스카에서 배우자를 만날 확률이라는 'The odds are good, but the goods are odd(신랑감은 많은데, 신랑 꽝도 많다)'였다. 영어로 농담도 할 수 있게 되니 비로소 내 영어 실력이 괜찮다는 걸 느꼈다. "예전에 영어 수업을 오전 여덟 시에 했는데, 그 학기는 조부모가 돌아가신 학생이 너무 많았죠. 그래서 수업을 오후 세 시로 옮겼더니 그런 일이 안 생기더라고요. 제가 이렇게 목숨을 여럿 구했답니다." 여전히 나는 여러 언어의 속담과 은유를 섞거나, 속담의 처음과 마무리가 두 언어가 되기도 한다. 아직 유머 감각이 완벽하지 않은 비원어민에게 내 나름대로 조언하자면, 적당히 웃어넘기라는 것이다.

언어 학습의 선순환

인간의 뇌가 수용할 수 있는 언어의 수에는 한계가 없는 듯하다. 세계에서 가장 뛰어난 언어 학습자를 찾아보면 여러 언어를 구사한 역사적 인물과 현존 인물이 다수 있다.[12] 19세기 이탈리아 사제이자 대학 교수였던 주세페 메초판티는 볼로냐 목수의 아들로, 72개 언어를 알고 2주 만에 새 언어를 유창하게 익힐 수 있었다고 전해진다. 문헌 자료만으로는 정확한 언어 구사 수준을 알 수는 없으나, 역사 속에는 놀라울 만큼 많은 언어를 구사한 사람이 적지 않다. 홍콩의 전 총독 존 보링 경은 200개 언어를 알고 100개는 말할 수 있었다고 한다. 1986년 타계한 프랑스 언어학자 조르주 뒤메질은 200개 이상의 언어를 다양한 수준의 실력으로 말하거나 읽을 수 있었다고 한다. 빅토리아 시대의 유명한 탐험가, 지리학자, 외교관, 스파이, 지도 제작자였던 리처드 프랜시스 버턴 경은 29개 언어와 수많은 방언을 알았고, 탐험 중에도 사용했다고 전해진다.

철학자 W. V. 콰인의 유명한 '가바가이' 사고 실험[12]은 다른 언어, 심지어 모국어조차도 배우기가 얼마나 까다로운지 보여준다. 언어학자가 자신이 모르는 언어를 쓰는 나라를 방문한다. 토끼가 지나가자 모국어 화자 한 명이 "가바가이!"라고 외친다. 언어학자는 처음에 그 말이 '토끼'를 뜻한다고 가정하는데, 정확하지 않을 수 있다. '보다', '동물', '긴 귀', '뭔가 지나갔다', '밖이 어두워지고 있다', '잡아서 저녁으로 먹자'를 의미할 수도 있고, 한두 단어 또는 구일 수도 있다. 이런 불확정성은 모든 새로운 언어 학습에 어느 정도 존재한다. 탐험가나 식민지 개척자가 토착민의 말을 듣고 붙인 많은 지명이 의미가 완전히 다르거나 실제로는 '산 산'이나 '호수 호수'처럼 중복된 표현인 까닭이기도 하다. 미국 남부 해치강Hatchie River은 '강 강'이며, 아메리카 원주민 머스코기 어군에서 '강'의 뜻인 '해치hatchie'에서 유래한다. 왈라왈라강Walla Walla River도 사합턴어에서 '강'을 뜻하는 '왈라'의 반복

9장 번역의 중요성

으로 지소형을 나타낸다. 노르웨이 지명 필레피엘Filefjell은 고대 노르드어와 현대 노르웨이어를 합친 '산 산'이며, 베르게베르게트Bergeberget는 '언덕 언덕'이다.

언어 학습의 성공 여부는 학습 내용과 학습자라는 복합적 변수에 달려 있다. 새 낱말을 얼마나 잘 익히는지는 단어의 발음, 철자, 정신적 표상, 사용 방식 등 여러 표현 수준의 속성에 따라 달라진다. 새로운 단어는 추상적 개념(예: 자유)보다 구체적 개념(예: 개)을 나타낼 때 더 쉽게 배울 수 있다. 단어가 지칭하는 대상의 정신적 표상은 시각화 능력 등 여러 측면에서 차이가 난다.

우리 연구에 따르면, 음운과 철자의 이웃 크기, 음운과 철자 구조의 확률이 단어 학습에 영향을 미친다. 한 언어에서 음운 이웃의 크기는 소리 하나만 다른 단어의 수를 나타내며, 철자 이웃의 크기는 글자 하나만 다른 단어의 수를 나타낸다(예를 들어 'cat'과 'can', 'cut'과 'bat' 따위의 관계—옮긴이). 음운 구조 확률은 학습자의 모국어 패턴을 기반으로 소리가 함께 나타날 가능성인 반면, 철자 구조 확률은 한 언어에서 글자가 함께 나타날 가능성이다. 언어마다 더 흔한 음소들이 다르고, 언어 안에서도 음소마다 빈도가 다르다. 워들Wordle처럼 글자와 소리의 빈도에 의존하는 단어 게임을 할 때 글자와 소리가 함께 나타날 확률을 알면 유리하며, 이러한 확률의 파악이 게임의 재미 요소다.

소리나 음운을 글자와 구별하는 까닭은 둘이 딱 대응되지 않는 경우도 많기 때문이다. 영어처럼 철자가 불투명한 언어에서는 한 소리가 여러 글자로도 표기되고, 한 글자가 여러 소리를 나타내기도 한다. 영어에서 가장 자주 쓰는 글자 'e'는 여러 소리를 나타내며, 발음

[iː]로 소리 나는 철자만 해도 일곱 가지나 된다. "He believed Caesar could see people seizing the seas"라는 문장에서 잘 확인할 수 있다.

학습에 영향을 미치는 또 다른 요인은 빈도다. 단어마다 사용 빈도가 다르다. 사용 빈도가 높은 단어는 일반적으로 더 쉽게 익힌다. 세월이 흐르면서 쉬운 단어가 더 자주 사용되는지, 아니면 더 자주 사용되는 단어가 더 쉬운 형태를 갖추는지는 확실하지 않다. 또한 사용 빈도와 학습 용이성을 동시에 주도하는 공통 원인이 있을지도 모르는데, 더 자주 쓰는 단어일수록 익히기도 쉬워진다는 것이다. 영어에서 가장 자주 쓰는 상위 단어 1천 개가 전체 영어 텍스트의 90퍼센트를 차지한다.

단어의 빈도와 밀접한 관련이 있는 것은 길이다. 대부분의 세계 언어에서 단어의 길이와 사용 빈도 사이에는 상관관계가 있고, 단어가 짧을수록 더 자주 쓰인다. 가장 짧은 영어 단어는 'I'이고, 가장 긴 영어 단어는 45자로 된 'pneumonoultramicroscopicsilicovolcanoconiosis'로, 화산에서 나온 규소 먼지를 흡입해 생기는 폐질환을 뜻한다.

어휘 학습을 더 쉽게 만드는 요소를 이해하면 정신이 지식을 어떻게 구성하는지 이론적 통찰을 얻을 수 있고, 교사와 학생에게 교실과 학습 환경에서 가장 효과적인 학습 방법을 알려줌으로써 실질적인 도움도 줄 수 있다. 동기 부여 같은 인지적 요인과 정서적 과정도 제2언어 습득에 영향을 미친다. 긍정적인 기분과 다양한 전략(새 언어의 단어를 모국어의 비슷하게 들리는 단어로 연상시키는 것)은 새 언어 학습에 도움이 된다. 기분이 저조한 학습자에게는 전략 활용이 특히 효과적이다. 다시 말해, 정서와 전략이 상호작용해 언어 학습을 성공으로 이

끈다.[14]

일관되게 나타나는 연구 결과는 언어를 하나보다는 둘 이상 아는 사람이 새로운 언어와 기호 체계를 더 쉽게 익힐 수 있기에[15] 새 언어를 더 빠르게 잘 배운다는 점이다.[16] 학습에 중요한 억제 통제력을 이중언어 사용자가 연습한 덕분이라고 설명되기도 한다.[17] 새 단어를 익힐 때는 새로운 이름을 방해하지 않도록 이미 아는 대상의 이름이 활성화되는 것을 억제할 수 있어야 한다. 마우스 추적을 통해 이중언어 학습자는 언어 간 경쟁 관리 경험 덕에 기존 언어와의 경쟁을 억제하는 데 더 능숙해 새 언어 학습이 더 쉽다는 사실을 발견했다.[18]

또한 언어를 많이 알수록 새 언어를 배우기가 더 쉬워진다. 언어를 하나 더 배울 때마다 습득할 새로운 정보가 줄어들기 때문이다. 벤다이어그램을 생각해보자. 모국어를 배울 때는 모든 정보가 완전히 새

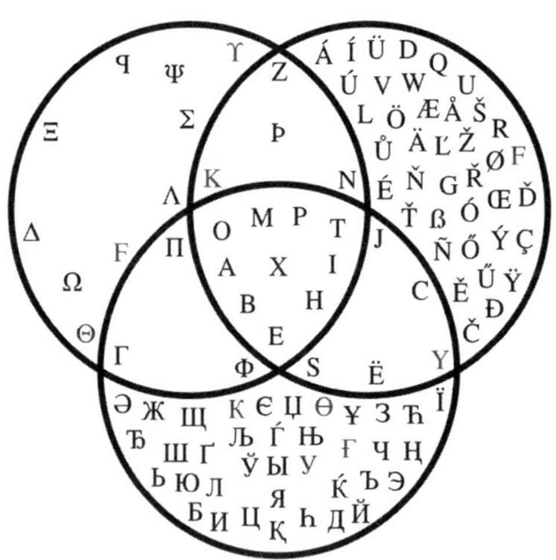

그리스 문자, 로마 문자, 키릴 문자의 대문자를 보여주는 벤다이어그램[19]

롭고 다이어그램에서 완전한 원을 이룬다. 하지만 두 번째 언어를 배울 때는 두 원의 일부가 겹친다. 정보를 새로 많이 배우더라도 일부 정보(문법 규칙, 발음, 아마 알파벳까지)가 모국어와 겹치기 때문이다. 세 번째 언어에서도 여전히 새로운 정보를 어느 정도 배우지만, 이 원의 일부도 다른 두 원과 겹치게 된다. 언어를 새로 배울 때마다 원이 차지하는 전체 면적은 커져도 정보가 완전히 새로운 원의 면적은 줄어들어 새로운 언어를 접해도 배우기가 더 쉬워진다.

다른 언어를 앎으로써 새로운 언어를 더 쉽게 배우고, 이에 따라 또 다른 언어를 더 쉽게 배울 수 있듯이, 언어가 늘수록 학습도 늘며, 또 그럴수록 언어와 학습은 상호강화하는 패턴으로 무한히 함께 발전한다.

흥미롭게도 이러한 중첩으로 인해 새로운 언어를 익히기가 점점 더 쉬워지는 반면, 동시에 모든 언어 간의 경쟁을 인지적으로 관리하기가 점점 더 까다로워지며,[20] 이에 따라 뇌가 끊임없이 자극되고 최적화된다. 더욱이 다중언어 뇌를 다룬 장에서 살펴보았듯이 언어 학습으로 인한 뇌의 한 영역의 변화는 다른 영역에도 연쇄적인 영향을 미친다. 인지 제어 능력이 향상되면 청각 처리가 향상되어 더 많은 언어를 더 쉽게 배우고, 이는 다시 뇌 활동을 더욱 변화시켜 인지 기능을 지속적으로 향상시키는 선순환을 만들어낼 수 있다. 언어 학습에서 감각 기능과 실행 기능 모두의 중요성을 고려할 때, 이중언어 사용의 결과 중 하나는 새로운 언어를 배우는 능력이 향상되며, 다국어 음성에 노출됨으로써 발생하는 신경 재구성의 순환이 지속된다는 것이다. 적어도 어떤 사람들에게는 언어 학습의 정신적 잠재력이 무한할 수 있다.

이런 이유로 언어는 진보와 인류의 발전에 강력한 도구가 된다. 비언어적 의사소통이 가능해지더라도(신경 활동 기록 및 전달에 대한 새로운 신경과학적 발견 덕에 더 이상 공상과학소설이 아닐지도 모른다), 상징체계는 우리가 정보를 습득, 부호화하고 해독, 공유하는 능력에 필수적인 요소로 남을 것이다.

우리 정신의 코드

다중언어 사용의 역사에서 가장 유명한 유물은 1799년 이집트 라시드(로제타) 마을에서 발견된 로제타석이다. 그 이전에는 아무도 고대 이집트 상형문자를 해독할 수 없었다. 로제타석에는 고대 그리스어, 이집트 민중문자, 이집트 상형문자라는 세 가지 다른 기호로 동일한 텍스트가 기록되어 있다. 고대 그리스어는 알렉산드로스 대왕 정복 이후 그리스-마케도니아계 이집트 통치자들이 썼고, 이집트 민중문자는 이집트 민중이 일상생활에서 썼던 문자체계였다. 이집트 상형문자는 사제와 종교계에서 썼다. 로제타석을 만들었던 당시 이집트에서는 이 세 가지 문자를 모두 썼는데, 이는 2200여 년 전 당시 적어도 일부 이집트인들은 문자를 두 가지 이상 알았다는 것을 뜻한다.

이집트 학자들은 로제타석과 또 다른 두 가지 문자체계로 이집트 상형문자를 해독하는 데 수년이 걸렸다. 미케네 그리스어의 선형문자

B 해독에도 수십 년이 걸렸다. 그 이후로 머신러닝과 인공지능 덕분에 암호 해독 속도가 크게 빨라졌다. 호주 매쿼리대학교 연구진과 구글 데이터 과학자들은 힘을 모아 고대 이집트 상형문자를 그보다 훨씬 짧은 시간 안에 영어와 아랍어로 번역했다. 암호 해독과 암호화는 국가 및 국세 안보와 직결되는 귀중한 기술이다.

제2차 세계대전 당시 적군이 보낸 메시지의 해독은 승리를 확보하고 전쟁의 흐름을 주도하는 데 결정적인 역할을 했다. 특히 독일의 에니그마 암호는 매우 중요했다. 에니그마는 알파벳을 뒤섞는 암호 기계로, 독일군이 연합군의 해독을 피해 안전하게 암호화된 메시지를 전송할 수 있게 했다. 독일군이 지속적으로 변경, 개선, 강화한 에니그마를 풀려고 수년간 영국, 프랑스, 폴란드 등의 암호학자들이 노력했다. 천재적인 영국 수학자 앨런 튜링이 이 암호를 해독한 것으로 유명하다. 2014년 영화 〈이미테이션 게임〉은 에니그마 암호가 어떻게 해독되어 제2차 세계대전의 결과에 영향을 미쳤는지를 그린다.

튜링은 컴퓨터 과학에서 프로그래밍 언어를 설명하는 용어인 '튜링 완전성'과 대화 상대인 컴퓨터가 인간으로 위장할 수 있는지를 평가하는 유명한 '튜링 테스트'로 대중에게 알려졌다. 처음에는 대화의 다소 원시적인 특성 때문에 기계임을 알아차리기가 쉬웠지만, 기호 표기법의 발전으로 기호 시스템은 복잡한 규칙을 따르는 능력이 끊임없이 진화 중이다. 현대 컴퓨터가 점점 더 인간과 유사한 대화를 나누게 되면서,[1] 인공지능이 결국 튜링 테스트를 통과해 인간과 구별할 수 없는 방식으로 대화할 수 있으리라고 추측된다.

오늘날의 암호는 상징과 규칙에 의존하는 복잡한 언어로서 국가 기밀을 보호 및 공개하고, 대규모 인프라 접근을 통제하고, 금융 대기업을 운영하는 데 사용된다. 최근 몇 년 동안 암호 해독자는 알리바바, 마이크로소프트 익스체인지, 어덜트 프렌드파인더 등의 기업에서, 그리고 2020년에는 미국 연방 정부를 비롯한 정부기관에서 21세기 최대 규모의 데이터 유출 사고를 일으켰다. 2021년 콜로니얼 파이프라인 사이버 공격으로 미국 동부 해안의 가스 공급이 중단되어 혼란과 공황이 발생하고 핵심 인프라 시스템이 마비되어 안전이 위협받았다. 또 다른 공격에서는 암호 해독자가 플로리다 상수도 시스템에 침투해 수돗물을 오염시키려는 시도로 수산화나트륨 농도를 일시적으로 백만 분의 100에서 1만 1000으로 증가시켰다. 언어적 도전을 즐기는 이들에게 코드 해독은 게임만큼 만족스러울 수 있다. 1999년, 15세 소년이 미국 국방부 컴퓨터를 해킹해 정부기관의 내부 메시지 수천 건을 가로챘다. 물론 사람들을 속여 제한된 정보 접근 권한을 얻어내는 해킹도 있다.

즉, 의사소통이 가능하고 원활해지도록 만들어진 언어도 있고, 정보 접근을 제한하고 통제하려고 만들어진 언어도 있다.

새로운 언어의 창조

인류는 수천 년 동안 언어를 만들어왔다. 이를 '자연어'라고 하며, 세월이 흐름에 따라 진화해 의사소통에 사용된다. 자연어의 범위를 어디에 두느냐에 따라 오늘날 세계인이 사용하는 자연어는 7000개가 넘는다. 140개가 넘는 어족에 걸쳐 대략 80개 언어가 약 190개국의 공용어로 사용된다(나라와 공용어의 적확한 수치는 지정학적 변화에 따라 변

   10장 우리 정신의 코드

동한다). 이는 인류가 오랜 세월 사용해온 모든 언어의 극히 일부에 불과하며, 해마다 더 많은 언어가 소멸하고 있다.

인간이나 인류 조상이 최초로 발화한 단어가 무엇인지 알기란 불가능하다. 기록도 없고, 단어와 선사 시대 조상의 기준을 어디에 두느냐에 따라서도 달라진다. 기껏해야 초기 인간 발성기관의 해부학적 연구와 세계 여러 언어의 단어 빈도 및 중복의 통계 분석을 통해 추측할 수 있을 뿐이다.

글의 경우도 최초의 문자 언어 규명은 어떻게 정의하느냐에, 그리고 동굴 벽화, 그림문자, 상형문자가 문자로 간주되는지 여부에 달려 있다. 가장 오래된 문자는 기원전 3500년경 메소포타미아 수메르어의 쐐기 모양 설형문자로 여겨진다.[2] 소리가 특정 기호에 대응하는 현대 문자의 뿌리는 일반적으로 기원전 1800년에서 1500년 사이에 발생한 원시 시나이 문자에서 유래한다. 현대 문자와 가장 유사한 것으로 알려진 최초의 선형문자는 기원전 1050년에서 150년 사이에 발생한 페니키아 문자다. 페니키아 문자는 22개의 글자로 구성되어 있으며, 모두 자음이고 모음은 바로 드러나지 않았다.

이론상 인체는 언어에 사용할 거의 무한한 수의 소리를 만들어낼 수 있다. 잠재적인 음운의 수는 말할 때 허파에서 나오는 기류의 조절, 입 모양, 혀의 위치에 따라 달라진다. 모음은 입안에서 혀의 높이나 앞뒤 위치, 입술의 둥글림, 발음 시 긴장 또는 이완의 조합으로 결정된다. 자음은 조음 위치(성도의 어느 부분에서 조여지는가), 조음 방식(조임의 폭, 공기의 흐름, 혀의 위치), 그리고 유성(성대 진동 여부와 방식)의 조합으로 결정된다. 해부학적으로는 이러한 변수 중 하나만을 조금만 바꿔도 무수히 다양한 소리를 낼 수 있다. 해부학적으로 무한히 생성 가능한 소리 레퍼토리에도 불구하고 실제로 언어마다 존재하는 조합은 몇 가지에 불과하다.

자음과 모음의 정확한 수는 언어마다 다르다. 스펙트럼의 한쪽 끝에는 모음 5개와 자음 8개의 하와이어와 모음 3개와 자음 7~8개의 피라항어가 있고, 스펙트럼의 다른 끝에는 모음 12개와 자음 47개의 리투아니아어와 모음 32개와 자음 20개의 덴마크어가 있다. 캄보디아 크메르 문자는 글자가 74개인데, 파푸아뉴기니 부건빌섬의 로토카스어는 12개뿐이다. 언어마다 허용되는 음운 조합도 크게 다르다. 스페인어 단어는 앞에 [e] 발음을 추가하지 않는 한 [st] 또는 [sp]로 시작할 수 없다. 영어 단어는 [ks] 또는 [gb]로 시작할 수 없다. 조지아어(그루지야어)는 최대 8개 자음이 이어지고, 폴란드어는 최대 6개의 초성 자음이 이어진다. 모든 인간 언어의 모든 소리를 기록하고 재현할 수 있도록 '국제 음성 기호International Phonetic Alphabet, IPA'가 만들어졌다. IPA는 언어학자, 언어병리학자, 언어 교사, 기타 과학자, 임상의, 교육자가 모든 언어의 소리를 표기하는 데 쓴다.

다른 언어 화자들은 알아차리지 못할 만큼 미미한 차이도 있다. 다른 언어에는 존재해도 모국어에는 없어서 소리의 차이를 느끼지 못하는 경우도 흔하다. 많은 일본인이 [l]과 [r] 소리를 구별하는 데 어려움을 겪는다(일본어에서는 한 발음으로 처리되기 때문이다). [b]와 [v] 소리의 구별이 어려운 스페인어 화자도 많다(스페인어는 [v] 소리가 따로 없기 때문이다). 이러한 어려움은 불변하지 않으며, 새로운 소리를 인지하고 발음하는 훈련도 가능하다. 뇌의 기능적 신경영상 연구는 새로운

 10장 우리 정신의 코드

소리 구별을 학습함으로써 생기는 신경 활동의 변화를 보여준다.

인간에게 언어의 창조는 드문 현상이 아니다. 영어에서도 'google(구글 검색을 하다)', 'yeet(휙 집어던지다. 놀람, 동의, 열광의 감탄사)' 같은 새 낱말이 해마다 생긴다. 어린아이들은 항상 즉흥적으로 단어를 만들어낸다. 레프 톨스토이는 1936년에 이렇게 썼다.[3] "아이들은 조어법을 더 잘 안다. … 누구도 아이들만큼 새 말을 자주 생각해내지 않기 때문이다." 아동 언어에 관한 러시아 고전《두 살에서 다섯 살까지》에서 어린이책 작가 코르네이 추콥스키는 아이들이 즉흥적으로 만들어내는 말들이 알고 보면 다른 지역에 있거나 예전에 썼던 말이라는 사례를 다음과 같이 설명한다.[4]

때때로 아이가 만들어내는 말은 이미 존재하는데, 자신이나 주변 어른들이 모르는 경우도 있다. 한 예로, 크림반도에서 즉흥적으로 '풀랴트(총알 쏘기)'라는 말을 쓰던 세 살배기 아이는 하루 종일 장난감 소총으로 '풀랴트'를 했는데, 멀리 떨어진 돈 지역에서 수 세기 동안 쓰던 단어라는 것은 전혀 몰랐다. L. 판틸레프의 이야기에서 야로슬라블의 여자가 여러 번 '풀랴트'라는 말을 쓴다. 내가 정확한 나이를 모르는 또 다른 아이는 '오붓키(신발)'와 '오뎃키(옷)'라는 단어를 만들어냈다. 흑해에서 멀지 않은 오데사 근처 대초원에 살던 이 아이도 이 두 단어가 옛날에 먼 북쪽의 올레네츠 구역에서 수 세기 동안 쓰였다는 사실을 전혀 알지 못했다.

개별 단어 창조를 넘어 단짝이나 특별한 친구들과 소통하거나 일기에 비밀을 적으려고 남들이 못 알아듣게 미니 언어들을 만들어내는 아이들도 있다. 피그 라틴(영어 단어를 변형해 비밀스러운 소통을 돕는 말 장난―옮긴이)부터 완전히 새롭고 독특한 언어까지 다양하다. 어쩌면 우리도 그런 아이였거나 그런 아이를 키웠거나 아는 아이가 있을지도 모른다.

내 큰딸은 유치원에서 언어를 발명하고 초등학교에서 단짝과 비밀 쪽지를 주고받으려고 암호를 개발한 바로 그런 아이였고, 중학교 때는 크리스마스 선물로 해킹 책을 사달라고 했다. 결국 잡지《와이어드》에서 '해커들의 호그와트'라고 칭한 3년제 기숙형 고등학교 일리노이 수학 과학 아카데미IMSA에 진학했다.[5] 다른 고등학교들이 복장 규정부터 술, 마약까지 위반의 심각성에 따라 처벌 수준이 달랐던 것과 달리 IMSA의 처벌 수준은 성적 조작부터 정부기관 침투까지 학생이 저지른 해킹의 심각성에 따라 달랐다.

어제의 IMSA 10대들은 오늘날 유튜브 공동 창립자 스티브 첸, 페이팔 공동 창립자 유 판, 옐프 공동 창립자 러셀 시먼스, 스파크노트와 오케이큐피드 공동 창립자 샘 야간, 히어세이 소셜 창립자 클라라 샤이를 비롯해 여러 기술 분야 혁신가들이 되었다. 전통적으로 국방부와 국방 부문은 국가 안보 기술 발전을 주도해왔다. 일부 기술은 사회에 널리 사용되었는데, 무엇보다 인터넷과 GPS는 이제 모두의 일상에 자리 잡았다. 그러나 이제 실리콘 밸리와 더 나아가 민간 부문은 점점 더 최고 인재 확보 경쟁에서 승리하며 발견과 혁신을 선도하고 있다. 민간 기업들은 미국 정부와 국방기관의 상업용 기술 도입을 옹호한다. 구글은 영상 물체 인식 기능 개선을 위해 국방부와 협력하고, 마이크로소프트는 군용 맞춤형 증강현실 헤드셋 개발에 219억 달러

규모의 계약을 체결했다. 일부는 군사 역량을 영리 민간 기업에 아웃소싱하는 위험성을 지적하는 반면, 중국이나 러시아 같은 나라들과의 경쟁에서 뒤처지지 않으려면 그래야 한다고 반박하는 이들도 있다. 정부든 민간 부문이든 성공은 여러 상징체계의 최고의 학습자, 사용자, 제작자를 모집하고 교육하는 능력에 달려 있다.

스탠퍼드에서 안식년을 보내던 시절, 컴퓨터 언어를 개발하던 외국 출신의 다중언어 사용자들을 보았다. 그중 한 명은 16세에 MIT에서 학사 학위를, 19세에 스탠퍼드에서 박사 학위를 받았는데, 그 분야에서 생각만큼 빼어난 사람은 아니다. 자연어와 컴퓨터 언어에 능통한 전 세계 인재의 유입은 실리콘 밸리 및 혁신과 발견을 주도하고자 경쟁하는 학계와 정부기관에 귀중한 지적 자산을 제공한다.

이는 창의성의 순환 고리다. 여러 언어는 창의적인 인재를 더 많이 낳고, 창의적인 인재가 늘수록 언어들이 진보한다.

자연어와 인공어

현미경이 질병에서 세균의 역할을 밝혀내고 망원경이 다른 행성과 은하의 존재를 보여주었듯이, 인공어도 우리 정신의 코드를 이해하는 데 도움을 준다.

자연어와 인공어의 관계는 공생적이라서 서로 이익이 된다. 언어 학습의 성공 여부를 이해하려면 어학의 메커니즘도 알아야 하며, 인공어를 사용한 신중한 실험으로 이 분야에서 중요한 것이 많이 발견되었다. 인공어와 인공지능은 인간의 언어와 사고를 통해 생성된 지식을 기반으로 하며, 역으로 인간의 사고와 학습을 더욱 발전시킬 새로운 정보를 생성한다.

인공어는 1100년대 독일 수녀원장 힐데가르트 폰 빙엔이 창안한 링구아 이그노타Lingua Ignota부터 시작해 역사가 오래되었다. 세계에서 가장 널리 알려진 인공어는 1887년 폴란드 의사가 국제 의사소통을 위한 보편적 언어로 만든 에스페란토다. 에스페란토는 형태론과 통사론이 매우 규칙적이고, 적어도 인도유럽어 화자라면 몇 시간 만에 익힌다는 주장도 있다.

자연어와 달리 인공어는 형식 논리를 기반으로 구축되며, 주로 과학, 기술, 오락 목적으로 사용된다. 인공어의 정의 방식에 따라 총수는 상업적으로 지원되는 범용 언어 50개에서 9000개 이상에도 이른다고 추정된다(정의에 구문과 문법이 포함되는지, 어휘만 포함되는지에 따라 다르다). 인공어의 개수를 세는 것은 사실상 의미가 없다. 누구든 언제든지 새로운 컴퓨터 언어를 '창조'하거나 기존 언어를 수정해 새로 생성할 수 있고, 야심 찬 작가라면 등장인물에게 가상의 언어를 부여할 수 있어서 언어의 수가 이론적으로 무한하기 때문이다.

인공어는 크게 세 가지 유형으로 나눌 수 있다. 첫째는 파이썬, 자바, 자바스크립트, C, C++, C#과 같은 컴퓨터 언어다. 둘째는 〈아바타〉의 나비어, '왕자의 게임'의 고발리리아어, 〈스타트렉〉의 클링온어, 〈반지의 제왕〉의 신다린어처럼 엔터테인먼트, 영화, 책, 게임용으로 만들어진 언어다. 셋째는 브로칸토어, 라단어, 콜베어어처럼 연구에 사용되는 언어다. 에스페란토와 인테르링구아와 같은 인공어는 둘째와 셋째 범주에 속한다. 클링온어처럼 여러 인공어가 듀오링고 같은 온라인 언어 학습 플랫폼에서 제공된다.

　　　　　　　　　　　　　　　　　　　10장 우리 정신의 코드

컴퓨터 언어를 여기서 간략하게 언급하는 이유는, 자연어와의 유사성을 밝히면서 학습과 진보를 촉진하는 언어의 힘을 강조하기 위해서다. 사람이 자연어를 사용하듯 컴퓨터도 기호로 구성된 언어를 사용한다. 이러한 기호체계는 지식과 정보를 조직화한다. 인공지능과 인간의 뇌는 모두 새로운 정보의 인코딩, 디코딩, 습득, 다시 말해 소통과 학습에 집중한다. 또한 자연어처럼 컴퓨터 언어는 방대한 양의 정보를 더 작은 단위로 효율적으로 인코딩할 수 있도록 한다. 또한 자연어와 마찬가지로 컴퓨터 언어도 다른 언어로 '번역'될 수 있다. 예를 들어, 코볼COBOL과 같은 구식 컴퓨터 언어는 최신 컴퓨터 언어로 번역되어야 하는 경우가 많다. 이러한 번역을 통해 기업과 시스템은 새롭고 더욱 정교한 컴퓨터 언어가 개발되는 동안에도 수십 년 전의 정보에 계속 접근할 수 있다. 점점 더 많은 정보를 더 작은 기호 단위로 인코딩하는 인공어의 급속한 발전은 세월이 흐르며 과학적 발견의 속도를 기하급수적으로 가속화하고 있다. 프로그래밍, 수학, 인공지능의 발전은 역사적으로 기호 표기법의 발전과 함께해왔다.

인공어는 기술 발전(컴퓨터 언어처럼)과 상상 세계 구축(클링온어, 엘프어, 도트락어처럼)을 넘어, 우리의 자연어 습득 방식, 우리의 정신과 우주의 코드에 대한 통찰력을 얻는 데도 도움이 된다. 클링온어도 언어 학습 적성을 평가하는 데 사용되는데, 클링온어 소리를 기호로 매핑하는 능력으로 영어 실력도 예측할 수 있다.[6]

앞서 살펴본 바와 같이 자연어는 음운, 문자체계, 의존하는 양태, 문법체계 및 규칙, 기타 여러 변수에 따라 다양하다. 또한 각 언어 내에서도 낱말들이 구체성, 빈도, 발음 가능성, 기타 변수에 따라 다르고, 언어 사용자 간에도 숙련도, 인지 능력, 노출, 거주지, 상호작용 대상에 따라 다르듯 다양하다. 결과적으로 자연어를 연구할 때 특정 변수의 영향을 분리하기가 불가능하지는 않더라도 꽤 어렵다.

바로 이 때문에 인공어를 만들어 필요에 따라 그 속성을 조작하는 것도 언어 연구의 좋은 방법이다. 인공어는 자연어 내에 존재하는 엄청난 가변성을 통제함으로써 언어 습득을 연구하는 유용한 도구다. 자연어로는 불가능해도 인공어로 다언어성, 사고, 의사소통 코드를 더 종합적으로 신중하게 통제해 연구할 수 있다. 연구자는 학습자의 해당 언어에 대한 사전 경험과 언어 자체의 속성까지 통제해 관련 효과를 명확히 하고, 자연어의 출현 및 학습을 시뮬레이션할 수 있다. 신중하게 통제된 언어를 개발함으로써 기존 언어와 얼마나 다르거나 유사한지 다양한 방식으로 조작하고, 확률 빈도, 문자체계, 언어 경험, 심지어 영유아의 언어 발달 등과 같은 변수의 상대적 기여도를 연구할 수 있다.

수많은 언어 습득 연구에서 아동 언어 발달 평가에 '워그 테스트Wug Test'를 활용했다.[7] 워그 테스트는 아이들이 복수형 s 표지와 같은 형태론을 어떻게 습득하는지 연구하기 위해 무의미한 가짜 단어를 사용한다. 아이들은 귀엽고 작은 파란색 워그 생물의 이미지를 보고 가짜 단어로 문장을 완성하도록 요청받는다. 아이들이 이전에 들어보지 못한 새로운 자극에 맞게 규칙을 일반화하는 능력은 인간이 그저 들은 대로 암기하고 반복해 언어를 배우기보다 주변 입력에서 패턴을 추출하고 뇌가 규칙을 추론해 새로운 자극에 일반화한다는 것을 보여주었다.

내 연구실에서는 모스 부호 같은 전신 기호도 가르치며, 언어와 생

10장 우리 정신의 코드

각이 어떻게 작동하는지 많은 것을 배운다.[8] 콜베어어라는 미니 인공어를 개발한 팀도 있다.[9] 노스웨스턴대학교 출신으로 코미디언이자 언어의 달인이기도 한 스티븐 콜베어의 이름에서 따왔다. 콜베어는 'truthiness(진실이 아니더라도 그렇게 보이는 것)', 'lincolnish(링컨의 소박하고 엄숙한 분위기 흉내)' 같은 신조어를 만들어냈다. 콜베어어로 단어에서 글자와 소리의 동시 발생 빈도, 기존 언어 단어와의 유사도 등을 변화시켜 다양한 단어 속성이 제2언어나 제3언어의 어휘 학습에 어떻게 영향을 미치는지 더 잘 이해하게 된다. 다른 연구실에서는 브로칸토어와 같은 인공어로 문법 학습을 연구한다.

하지만 특유한 개성이 없는 인공어를 학습한다고 우리가 자연 어 학습을 더 잘 이해할 수 있는지 의문이 제기될 수 있다. 잘 구성된 인공어조차도 자연어와 관련된 풍부하고 생생한 감각 입력, 언어 구조, 운동 실행, 생각, 신념, 기억의 집합체에 비하면 아무것도 아닐 수밖에 없다. 그럼에도 불구하고 물리학자가 입자를 충돌시켜 우주의 기원을 연구할 수 있듯이, 심리언어학자도 인공어를 이용해 언어와 정신을 연구할 수 있다. 자연어와 인공어의 처리에서 신경 활성화가 상당히 겹친다는 것은 다중언어 연구에서 인공어를 활용하는 것이 얼마나 유용한지 보여준다.

지금까지 실험실에서 인공어 연구의 대상은 주로 소리, 문자, 단어, 문법 학습 방식이었고, 유추적 추론이나 학습 사건 구조와 같은 고차원적 과정은 아직 아니었다. 이러한 유형의 학습은 인공지능이 여전히 어려움을 겪는 분야다. 향후 연구는 인공어가 고차원적 인지 기능 발달을 더 잘 이해하는 데 활용될 수 있을지와 같은, 지금까지 해결되지 못한 문제를 다룰 수 있을 것이다. 복잡한 과정을 핵심 구성 요소로 정제하는 능력을 갖춘 인공어는 가장 진보된 형태의 인공지능조차 난관에 부딪치는 인간 고유의 능력을 이해할 열쇠를 쥐고 있을지 모른다.

현재 '생각'이라고 여기는 우리의 정신적 구성물도 인공 신경망의 층을 정의하는 수학적 설명처럼 컴퓨팅 관점에서 다시 작성될 수 있을까? 신경과학과 머신러닝을 융합해 신경망을 훈련하는 연구는 바로 이를 시도한다.

대규모 말뭉치와 첨단 연산 능력의 결합으로 언어 연구는 독특한 시대에 접어들었다. 그 결과, 과학자들은 한 언어 내에서 또는 여러 언어에 걸쳐 대규모 연구를 수행하고 여러 변수를 아우르는 전례 없는 능력을 갖추게 되었다. 대규모 말뭉치 기반 분석으로 정확하고 잘 통제된 연구를 수행하는 이러한 능력은 그 어느 때보다 빠르게 과학기술 발전을 이끌고 있다. 또한 온라인에서 이용 가능한 도구를 활용하고 인간 지식을 확장하는 새로운 방법을 개발할 수 있게 함으로써 과학과 발견을 대중화한다.

어찌 보면 컴퓨터 과학과 인공어는 보편적인 수학 기호를 사용하기에 인간 언어의 한계를 극복할 가능성도 있을지 모른다. 하지만 아직은 아니다. 현재 컴퓨터 언어는 자연어의 기호(키워드)와 수학적 표기법을 함께 사용한다. 컴퓨터 언어는 수학적 관점에서 설명될 만한 형식 의미론을 사용한다. 현재까지 수학과 컴퓨터 과학은 밀접하게 연관되어 있다. 컴퓨터 프로그램과 수학적 증명의 직접 대응 관계를 알아보려면 커리-하워드 동형사상만 생각해봐도 된다(동형사상은 두 집합의 사상에서 원소 간의 관계가 유지되는 일대일 대응을 말한다).

수학과 인공지능이 동전의 양면과 같은 현재 상황이 쭉 지속될지, 아니면 미래에 양자가 잠재적으로 갈라질지는 누구도 알 수 없다. 수학과 인공지능의 관계를 언어와 인간 지능의 관계에 빗대며, 그 유사성의 한계와 두 유형의 대응 관계의 차이점을 두고 격렬한 논쟁을 벌이는 이들도 있다.

수학과 언어의 관계

갈릴레오 갈릴레이가 말한 것처럼 수학은 신이 우주를 기록한 언어일까?

기호체계는 인간이 보유한 놀라운 도구라 할 수 있다. 기호를 사용하면 온갖 놀라운 일이 이루어진다. '사과'라는 기호로 누군가에게 먹을 것을 주거나, 소스나 파이처럼 재료를 설명하거나, 아담과 하와 같은 이야기를 들려주거나, 그걸 먹으면 의사가 없어도 된다는 지혜를 전하거나, 눈에 넣어도 아프지 않을 존재라는 영어 'apple of one's eye'처럼 비유도 할 수 있다. 기호를 사용해 요구나 생각, 계획, 과거를 남에게 전할 수도 있고, 한 사람이나 여럿에게 말로 표현할 수도 있으며, 나처럼 문자로 기록해 시공간을 초월해 소통할 수도 있다.

비트겐슈타인의 '언어놀이' 개념에 따르면, 언어는 우리 모두가 동의하는 놀이인 셈이다. 그런 의미에서 언어를 구성하는 것은 정의의 문제이며, 보편적인 합의는 없다. 이를테면 체스는 언어일까? 체스는 규칙과 구체적인 기호가 있으며, 체스 선수들은 그것도 실제로 언어라 주장할 수도 있다.

인간의 정신이 개발한 가장 강력한 기호체계 중 하나는 수학이다. 그리스 수학자 아르키메데스는 수학 문제를 풀다가 로마 군인에게 살해당했다고 한다. 수학 기호는 의미를 담으며, 다른 사람들이 이해할 수 있는 구조로 구성된 일련의 규칙을 따른다. 우리가 아는 물리적 세계의 많은 특징은 수학적 모델로 설명하고 예측할 수 있다. 수학 방정식은 얼음과 물 사이 경계면의 움직임을 모델링해 녹는 얼음이 매끄럽게 유지된다는 것을 증명할 수 있다. 나뭇잎의 모양조차도 프랙탈에 의해 규정되며, 수학적 규칙을 따른다. 수학의 예측력은 우리 과학기술의 진보를 가능하게 했다. 수학 덕분에 아인슈타인은 이제야 관찰을 통해 입증되는 많은 현상을 이론적으로 예측할 수 있었다. 아인슈타인의 "신은 우주와 주사위놀이를 하지 않는다"라는 말은 자연과 우주가 궁극적으로 수학적 모델로 설명될 수 있다는 그의 확신을 보여준다.

시처럼 수학 그 자체도 언어이며, 우리의 정신과 두뇌를 강력한 방식으로 형성하는 암호다. 시와 달리 수학은 오늘날 우리가 가진 보편적 언어에 가장 가깝다. 수학은 우주의 아주 많은 것을 묘사, 설명, 예측할 수 있기에 과학의 여왕으로 여겨지며, 그 역사는 언어와 인류의 역사와 함께한다. 양을 나타내는 데 사용한 0부터 양자물리학에 이르기까지, 수학은 과학적 진보와 가장 밀접하게 연결된 언어다.

수학 기호는 2000년 전 그리스 사상가 에라토스테네스가 지구의 둘레를 추정하는 데 처음 사용했다. 인류는 선사 시대부터 양, 길이, 시간을 표현할 수 있었지만, 오늘날 알려진 대부분의 수학 기호는 16세기부터 널리 쓰였다. 그 이전에는 수학적 문제를 글로 나타냈다. '미적

　　　　　　　　　　　　　　10장 우리 정신의 코드

분학'을 일컫는 영어 'calculus'의 유래는 '돌멩이'를 뜻하는 고대 그리스어까지 거슬러 올라간다. 고대 그리스인들은 돌멩이로 숫자를 나타냈고, 유명한 철학자 피타고라스조차도 돌멩이로 수학 방정식을 풀었다. 오늘날에도 학교에서 그의 정리를 배운다. 기호 표기법의 부재는 초창기 수학의 진전이 더뎠던 주요 원인 중 하나다. 기호가 발전하면서 비로소 수학 분야가 도약할 수 있었다.

수학이 우주의 언어라면 다른 종들도 수학적 능력을 지닌다는 것은 놀랍지 않다. 동물 인지 연구자들은 수를 헤아리는 곤충의 능력도 발견했다. 뇌의 크기가 작은데도 꿀벌은 지형지물을 세고, 개미는 걸음 수를 기록한다. 수학적 능력이 매우 정교하다고 알려진 까마귀는 0이라는 개념을 이해하는 능력도 있는데, 없음의 0이 아니라 양적 개념의 정신적 표현이다. 이런 능력은 인간 아이들의 경우 약 6세가 되어서야 발달한다. 수치 과제를 수행하는 까마귀의 뇌 활동을 기록한 결과, 뉴런이 0을 다른 수량과 유사한 양으로 표현한다는 사실이 밝혀졌다. 이는 인간을 비롯한 영장류의 전전두엽 피질에서도 일어나는 현상이다. 우리는 아직 다른 종의 수학적 지식이 얼마나 깊고 정교한지 확실히는 모른다. 2018년 연구에서, 꿀벌 개체에게 1~6개의 특징을 가진 자극으로 '보다 크다' 또는 '보다 작다'라는 수 개념을 훈련시키자 꿀벌들이 수 연속체에서 추상적인 개념 0을 포함한 숫자를 정렬할 수 있었다.[10] 이 놀라운 능력[11]은 꿀벌을 연구하는 연구자들에게 노벨 생리의학상을 안겨주기도 했다.[12]

수학이나 셈하기도 의사소통의 형태일 수 있는데, 다른 종도 그렇다. 일부 개구리와 두꺼비는 짝짓기 의식에서 수를 활용한다. 통가라 개구리는 짝짓기 경쟁에서 수컷이 울음소리가 끝날 때 짧게 빽 소리를 내면 경쟁 상대가 울음소리 후 두 번 빽 응답한다.[13] 그다음 개구리는 빽 세 번, 다시 그다음 개구리는 빽 네 번으로 숨이 찰 때까지 계속된다. 울음소리에 빽 소리를 하나씩 더하는 이러한 교대 방식은 울음소리의 개수를 세고 단순 계산을 수행할 수 있음을 보여주는 사례다. 또한 다른 종에서 수학을 의사소통 형태로도 사용하는 사례다.

더욱 놀랍게도 퉁가라 개구리의 청각 중뇌 뉴런들은 임계치 이상의 빽 소리가 적절한 타이밍에 발생했을 때만 선택적으로 반응한다. 이러한 간격 계산 뉴런은 개구리의 행동 계산 능력의 신경 상관관계를 나타낸다. 개구리에서 보이는 이 뉴런 반응은 계산 과정을 반영하는 것으로 보인다.

인간은 기억할 수 있는 수의 개수와 수학적 계산 수행 속도가 해당 언어의 셈씨 길이의 영향을 받는다.[14] 다른 조건이 일정하다면 셈씨가 긴 언어의 화자는 셈씨가 짧은 언어의 화자보다 암산 문제를 푸는 데 더 오래 걸린다.[15]

당연하게도 셈씨체계는 언어마다 매우 다르다. 예컨대 영어는 십진법을 쓴다. 그러나 모든 언어가 그렇지는 않다. 프랑스어는 70까지 셀 때는 10진법을 쓰고, 그다음은 10진법과 20진법을 혼용한다. 70은 '60+10'으로, 80은 '4×20'으로, 90은 '(4×20)+10'으로 나타낸다. 덴마크어는 49까지는 영어와 유사한데, 그다음은 분수체계로 전환해 50 대신 '$2\frac{1}{2}×20$'으로 나타낸다. 70은 '$3\frac{1}{2}×20$'으로, 90은 '$4\frac{1}{2}×20$'으로 나타낸다. 최적의 수학적 기수가 12진법이라고 주장하는 이들도 있다. 12진법을 사용하는 자연어는 드물지만 존재한다. 12가 기본 단위인 언어에서 예컨대 29는 (12×2)+5, 95는 (12×7)+11이다. 이런 셈씨체계가 흔하지 않은 이유야 알 만한데, 오늘날에도 나이지리아와 네팔의 일부 언어에서 여전히 발견된다.

다른 언어들은 훨씬 더 흥미롭다. 뉴기니의 오크사프민어는 27진법을 쓰는데, 한 손의 엄지손가락에서 시작해 코까지 올라간 다음 몸의 반대쪽을 따라 다른 손의 새끼손가락까지 이어지는 신체 부위의 이름이다. 멕시코의 마야어족에 속하는 초칠어는 손발가락의 이름에 바탕을 두어 20진법을 사용한다. 고대 바빌로니아인들은 60진법을 썼다. 오늘날 60진법은 시간(1분은 60초, 1시간은 60분), 지리 좌표, 각도 측정에 사용된다.

셈씨체계가 그렇게 극적으로 다르지 않더라도 다른 언어를 배우려면 다른 셈씨체계도 배우기 마련이다. 다중언어 사용자에게 수학은 조금 특별한데,[16] 대부분의 다중언어 사용자, 심지어 매우 유창한 다중언어 사용자나 오랫동안 제2언어를 주로 말한 사람조차도 수학적 계산은 모국어로 할 때가 많다. 처음 수학을 배우는 언어는 연산의 평생 기본 언어로 자리 잡을 가능성이 높은데, 제2언어가 모국어보다 훨씬 능숙하거나, 기초 연산처럼 간단한 과제라도 마찬가지다.[17]

룩셈부르크대학교의 뇌 영상 연구에 따르면, 이중언어 사용자는 제2언어로 수학 문제를 풀 때 공간적·시각적 사고에 관여하는 뇌 영역을 더 많이 활성화하는 경향이 있다. 이는 다중언어 사용자가 뇌 영역 상호연결이 더 두드러지거나, 각 언어에서 자동화가 덜 되어 문제를 시각화하는 데 더 많이 의존하기 때문일 수 있다.

다양한 언어의 규칙과 어휘를 경험하면 뇌가 새로운 산술 정보를 인식하고 처리하는 능력도 훈련할 수 있다. 이중언어 사용자는 기존 수학 문제보다 새로운 문제에 뇌 기저핵이 더 잘 반응했고,[18] 익숙한 문제에서는 단일언어 사용자와 성과가 비슷해도 새 문제를 푸는 데는 약 0.5초 더 빨랐다는 연구도 있다. 소파에 누워 TV를 볼 때는 0.5초가 미미할 수 있겠지만, 신경 및 계산 측면에서는 꽤 유의미한 시간이다 (전자 기기의 정보 새로고침 및 다운로드 속도를 생각해보라).

전문 수학자의 뇌 네트워크에 대한 연구에 따르면, 고차원적인 수학적 사고는 전통적인 언어 영역이 아닌 공간과 수에 관여하는 신경 회로를 활성화한다.[19] 다양한 수학 과제 수행 중에 수학자의 뇌를 스캔하자 수학 반응 네트워크와, 문장 이해 및 일반 의미 지식으로 활성화되는 영역 사이에는 중첩이 발견되지 않았다. 이는 다른 연구에서 관찰된 수학 성취도 차이가 단일언어 사용자보다 이중언어 사용자가 어휘력이 더 높거나 '더 많은' 언어를 안다는 양적 차이 때문이 아니라, 다중언어 사용자라는 결과로 발생하는 인지체계의 질적 변화, 즉 뇌의 재구성 때문일 가능성이 높다는 뜻이다. 이 연구에서 전문 수학자들의 우측 방추상회의 얼굴에 대한 활성화가 감소했다는 결과도 흥미로운데, 독서 전문가들에 대한 연구에서도 수학자들이 숫자에 반응하듯이 해당 영역의 반응을 얼굴에서 문자로 전환함을 나타내기에 특이하다. 수학에서 이러한 결과는 가소성을 지닌 뇌가 다중언어, 수학, 읽기 등의 경험으로 어떻게 재구성되는지를 다시금 보여준다.

기하급수적 학습이 더 많은 학습을 낳는다는 공리는 자연어에만 국한되지 않고 인공어, 수학, 논리에도 적용된다. 작년 크리스마스에 내 딸은 겹쳐 끼우는 반지 세트를 선물받았다. 난 반지 세 개를 골라

     10장 우리 정신의 코드

약지에 끼우고 말했다. "엄마가 반지 세 개가 있잖아. 뾰족한 면을 위아래로 돌려서 끼울 수 있고, 순서도 바꿀 수 있어. 엄마가 이 반지 세 개로 만들 수 있는 디자인이 몇 가지일까?"

내 딸처럼 마흔여덟 개라고 답했다면 정답이다(반지를 두 개나 한 개만 끼운 디자인까지 포함하면 일흔여덟 개). 요즘 내 아이들은 이런 순열 문제를 나보다 더 빨리 푼다[20](나는 가장 고전적인 순열 퍼즐인 루빅큐브를 가지고 놀며 자랐다). 스키나 최신 기술 활용 능력도 나를 앞서는 것 같다. 어린 뇌의 신경적 민첩성 덕이지만 어릴 때부터 함께한 두뇌 퍼즐 게임도 영향이 크다. 내가 자랄 때 할아버지와 할머니는 늘 두뇌 자극 게임을 만들어주셨다. 지난 주말 가족 저녁 식사 자리에서 아버지가 어린 손주들에게 물으셨다. "한쪽 끝에서 불을 붙이면 타는 데 한 시간씩 걸리는 밧줄 두 개와 성냥이 있는데 시계가 없으면 45분이 지났는지 어떻게 알 수 있니?" 물론 다들 웬만하면 늑대, 염소, 배추를 강 건너로 옮기는 문제의 변종들을 잘 알 것이다. 한 번에 하나만 실을 수 있는 배로 이 셋을 어떻게 건너게 할 것인가? 둘씩 있으면 늑대가 염소를 잡아먹거나 염소가 배추를 뜯어먹기 때문이다. 시시해 보일 수 있지만 각 문제를 통해 뇌는 문제 해결 방법을 배운다. 하나씩 해결할 때마다 새로운 문제 해결 방법이 더 쉽게 떠오르게 된다.

11장

과학기술의 미래

우리는 여전히 어디서 언어가 끝나고 언어 없는 사고가 시작되는지, 둘의 경계가 있는지 이해하려 애쓰고 있다. 심리언어학적 관점에서 닭과 달걀의 문제라면 생각과 언어 중에 뭐가 먼저일까? 생각이 언어에 앞선다는 이들도 있으나, 나중에 근거를 물으면 대개 언어로 사고를 측정하는 방식에 의존한다. 다시 말해, 우리는 보통 언어를 통해 누군가의 생각을 안다. 우리는 언어를 사용해 생각을 평가하고, 둘은 밀접하게 연결되어 있어서 분리하기가 매우 어렵다.

수학 표기법, 컴퓨터 과학, 인공지능의 발전으로 우리는 수학을 대신 사용해 논리와 지식을 언어에서 분리할 수 있게 되었다. 그러나 앞서 논의했듯이 수학 자체도 언어이자 기호체계다. 생각을 서로 소통할 때 쓰는 말처럼 수학 표기법은 개념, 지시, 계획을 전달하는 데 쓴다. 다시 말해, 수학은 언어 없이도 사고를 한다는 증명이 아니라, 부호화와 소통, 발견의 또 다른 기호체계다.

우리는 일반적으로 언어를 사용해 사고를 연구하기 때문에 언어의 교란 없이 사고를 측정하기란 거의 불가능하다. 언어와 사고를 경험적으로 분리하려면 언어 발달 이전 아기를 대상으로 하는 연구도 잠재적으로 유익한 접근법이다. 과학자들은 사고와 언어의 기원을 밝히기 위해 빨기 빈도, 눈 움직임의 방향과 지속 시간, 고개 돌리기처럼 간단한 행동 측정을 통해 유아의 인지를 연구해왔다. 이에 따라 아주 어린 아기도 말하기 훨씬 전부터 인지 능력이 정교한 것으로 밝혀졌다.

하지만 이러한 연구조차도 아기가 말할 수 있기 전에 이미 들리는 언어의 일부 측면을 이해하고, 심지어 이해하기 전에도 태어나기 전 자궁 내를 포함해 언어에 노출되었다는 사실이 있기에 반박될 수 있다. 즉, 언어는 태어나기 전부터 이미 아기의 사고를 형성하고 있음을 의미한다. 아기는 자궁에 있는 동안 언어적 입력에 노출되고 민감하게 반응하기에 사고와 언어의 분리가 생각만큼 쉽지 않다.

한때 우리는 fMRI, EEG, 시선 추적 같은 새로운 방법론으로 언어 없는 사고에 접근할 수 있으리라 생각했다. 언어를 사용하지 않고 신경 활동이나 안구 운동을 측정해 사고를 지표로 만들 수 있을 듯했다. 하지만 이 또한 사실이 아님이 판명되었는데, 관찰된 뇌 활동이나 안구 운동 패턴 비교에 여전히 언어 기반 기준을 사용하기 때문이다.

언어와 생각의 관계를 연구하다 보면 필연적으로 언어의 기원을 묻게 된다. 그리고 생각의 기원도 물을 수밖에 없다. 언어와 생각이 동전의 양면과 같다면(언어 결정론 논의에서 보았듯이 논쟁의 여지가 있는 견해), 언어는 인간 영역 밖의 근원에서 유래해야 한다. 생각은 언어

없이는 불가능하고, 언어가 존재하기 전에는 생각 자체가 없었을 것이기 때문이다.

언어를 깔끔히 배제하는 행동을 식별하더라도 다른 동물 종에서도 발견되는 뭔가는 남게 되고, 결국 우리는 '생각이란 무엇인가?'라는 질문을 마주하게 된다. 우리가 비언어적 사고라 여기는 것이 비인간 종에서도 발견된다면, 그것들도 사고, 논리, 의식, 지각력을 가질 수 있다는 의미일까? 동물도 생각하고 소통한다면, 생각과 언어란 무엇이며, 인간이라는 것은 무슨 의미일까? 상징적 언어는 지구상에서 우리 종만의 고유한 특성일까?

다른 종에서도 언어(정의하기 나름이다)와 소통의 예는 인지 현상의 사례만큼이나 흔히 볼 수 있다. 2021년《사이언스》에 발표된 연구에 따르면, 큰주머니날개박쥐종의 새끼 박쥐 옹알이는 반복과 리듬감에서 인간 아기의 옹알이와 특징이 동일하다고 한다.[1] 손님과 소통도 하는 개미[2]의 언어도 분석될 수 있다.[3]

언어를 다른 개체와 소통하는 전기 신호라고 정의한다면 균류처럼 예상치 못한 생물체도 서로 소통을 한다. 버섯은 최대 50가지 서로 다른 전기 신호로 정보를 공유할 수 있다.[4] 이러한 자극은 땅속으로 전달되어 먹이나 손상 정보를 전달할 수도 있는데, 그렇게 볼 때 이 버섯은 서로 말벗 구실을 하는 셈이다.[5] 컴퓨터 과학자들은 이러한 전기 신호가 사람의 말과 유사하다는 주장까지 한다. 그러나 균류학자들은 균류어Fungusese의 구글 번역 추가에 제동을 걸고, 이러한 신경 신호가 다른 식물에서도 보이는 영양소 펄스일 수 있다고 주장한다.

여러 의사소통 코드를 사용하고 전환하는 능력이 인간에게만 고유

11장 과학기술의 미래

하지 않고 염소, 새, 심지어 벌거숭이두더지쥐 등 다른 종에서도 관찰될 법하다고 믿을 근거가 있을지도 모른다. 땅속에 살며 눈이 멀고 귀가 거의 안 들리는 설치류 벌거숭이두더지쥐는 군집마다 다른 독특한 방언으로 찍찍 소리를 내는데, 찍찍 소리로 전달되는 사회적 정보를 인식하고 그에 따라 행동을 수정한다. 새끼가 다른 군집으로 옮겨지면 입양 가족의 방언을 배운다. 방언은 군집 여왕의 영향을 받으며, 여왕이 교체되면 방언도 바뀐다. 한 연구에서는 군집에서 일련의 쿠데타로 여왕 두 마리가 잇달아 죽고 새로운 암컷으로 교체되자 방언의 안정성이 급격히 떨어지고 변동성이 커졌다.[6] 이러한 연구들은 개체를 넘어 집단 및 종 수준에서도 생존하려면 여러 의사소통 코드의 사용 능력이 중요하다는 것을 보여준다. 우리가 벌거숭이두더지쥐와 공통점이 있다면(실제로도 그렇다), 언어들을 배우고 소통하며 다양하고 유연하게 사용하는 능력이 인류의 번영과 멸망을 적어도 일부는 좌우할지도 모른다.

개를 좋아하다 보니 내 개가 학생들만큼은 아니라도 가끔은 자식들보다 내 말을 더 잘 알아듣는다는 농담도 한다. 하지만 과학자로서는 언어의 정의 방식에 따라, 또는 즉각 생성되는 새로운 언어적 결합과는 완전히 다른 암기 학습과 연상 작용을 언어로 간주하느냐에 따라 다르다고 말해야겠다. 다른 종의 의사소통 및 인지 능력을 연구한 흥미로운 결과들도 있고, 유튜브에서 귀엽든 아니든 동물들의 온갖 언어적·인지적 능력을 보여주는 영상을 쭉 보다 보면 시간 가는 줄 모를 것이다.

과학기술의 진보와 언어

과학기술 발전은 인류와 우리의 의사소통 능력에 극적인 결과를 가져올 수 있으나, 긍정적 효과는 종종 부정적 파장과도 연결된다. 신경과학과 컴퓨터 과학을 결합해 뇌에 이식해 신경 활동을 언어로 변환하는 기술을 개발할 수 있다는 사실을 염두에 두자. 이는 더 이상 공상과학 이야기가 아니다. 신경과학자들은 이제 머신러닝을 활용해 뇌의 전기 신호를 합성 음성으로 변환할 수 있으며, 이 기술은 의사소통장애를 가진 사람에게 도움이 되기 시작했다. 뇌졸중이나 질병, 성대 마비로 말을 못 하는 조음장애 환자는 이미 임상 연구에서 의사소통을 가능하게 하는 이식형 장치의 혜택을 받고 있다. 현재 이 기술은 아직 초보적 단계로, 단순한 단어 수준에서만 생각이 언어로 변환되고 침습적인 뇌수술이 필요하지만, 최소한의 의학적 개입으로 문장과 자연스러운 음성을 생성하는 능력이 머지않은 미래에 실현 가능하다는 개념 증명을 제공한다.

오늘날 최첨단 뇌 컴퓨터 인터페이스에는 소위 뉴로그레인neurograin이 포함된다.[7] 이는 뇌 전체에 분산된 작은 마이크로칩으로, 뇌 활동을 기록해 컴퓨터로 전송하며, 생물학적 뇌 물질 자체의 자극에 사용될 수 있다.[8] 소금 알갱이만 한 이 칩은 주로 실리콘 마이크로칩으로 만들어져 쥐나 다른 설치류에서만 실험 중이다. 인간에게 사용되려면 더 작은 센서가 필요하다. 그래야 이식 시 뇌 손상을 줄이고 면역체계가 이물질로 인식해 거부할 가능성이 낮아진다. 또한 뉴로그레인을 뇌에 삽입하는 기술도 더 개발되어야 한다(현재의 수술 기법은 아직 미흡하다). 안전성과 수명이 아직 입증되지 않은 뉴로그레인의 전송 데이터를 제대로 의미 있게 해독·해석할 역량도 여전히 모자란다.

신경 활동을 포착하고 기술을 활용해[9] 타인과 소통 가능한 언어로 변환하는 우리의 획기적인 능력은 선천적이든 후천적이든 의사소통 능력이 없는 이들을 돕는 등 많은 선한 일에 활용될 수 있다.[10] 또한 화자가 모르는 다른 언어로 생각을 자동 번역하고, 타이핑이나 말과 움직임 없이도 지시나 소통을 할 수 있으며, 생각의 전달을 더 쉽고 빠르게 만드는 여러 긍정적인 방식으로 작용할 수 있다. 예컨대 뉴로그레인은 뇌와 척추가 손상된 이들의 움직임 기능 회복에 사용될 수 있다. 이러한 기술은 우리 인류의 미래에 자리 잡아 개인과 사회뿐 아니라 언어와 소통 방식도 변화시킬 것이다.

우리의 신경 활동을 원격으로 기록하고 그 안에 반영된 생각을 해독해 말이나 문자 없이 생각으로 소통한다는 미래의 능력이 믿기지 않는다면 얼마 전만 해도 전화로 먼 거리에 언어를 전송하는 능력 또한 그만큼 기적처럼 여겨졌음을 잊지 말자. 마르셀 프루스트는 걸작 《잃어버린 시간을 찾아서》에서 이런 농담도 던졌다. "전화라는 초자연적인 도구 앞에서 우리는 그 기적에 경탄했지만, 이제는 그걸로 별생각 없이 재단사를 부르거나 아이스크림을 주문한다." 또 다른 '초자연적인' 사례는 테레민인데, 연주자가 신체 접촉 없이 손을 가까이 대고 조작하는 악기다. 테레민은 명확히 물리학 및 전자공학 원리를 따르지만, 손에서 나오는 에너지가 악기를 연주하는 작동 원리라고 잘못 말할 사람도 많다. 다시 말해, 우리에게 불투명해 보이는 뭔가가 꼭 기적적이거나 터무니없는 것은 아니라는 뜻이다.

동시에 다른 모든 발견처럼 이러한 지식과 기술이 악의적인 목적으로 사용될 가능성도 있다. 뇌의 신경 활동을 원격으로 동의 없이 기록해 타인의 생각에 접근할 수 있다면 악용 사례가 많이 생길 것이다. 이러한 기술은 사용 방식의 법적 규제도 난항을 겪겠지만, 엄격한 규칙을 수립하고 시행해야 성공적으로 활용될 것이다. 소셜 미디어와 검색 기록, 소비자 행동 데이터, 의료, 금융, 정치 등 개인 정보의 기술적 접근을 규제하려는 현재 시도에서 이러한 기술 발전이 어떤 윤리적·법적 위반을 초래할지 엿볼 수 있다. 기술적 프라이버시와 소셜 미디어를 둘러싼 법적 소송과 정치적 파장은 인간의 생각과 신경 활동에 대한 접근이 초래할 일에 비하면 새 발의 피다. 아직 멀기는 해도 이 기술은 이제 인류의 미래에 실현 가능하다고 입증되어 이미 개념 증명 옵션도 존재한다.[11] 개인 맞춤형 뇌 이식은 현재 간질, 파킨슨병, 심지어 중증 우울증 치료에 임상 사용이 될지 시험 중이다.

물론 과학적 진보는 역사에서 보듯 긍정적·부정적 영향을 모두 미칠 수 있다. 특히 핵에너지는 거의 무한 지속 가능한 에너지원(전력, 열 생산 등)일 뿐 아니라 원자폭탄과 기타 핵무기 제조에도 사용될 수 있다. 아인슈타인도 인정했다. "난 인생에서 큰 실수를 하나 저질렀다. 루스벨트 대통령에게 보내는 원자폭탄 제조 권고 서한에 서명했던 것이다. 하지만 그럴 만한 이유도 있었다. 독일에서 먼저 만들 위험이 있었기 때문이다." 아인슈타인 시대 이후 핵무기 기술은 변화했지만, 윤리적 문제는 오늘날에도 과학 연구와 직접적 관련성을 지닌다.

안타깝게도 윤리 연구는 21세기의 기술 및 방법론적 발전에 뒤처져 있다. 우리가 어디에 재원을 할당할지 고민하는 동안 어떤 과학 분야의 발전은 다른 분야보다 더 빠르고, 때로는 그 장기적인 의미를 완전히 파악하기도 전에 앞서 나간다. 우리는 언어라는 상징체계와 사고라는 신경 활동의 연관성 및 이를 측정하고 활용하는 방법을 이해하기 시작했지만, 아직 그 한계나 위험을 완전히 파악하지 못하고 있다. SF 작가 아이작 아시모프의 말을 빌리자면, "지금 삶에서 가장 슬픈 측면은 과학이 모으는 지식이 사회가 모으는 지혜보다 빨리 는다는 것이다".[12]

그렇다고 우리 행성에 이로울 과학기술 투자를 멈춰서는 안 된다. 그래야 지구에서든 외계에서든 생긴 난제를 인류가 직면했을 때 생존 가능성을 높이며 발전할 수 있기 때문이다. 다만 윤리, 도덕, 철학, 사회과학, 인문학, 예술, 영성 연구에 더 많이 투자하고 동등하게 지원해야 하는데, 이러한 분야들도 과학기술만큼이나 인류 생존에 필수적이기 때문이다. 절대적 도덕률을 믿었던 철학자 임마누엘 칸트가 말했다. "생각할수록 새로우며 감탄과 경외심이 커지는 두 가지가 있다. 별이 반짝이는 하늘과 내 마음속의 도덕률이다."[13]

과학 반대자들이 간과하는 것은 칼 세이건의 말을 인용하자면, "과학은 영성과 양립할 뿐 아니라 영성의 심오한 원천"이라는 점이다.[14] 과학자가 된다는 것은 우주에 끊임없이 경탄하고, 대우주든 우리 내면의 의식이든 별이나 아원자 차원이든, 내 경우처럼 언어와 정신의 접점이든 이해하려고 노력하는 것이다.

우리가 언어적·신경적 잠재력을 이해하는 수준은 여전히 얕다. 우주론과 천체물리학으로 우주를 이해하게 되듯이, 심리언어학과 인지과학으로 우리는 내면세계를 이해하게 된다. 언어와 정신의 연구는 또한 의식의 연구이기도 하다. 그리고 우리는 우주라는 질서와 의식이 존재한다는 것은 인지해도 둘이 어떻게 상호작용하는지 아직은 이해하지 못한다.

하지만 그보다 더 답답한 것은 일부 권력자를 비롯해 많은 사람이 별로 알려고 들지 않는다는 점이다. 기초과학의 가치는 심각한 오해와 과소평가를 받는다. 신경과학자들은 까마귀 등 여러 종의 뇌 활동을 기록해 뇌의 기능, 기원, 능력, 잠재력을 연구하며, 생물학자들은 다른 종, 심지어 세포가 뭘 할 수 있는지 연구한다. 기초 과학은 응용과 궁극적인 사회적 혜택의 토대를 마련하며, 우리가 아직 온전히는 이해하지 못할 영향력과 유용성, 중요성을 발견하는 데 핵심적 역할을 한다. 하지만 연구 자금 배분 방식을 결정하는 정책 입안자들도 이를 종종 이해하지 못한다. 세라 페일린이 부통령 선거운동 연설에서 초파리 연구에 연방 자금을 배정한 국립보건원NIH을 비판했을 때 환호하던 군중을 보며 무척 실망했던 기억이 아직도 생생하다. 초파리 모델을 이용한 유전학 연구가 인간 질병 이해에 얼마나 기여할 수 있는지 전혀 인식하지 못한 것이다. 초파리는 게놈의 60퍼센트가 인간과 상동성이 있고, 인간 질병을 유발하는 유전자 중 약 75퍼센트를 가지고 있다. 출생에서 번식, 죽음까지 수십 년이 걸리는 인간과 달리, 초파리의 생애 주기는 훨씬 짧아 생애 전반에 걸친 연구 가능성이 높고, 각종 인간 질병 치료의 진전을 훨씬 빠르게 이끈다.(공평하게 따진다면 자신이 이해를 못 한다고 반대하는 더 못된 정치인은 세라 페일린 말고도 수두룩하다. 내 마음속에 알래스카가 특별한 자리를 차지하고 있기에 페일린에게 더 높은 기준을 요구하는 것이다. 평생 낚시, 사냥, 자연과 함께한 사람이 자연을 더 이해하리라 기대하는 게 인지상정이다.)

          11장 과학기술의 미래

추산에 따르면, 연구 개발에 투자된 1달러당 사회는 최소 5달러의 이익을 돌려받으며, 1달러 투자 시 최대 20달러의 사회적 편익을 얻는다고도 한다.[15] 이는 인류의 진보와 국가적 이익을 위한 검증된 엔진을 갖는 것과 같다. 그럼에도 현재 미국은 GDP의 2.8퍼센트를 연구 개발에 투자하는데, 이는 이스라엘(4.9퍼센트), 한국(4.6퍼센트), 일본과 독일(3.2퍼센트)보다 낮은 수치다. 중국의 연구 개발 투자는 2000년 이후 연평균 16퍼센트씩 늘었다.[16] 과학과 혁신의 진전은 투자 규모에 비례한다. 과학을 이끄는 호기심에 투자가 부족하면 국력과 국민 생활 수준, 보건, 위기 대응 능력, 국가 경쟁력에도 부정적인 영향을 미친다.

미국 국립보건원 산하 연구과 위원장으로 재직하며 언어 및 의사소통 연구 제안서를 평가할 때, 훌륭한 제안이 지원을 못 받는 사례를 수없이 목격했다. 국립보건원에 배정된 예산이 너무 적어 경쟁률이 높은 제안서 중 약 10퍼센트만 지원금을 받고, 90퍼센트는 받지 못해 연구를 진행할 수 없었다. 만약 이 비율이 역전된다면 얼마나 크게 발전할지 생각해보자!

내가 미국 이민을 선택한 것은 정부체제, 법률, 헌법, 과학자, 시민, 국민정신을 높이 평가했기 때문이다. 우연이나 행운, 태생으로 미국인이 된 것이 아니다. 수 세기 동안 세계 각지에서 미국으로 유출된 많은 두뇌처럼 나도 여러 선택지를 신중하게 고려해 의식적인 결정을 내렸다. 미국에 외국 출신 박사 과정 학생이 많고 혁신적인 이민자들이 창업한 기업이 많다는 것은 온 세계에 잘 알려진 사실이다. 이민자가 설립한 기업이 고용하는 총 인원은 미국에서 일하는 이민자 수보다 많다.[17] 《뉴욕 타임스》의 탐사보도 시리즈 '문제는 계급이다'에 따르면, 미국의 사회경제적 계층 간 이동성은 다른 나라들에 비해 여전히 높다.[18] 하지만 미국 시민권을 취득하고 이 나라를 사랑한다고 해서 미국 사회의 이익을 위해 강화해야 할 부분을 외면해서는 안 된다. 비용보다 이익이 훨씬 클 수 있는 연구 개발 투자도 그러한 영역이다.

다언어 구사 인력 양성

다양한 연구 개발 인력 양성과 관련해 오늘날 과학계는 다양성, 형평성, 포용성에 관한 논의가 활발하다. '위어드WEIRD 집단'이라는 개념이 있는데, 서구의Western, 교육 수준이 높고Educated, 산업화된Industrialized, 부유하고Rich, 민주적인Democratic 집단을 말한다. '이상하다'는 뜻의 머리글자는 세계 인구의 12퍼센트에 불과한 이들이 연구 인구의 약 80퍼센트를 차지하며 과학 및 사회 담론 형성에 미치는 영향이 불균형적이라서 생겼다.

웹 기반 학술 계보 데이터베이스 뉴로트리Neurotree는 전통적인 계보나 가계도와 유사하나, 부모 자식 같은 혈연관계가 아닌 학술적 스승과 제자(박사 지도교수와 연구생 등) 간의 연결을 보여주며, 몇 세기까지 거슬러 올라가서 학자 수십만 명을 포함한다. 뉴로트리를 볼 때마다 수백 년에 걸친 내 학문적 계보에서 여성이 남성에 비해 택도 없이 적다는 사실에 깜짝 놀란다. 박사 학위 논문 지도교수인 울릭 나이서, 그의 지도 교수인 S. S. 스티븐스와 볼프강 쾰러, 에드윈 보링, 에드워드 티치너, 빌헬름 분트, 카를 하세, 요하네스 뮐러, 헤르만 폰 헬름홀츠를 비롯해 과학과 발견, 인류 발전에 헌신한 수많은 탁월하고 근면한 남성에게서 내 학문적 계보를 추적하면서 궁금해진다. 여성들은 어디에 있을까? 분명 남자만큼 똑똑하고 부지런한 여자들도 있었을 테지만 한자리도 차지하지 못했다. 세계 곳곳에서 여전히 그렇다. 과학자의 모습을 그리는 아이들은 여전히 남자를 그리는 경우가 더 많고, 역사 전반에 걸쳐 모든 과학 분야에 여성 과학자들도 영향을 미쳤으나 이름은 하나도 대지 못하는 사람이 대부분이다. 비록 많은 여성이 목숨을 잃고 국립학술원 명부에 이름도 못 올렸지만, 2000년 전쯤 살았던 뛰어난 철학자이자 수학자, 천문학자인 알렉산드리아의 히파티아는 과학의 이야기가 (숨겨진) 여성의 이야기도 된다는 실증 사례다. 철학자 움베르토 에코는 저서 《칸트와 오리너구리》에서 "의미 연구의 역사는 사람(언젠가 죽는 이성적인 동물)과 총각(미혼 성인 남성)으로 가득 차 있다"라며 의미론 이야기를 꺼내는데, 여성 독자의 입장에서는 얼핏 다르게 읽힐 수 있을지도 모르겠다.[19]

미국 국립보건원은 불과 몇 년 전에야 연구 자금 지원 대상에 남녀 모두 일관되고 동등한 자격으로 포함해야 한다고 역설했다. 현재 과학기술 분야에서도 소수 인종이나 민족의 대표성을 높이려는 대규모 사회운동이 진행 중이다. 다양성 논의에는 언어적 다양성도 들어가야 한다. 과학 논문은 주요 언어 몇 가지로만 발표된다. 세계 인구 절반 이상이 그런 논문에서 공유하는 지식에 기여는커녕 접근도 할 수 없다. 따라서 이러한 논의에서 소외되는 사람이 많다. 말라리아 치료법 발견은 투유유가 노벨상을 받기 전에 중국 밖에서 딱 한 번 인용되었다(투유유는 노벨상을 수상한 최초의 중국 여성이며, 노벨상 수상자 약 천 명 가운데 여성은 67명뿐이다). 저자의 배경에 따른 인용의 불균형은 과학 논문 참고문헌 목록에 만연하다.[20] 지식 접근성과 지식 경제 참여가 더욱 공평하다면 과학과 기술의 발전이 더욱 빨라지고, 인류도 더욱 진보할 수 있을 것이다. 세계 인구 대다수의 지적 자원은 언어, 성별, 인종 및 기타 형태의 배제로 인해 현재 활용되지 못하고 있다. 이를 활용한다면 지구 온난화 문제를 해결하고 코로나19, 암, 심장병을 비롯한 수많은 질병을 치료하는 데 도움이 될 것이다.

스위스 국립 연구 프로그램의 지원을 받은 연구에서 제네바대학교 경제학자들이 직업 활동의 외국어 사용을 분석한 결과, 스위스의 다중언어 사용이 381억 5000만 달러에 달하는 경제적 이득을 가져온다고 결론지었다. 스위스는 독일어, 프랑스어, 이탈리아어, 로만슈어 등 국어가 네 개이며, 영어도 하는 사람이 많고 학교에서도 배운다. 언론은 이 연구를 스위스 GDP의 10분의 1이 다중언어 사용에서 비롯된다고 해석해버렸다.[21]

스위스의 연구 결과는 유럽 집행위원회의 다중언어 사용과 경제 경쟁력 연구 결과와도 일치한다. 유럽 집행위원회는 유럽 중소기업의 11퍼센트가 언어 및 문화 간 소통 능력 부족으로 수출 기회를 놓친다고 보고했다.[22] 영국 정부는 외국어 능력이 모자라서 경제가 매년 약 500억 파운드의 손실을 본다고 추산한다.[23]

다중언어 구사 인력 양성은 고용주와 국가 차원 모두에 직접적인 경제적 이익을 가져올 수 있다.[24] 과학과 기술 분야에 다중언어 사용자를 포함하면 다른 방법으로는 도달할 수 없는 인간 조건에 대한 질문에 답하는 데 도움이 될 수 있으며, 언어적으로 다양한 집단을 배제하지 않을 때 지식은 더욱 빠르게 한층 더 발전한다. 달리 말하면, 언

                                        11장 과학기술의 미래

어적으로 다양한 집단을 연구에서 배제하면 인류의 이해가 불완전해
지고 과학적 발견과 진보도 저해된다.

다중언어적 사고의 가치

유병하든 알려지지 않았든 아직 풀리지 않은 미스터리들이 있다.
들어오는 소리를 듣는 데 귀가 쓰인다는 것은 다들 안다. 하지만 귀가
나가는 소리도 생성하며, 청각 연구 용도의 매우 민감한 마이크를 귀
가까이에 대면 귀에서 나오는 소리를 실제로 녹음할 수 있다는 사실
은 거의 모른다. 이러한 소리를 이음향방사라 하며, 현대 과학의 수수
께끼다. 그 기능은 뭘까? 효용성이 있기는 할까? 아니면 퇴화한 꼬리
처럼 진화 과정의 흔적일까?

이음향방사를 연구하는 수미트 다르의 청각 연구실과 다중언어 사
용을 연구하는 나의 심리언어학 연구실이 힘을 합쳐 이중언어 사용자
를 이음향방사 연구에 포함한 후에야 우연한 발견이 이루어졌다.[25] 이
음향방사는 고차 인지 과정의 영향을 받으며, 뇌의 실행 기능과 관련
이 있는 것으로 밝혀졌다. 청각과 시각 등 여러 감각 채널이 받은 입
력이 중복되었을 때와 그렇지 않았을 때 이음향방사의 크기가 달라졌
다. 이중언어 경험자들은 언어 자극에 대한 반응으로 이음향방사에서
더 큰 변화를 보였다.[26] 이러한 연구 결과는 이음향방사가 경험에 의
해 형성되고 하향식 인지 과정의 영향을 받는다는 것을 보여준다. 인
간과 그 밖의 포유류가 맨귀로 듣지 못하는 소리를 내도록 진화한 정
확한 이유와 이음향방사의 기능은 아직 불명확하지만 어떤 기능이
있는 듯하다. 이음향방사에 대한 정보가 여전히 만족스럽지 않은 독

자라면("좋아요, 인간의 귀가 소리를 낸다는 건 이제 알겠는데, 이유나 용도가 뭔지는 말씀 안 하셨군요. 김빠지네요!"), 바로 과학의 세계로 들어온 것이다!

비슷하거나 더 가치가 있는 발견도 있었을 텐데, 연구 대상에서 다중언어 사용자의 제외가 일상다반사라서 아직 이루어지지 않았을 것이다. 둘 이상의 언어 사용은 아동 발달, 노화, 건강 연구의 결과가 도출되도록 조절하는 숨겨진 요인으로 작용할 수 있다.[27] 언어 자체와 이중언어 사용 중 무엇에 초점을 맞추든 언어적 다양성 고려는 연구의 재현성과 인간 조건의 이해를 향상시킬 것이다. 우리 모두가 가진 타고난 언어 능력은 뇌의 최적화, 인간 능력 확장, 발견과 진보 속도의 가속화에 활용될 수 있고, 또한 그래야 한다. 언어적 다양성은 부차적인 고려 사항이나 탐구를 복잡하게 만드는 요소가 아니라 탐구의 필수적인 핵심 요소로 자리매김해야 한다.

다중언어적 사고는 우주적 경이의 모범 사례이며, 인간 인지에 대한 놀라울 정도로 멋진 새 관점을 마련해준다. 하지만 다중언어 사용이 예외가 아닌 세계 표준임에도 불구하고 연구 부족으로 인해 그 가치가 제대로 평가받지 못했다.

다중언어 사용의 가치는 개인뿐 아니라 사회 차원에서도 존재한다. 언어와 사고의 연결 및 다중언어 사용은 인류를 새로운 경지로 끌어올리는 추진력을 넘어 인류 생존의 열쇠도 될 수 있다.

더욱 놀랍게도 우리는 코드의 세계에 살고 있을 뿐 아니라, 말 그대로 우리 몸의 DNA까지 코드 그 자체다. 우리는 언어로 만들어졌다. 우리의 유전 코드는 DNA 염기쌍에 부호화된 보편적인 언어로 읽힐

11장 과학기술의 미래

수 있다. 제한된 수의 기호(단어, 문자, 기타 표기법)를 무한한 수의 생각과 개념으로 결합하는 데 사용하는 언어처럼 DNA 코드도 제한된 수의 DNA 쌍을 결합해 지구상의 모든 생명체를 대표하는 복잡하고 다양한 유기체와 종을 만들어낸다. 인간의 언어 능력과 지구상 모든 생명체의 유전 코드 사이에는 계층 구조, 생성성, 재귀, 사실상 무한한 표현 범위처럼 유사점이 많다.[28]

우리는 하나의 언어(인공지능에서 쓰는 수학 언어)를 사용해 다른 언어(유전학에서 쓰는 DNA 언어)의 정보에 접근할 수 있다. 전산 능력 발전 덕에 우리는 전체 유전체의 염기 서열을 분석할 수 있었다. 인간 게놈 프로젝트는 기술적으로는 13년 만에 완료되었으나 실제로는 수십 년이 걸린, 우주 탐사만큼이나 위대한 발견이며, 지구상 모든 생명체의 공식을 기록하는 언어에 접근할 수 있게 되었다.

DNA 외에 RNA도 있다. RNA는 리보핵산을 의미한다. DNA는 유전 정보 전달을 담당하는 반면, RNA는 단백질 생성에 필요한 유전 코드를 전달한다. 전령 RNA는 모더나와 화이자에서 개발한 일부 코로나19 백신에 사용된 후 대중의 관심을 끌었다. 전령 RNA는 세포가 바이러스 항체를 생성하도록 하는 단백질을 만들라는 지시를 전달하며, 그 뒤에 세포 내부로 들어가지 않고 분해된다. 전령 RNA는 시스템과 생명체 간에 소통하는 또 다른 방식이며, 또 다른 언어로 된 메시지다. DNA와 RNA는 모두 아데닌A, 티민T, 구아닌G, 시토신C이라는 네 가지 뉴클레오티드로 구성된 언어로 기록된다. 이 뉴클레오티드 언어는 코돈이라는 서열을 통해 다른 언어(예: 아미노산 스무 가지를 포함하는 단백질 언어)로 번역될 수 있다. 우리 유전자와 세포의 언어를 이해하면 자연적·인공적·수학적 코드의 이해와 마찬가지로 우리가 미처 몰랐던 새로운 지식과 새로운 세계로 향하는 문이 열린다.

우주의 코드와 이를 학습하는 우리의 능력은 인류의 미래를 크게 좌우할 것이다. 우리의 언어는 현재 우리가 쓰는 인간 정신과 현재 우리가 활용하는 인공지능의 한계를 초월할 힘이 있다. 언어들과 그 진화가 우리를 어디로 이끌지는 알 수 없으나 언어 없이 발전할 수 없다는 것만은 분명하다.

상징체계가 우리 정신의 코드이고 우리 정신이 우주로 통하는 창문이라면, 언어는 우주의 신비를 여는 열쇠를 쥐고 있다. 다중언어 사용은 우리가 자물쇠에 딱 맞는 열쇠를 찾을 가능성을 높여준다. 모든 자물쇠가 정확히 무엇인지 아직 모르는 것도 발견 과정의 일부다. 인류는 기존 질문에 답을 얻을 때가 아니라, 아직 떠올리지도 못했던 생각이나 아직 물어볼 생각도 못했던 질문처럼 새로운 질문에 초점을 맞출 때 가장 큰 성공을 거둘 수 있다.

우리와 우리의 언어는 앞으로 무엇을 할 것인가?

언어 학습법 제안

어릴 적에 알던 언어라도 이민, 입양, 사회정치적 변화로 인해 안 쓰다 보면 어떻게 되는지 질문을 자주 받는다. 다행히도 완전히 사라지지는 않는다. 한때 배웠던 언어는 나중에 잊더라도 여전히 기억 속에 흔적을 남긴다. 어린 시절에 어떤 언어를 알았거나 폭넓게 접했다면 나중에라도 더 쉽게 배울 수 있다.

다중언어 사용 연구 분야 중 하나인 언어 손실은 입양이나 이민자 자녀의 경우처럼 이전에 알던 언어를 잃어버리는 현상이다. 한 연구에 따르면, 수십 년 동안 안 쓰던 언어의 영향이, 입양된 지 오랜 시간이 지나도, 심지어 입양 전의 언어와 문화를 모르더라도 감지될 수 있었다.[1]

TJ는 언어적·민족적 배경을 밝히지 않은 비공개 방식으로 입양되었다. 세 살 때 위탁 보호를 받고 위탁 가정을 몇 차례 바꾼 후 미국 가정에 입양되어 다른 주로 이주했다. TJ는 자신이 미국에서 태어났으나 친모가 미국 태생이 아니고 영어가 모국어가 아니라는 사실도 알고 있었다. 그녀는 서른세 살에 심리치료를 받는 영어 사용 여성으로서 자신의 언어적 과거에 숨겨진 비밀을 풀고 본인의 배경을 더 자세히 파악할 수 있을까 싶어 오하이오주립대학교의 언어 학습 전문가를 찾아갔다. 심리치료 결과, TJ는 개별 단어의 흔적이 담긴 어린 시절 기억에 접근했는데, 한때 알던 언어 정보에도 접근할 수 있는지 확인하려 했다. 연구진은 초기 대화에서 TJ가 제시한 여러 단어 형태에서 그중 일부의 유래가 슬라브어임을 확인한 다음, 잘 알려진 '저축 패러다임'을 사용했다. 이는 이전에 알던 오래된 단어와 모르던 새로운 단어의 학습 속도를 비교해 상실된 유년기 언어를 식별하는 재학습 기법이다. TJ의 성과는 영어권 여성 열두 명으로 구성된 대조군과 비교되었다. TJ가 3세 이전에 알았을 가능성이 높은 단어와 몰랐을 가능성이 높은 단어의 학습 속도를 대조군과 비교한 결과, 그녀가 어린 시절 잃어버린 언어가 러시아어 또는 우크라이나어임을 확인했다. 이 연구에서 드러나듯, 입양아에게 흔히 발생하는 유년기 언어 상실은 새 언어를 처음부터 배우는 것보다 훨씬 쉽게 회복될 수 있다.

다중지능 이론과 다중언어 사용

어떤 이들은 언어에 선천적으로 소질이 있어서 태어날 때부터 언어 학습에 더 능숙하다는 증거가 있다. 하워드 가드너의 '다중지능 이론'도 있다. 언어 지능은 다중언어 사용자와 어학에 뛰어난 사람들이 특히 타고난 지능 유형으로 제시된다.

그러나 다중지능 이론은 보편적으로 합의된 것은 아니다. 처음에는 언어지능, 논리수학지능, 음악지능, 신체운동지능, 공간지능, 인간친화지능, 자기성찰지능 등 일곱 가지 지능 유형이 제안되었다.[2] 이후 자연친화지능(동식물 분류와 활용)과 실존적 지능(인간 존재에 대한 거시적 사고)이 추가되었다.[3] 이후로도 여러 유형이 제안되었다. 하지만 궁극적으로 지능의 유형으로 간주되는 것과 그렇지 않은 것은 누가 결정할까? 각 지능 유형을 측정하는 타당하고 신뢰할 만한 척도는 무엇일까? 지능을 책임 소재가 없는 잠재적 천성에 바탕을 둔 각자의 가치로 해석하는 이들도 있다.[4] 이 이론이 논란의 여지가 있는 것은 당연하다.

다중지능 이론의 타당성과는 별개로 어떤 사람은 음악이나 스포츠에 더 능숙하고 어떤 사람은 누구는 어학에 더 능숙할 수 있다. 하지만 이중언어 사용 국가나 지역은 타고난 능력만으로 설명할 수 없다. 국가 정책과 사회 구조는 언어적 다양성에 직접적 영향을 미친다. 지역 사회의 뒷받침을 받으면 건강한 식습관, 운동, 다중언어 사용 등 어떤 생활 습관이든 받아들이기가 훨씬 더 쉽다. 학교에서 제2언어를 가르치고 언어적 다양성의 소외보다 존중이 이루어질 때 다중언어 사용도 읽고 쓰는 능력만큼이나 보편화된다.

어학에 타고난 성향이나 다언어 공동체 형성을 돕는 사회 정책 외에도 어학 경험 자체가 사람들을 언어 학습에 더 능숙해지게 한다. 다른 모든 것처럼 많이 할수록 더 잘하게 된다.

본인이나 부모가 다른 언어를 이미 구사한다면 그 언어나 억양이 타인에게 불편함을 준다는 이유로 버려서는 안 된다. 그런 언어를 자신의 초능력이라고 여겨도 좋은데, 놀라운 일이 가능해지기 때문이다. 남들이 뒤에서 수군거릴 때 모르는 척하면서도 다 알아듣는 사소한 재미를 포함해서.

언어 앱 바벨Babbel에 따르면, 미국인의 71퍼센트, 영국인의 61퍼센트가 언어를 둘 이상 아는 사람을 더 매력적으로 여긴다. 다른 언어를 알면 소득이 오를 가능성도 높다. 플로리다에서 실시된 연구에 따르면, 영어와 스페인어에 모두 능통한 히스패닉계 미국인은 영어만 하는 사람보다 연간 약 7000달러 더 높은 소득을 올린다.[5] 캐나다 궬프 대학교의 경제학자들은 소득 면에서 영어와 프랑스어를 구사하는 남성이 영어만 구사하는 남성보다 3.6퍼센트, 영어와 프랑스어를 구사하는 여성이 영어만 구사하는 여성보다 6.6퍼센트 더 높다는 것을 발견했다. 캐나다 퀘벡주에서는 프랑스어와 영어를 구사하는 남성이 프랑스어만 구사하는 남성보다 소득이 7퍼센트 더 높고, 직장에서 영어를 사용하는 경우는 이 차이가 21퍼센트까지 치솟는다.

다중언어 사용이 우리의 뇌, 지각, 기억, 의사결정, 감정, 창의성에 미치는 강력한 변화를 살펴보았으니, 이제 일부 독자는 새로운 언어를 배우거나 자녀에게 새 언어를 배우게 하기로 마음먹을지도 모른다. 하지만 어떻게? 언제? 어떻게 단일언어의 장막 뒤편을 들여다볼 수 있을까? 다른 언어를 배울 최적의 시기는 태어나는 순간부터다. 두 번째로 좋은 시기는? 바로 지금이다.

한때는 특정 연령 이후 '결정적 시기'를 지나면 새로운 언어를 유창하게 배우기가 불가능하지는 않더라도 어렵다고 여겨졌지만, 이제는 그렇지 않다는 것이 밝혀졌다. 결정적 시기라는 개념은 사춘기를 경계점으로 제시한 1967년 연구에서 유래했다. 이후 66만 9498명을 대상으로 한 대규모 분석의 결과는 17.4세로 나타났고,[6] 수백 건의 다른 연구에서는 다른 연령대가 나왔다. 가장 최근의 대규모 데이터 재분석 결과, 결정적 연령의 증거는 발견되지 않았다.[7] 오히려 이전에 보고된 결과는 학력, 생활환경 및 사회화의 차이 등 언어 학습 패턴을 교란하는 개인적·사회적 요인 때문인 것으로 보인다.

다중언어 화자를 대상으로 수십 년간 연구하면서 나는 어떤 나이든 다른 언어를 배워서 거의 즉각적인 효과를 볼 수 있음을 확인했다. 그러나 사춘기 이후에 제2언어를 배우거나 해당 언어의 비원어민에게 제2언어를 배운 사람들은 새 언어에도 외국어 억양이 자주 남는데, 이들의 조음 및 지각 체계가 이미 모국어의 영향을 받았기 때문이다. 그런 억양은 다른 언어의 구사 능력에 비하면 사소한 문제이며, 사람에 따라 오히려 장점으로 여길 수도 있다.

독자에 따라 두뇌 건강, 여행, 연애, 개인적 성장을 위해 다른 언어에 관심이 생길 수도 있다. 과거에 '스페인어 배우는 법'이나 '석 달 만에 유창하게 말하기'를 구글에 검색했거나, 초보자용 이탈리아어 학습서라든가, 어쩌면 자기 계발, 전문성 개발, 두뇌 계발, 관계 개선, 여행 관련 서적을 구매했을 수도 있다. 교사, 사업가, 마케터, 인생 코치, 은퇴자, 학생일 수도 있다. 어학 공부는 스스로에게 해줄 수 있는 선물이다.

언어 학습에서는 상대적으로 배우기 쉬운 언어와 그렇지 않은 언어가 각자 다를 수 있다. 로망스어나 게르만어는 수월한 사람도 컴퓨터 언어는 배우기가 매우 어렵거나 중국어 같은 성조 언어는 아예 엄두도 못 낼 수도 있다. 더 쉬운 언어도 작가에게게라면 자연어인데 코더에게는 인공어로 다를 수 있고, 음악가는 성조 언어가 능숙할 수도 있다.

개인의 선호도가 어떻든 성공의 궁극적 기준은 다를지라도 누구나 새로운 언어 학습에서 성과를 거둘 수 있다. 미국 국무부에서 직무상 필요한 공무원과 외교관에게 제공하는 외국어 교육 자료를 바탕으로 추산하면, 영어 원어민이 언어를 배우는 데 필요한 시간은 언어에 따라 600시간 내지 2200시간이다.[8] 이는 70년 이상 미국 외교관들에게 언어를 가르쳐온 경험을 바탕으로 한 예상 기간이다. 영어 원어민은 스페인어를 약 600시간 만에 배울 수 있지만, 일본어를 배우는 데는 시간이 거의 네 배 걸린다.

1그룹 언어 24~30주 학습 (600~750시간 수업)	24주: 네덜란드어, 노르웨이어, 덴마크어, 루마니아어, 스웨덴어, 스페인어, 이탈리아어, 포르투갈어 30주: 프랑스어
2그룹 언어 약 36주 학습 (900시간 수업)	독일어, 말레이어, 스와힐리어, 아이티 크레올어, 인도네시아어
3그룹 언어 약 44주 학습 (1100시간 수업)	그루지야어, 그리스어, 네팔어, 다리어, 라오어, 라트비아어, 러시아어, 리투아니아어, 마케도니아어, 몽골어, 미얀마어, 베트남어, 벵골어, 불가리아어, 세르보크로아트어, 소말리아어, 슬로바키아어, 슬로베니아어, 싱할라어, 아르메니아어, 아이슬란드어, 아제르바이잔어, 알바니아어, 암하라어, 에스토니아어, 우르두어, 우즈베크어, 우크라이나어, 체코어, 카자흐어, 쿠르드어, 크메르어, 키르기스어, 타갈로그어, 타밀어, 타지키어, 태국어, 튀르키예어, 텔루구어, 투르크멘어, 티베트어, 페르시아어, 폴란드어, 핀란드어, 헝가리어, 히브리어, 힌디어
4그룹 언어 88주 학습 (2200시간 수업)	광둥어, 아랍어, 일본어, 중국어, 한국어

언어별 습득 소요 시간(미국 국무부 제공)

좋은 소식은 짧은 학습 기간만으로도 변화를 느낄 수 있다는 점이다. 해외 유학을 한 학기만 해도 다중언어 사용의 효과를 어느 정도 볼 수 있는데, 단 몇 달만 다른 언어에 몰입해도 뇌가 기능적으로 달라질 수 있다.[9]

스페인어 입문 과정을 수강한 지 고작 여섯 달 만에 단일언어 사용 학부생들이 실행 제어 과제 수행에서 이중언어 사용자와 유사한 전기생리학적 뇌 반응을 보였다.[10] 또 다른 연구에서는 18세에서 78세까지의 참가자들이 1주일 집중 게일어 과정을 수강한 후 대조군에 비해 주의 전환 능력이 향상된 것으로 나타났다.[11] 스웨덴 국방통역학교 신병들은 석 달의 언어 훈련 후 언어 처리 영역의 피질이 두꺼워졌다.[12]

언어 학습을 위한 제안

배울 언어를 결정했다면 효과적인 학습 방법이 무척 궁금할 것이다. 성인이 되어 다른 언어를 배우거나 이중언어 자녀를 양육할 때 고려할 만한 몇 가지 전략이 있다. 이를 따르면 여정에 도움이 될 것이다.

1. 강좌 수강

외국어 강좌는 이제 대학교와 커뮤니티 칼리지에서 널리 제공된다. 많은 커뮤니티 센터, 노인 복지 시설, 종교 기관에서 야간 및 주말 강좌를 운영한다.

2. 언어 학습 앱 활용

정규 강좌가 다소 비싸거나 일정에 맞지 않는다면 최신 기술도 활용할 수 있다. 팬데믹 봉쇄 기간 동안 어학 앱 사용이 급증했다. 선택할 디지털 플랫폼이 다양하며, 스마트폰 앱을 통한 언어 학습이 노인의 실행 기능을 향상시킨다는 임상시험 결과도 나왔다.[13] 특히 게임 디자인을 도입한 이들 앱의 강점은 뇌가 세로토닌과 도파민을 분비하도록 유도해 언어 학습을 흥미롭고 신나게 만들어준다는 것이다. 언어학습의 인지 및 신경 측면에 탄탄한 토대를 갖춘 언어 과학자와 연구진을 고용한 듀오링고 같은 앱은 증거 기반 과학과 실천에 의존한다.

3. 여행

타문화 몰입은 다른 언어를 배울 훌륭한 기회다. 원어민뿐 아니라 다양한 화자를 접할 수 있다. 뇌가 가장 유연한 중고등학교와 대학교 시절의 해외 유학 프로그램은 특히 가치가 있다. 어렸을 때 가정 형편 탓에 해외 유학을 못 갔어도 나중에 몰입형 언어 경험의 혜택을 누릴 수 있다. 때로는 지구 반대편까지 안 가더라도 본국의 다른 지방이라든가 심지어는 거주 도시의 이웃 동네를 찾아갈 수도 있다.

4. 다른 언어 사용자와 관계 맺기

남동생은 수년 전에 스웨덴 여자와 언어 교환, 즉 서로서로 영어와 스웨덴어 공부를 도와주기로 했다. 그 스웨덴 사람은 동생과 결혼한 지 이제 10년이 넘었다. 다른 언어를 쓰는 친구, 동료, 연인 등과 교류하는 것은 사회관계망을 강화하는 동시에 매우 쉽고 즐겁게 다른 언어를 배우는 방법이다.

5. 습관 만들기

운동, 악기 연주, 투자 등과 마찬가지로 언어를 배울 때도 꾸준함과 기간별 접근법이 중요하다. 다른 언어를 일정에 넣고 생활해보자. 능동적인 공부는 물론이고 해당 언어로 음악이나 영상물을 비롯한 여가를 즐기는 수동적인 노출도 도움이 된다. 외국어 화자와 비디오 게임이나 온라인 게임을 즐길 수도 있다. 가능하다면 영화를 시청하고, 휴대폰이나 컴퓨터 인터페이스를 새 언어로 설정해보자.

6. 연상 기억법 활용

연상 기억법을 써먹으면 더 잘 외울 수 있다. 다양한 연상 기억법이 있지만, 그중에서도 이미 아는 단어와 새로 배울 단어를 연관시키는 것이 학습자에게 특히 도움이 된다. 내 세미나에 참석했던 다중언어 학습자의 사례를 소개한다. "스페인어로 '위험한'을 뜻하는 'peligroso[펠리그로소]'는 발음이 비슷한 영어 'pelican' 덕에 익혔습니다. 제가 펠리컨을 무서워하다 보니 말뜻이 바로 느낌이 왔죠. 한편 중국어 '危險[웨이셴: 위험]'의 '險'은 '劍[지앤: 검]'과 생김새가 비슷해서 익혔습니다. 날카로운 검은 위험한 물건이니 바로 뇌에 각인되었거든요. 이제 저는 펠리컨, 검, 위험 사이에 정말 이상한 연결 고리가 생겼답니다."

7. 스스로에게 맞는 패턴 찾기

이중언어 사용으로 가는 여러 갈래 길은 자신에게 맞는 길을 찾을 때까지 모두 가볼 수 있다. 요일을 골라서 다른 언어를 쓰는 사람도 있다. 누군가는 특정 친구나 조부모 같은 가족에게만 쓰는 언어도 있다. 또 어떤 이는 보상이나 벌칙으로 다른 언어를 사용함으로써 스스로 동기도 부여한다. 소셜 미디어에서 누군가와 논쟁하고 싶은 충동이 들 때마다 어학 앱을 10분씩 사용하기로 마음먹는다면 금세 유창해질 것이다!

두 언어를 하는 자녀로 키우고 싶은 부모는 다음의 일곱 가지 근거 기반 제안을 참고하면 좋다.

1. 언어의 양을 늘린다

아이가 받는 언어 입력의 양으로 어휘와 문법 발달을 예측할 수 있다. 입력이 풍부할수록 언어 습득 성공 가능성이 높아진다. 말을 많이 듣는 아이가 어휘력이 더 풍부하다. 함께 활동하면서 말로 설명하고 책을 읽어주며 아이에게 두 언어를 가능한 한 자주 노출시켜보자.

2. 언어의 질을 높인다

언어 입력의 질은 자녀의 언어적 성과에 영향을 미친다. 보호자에게 격려를 받는 대면 상호작용은 아이의 언어 습득에 매우 중요하다. 상호작용하고 책을 읽어주는 것은 언어 발달에 도움이 되지만, 텔레비전을 통한 언어 노출은 효과가 미미하다. 성인은 외국어 미디어 소비가 도움이 될 수 있으나, 질이 낮은 TV 프로그램 노출은 실제로 이중언어 아동의 어휘력 저하와 관련이 있다. 아이와 함께하는 시간을 늘려보자.

3. 가족과 친구에게 도움을 청한다

언어 입력의 다양성도 언어 발달의 주요 예측 변수다. 두 언어를 말하는 다양한 사람들과 정기적으로 교류하면 아이가 더 다양한 입력에 노출되므로 이중언어 능력이 향상될 수 있다. 다른 언어를 사용하는 여러 가족 구성원, 친구, 조부모, 친척과의 상호작용은 아이의 언어 발달에 도움이 된다.

4. 가족에게 가장 적합한 전략을 선택한다

가정환경에 따라 자녀를 여러 언어에 노출시키는 방법은 다양하다. 이중언어 아동 양육에 가장 적합한 단일 접근법은 없으나, 이중언어 발달을 뒷받침하는 방법은 여러 가지다. 각자 언어가 다른 두 부모의 '한 사람, 한 언어' 접근법이 일반적이다(부모 A와 B가 서로 다른 언어로 말한다). 자녀가 집에서 한 언어(대개 소수 언어이며, 부모의 모국어라면 계승 언어라고 함)에 노출되고 학교에서 두 번째 언어(대개 다수 언어)에 노출되는 접근법도 흔하다. 자녀와 부모에게 가장 적합한 전략을 직접 개발할 수도 있다.

5. 자녀가 주도하게 한다

자녀의 신호에 주의를 기울이고 관심사를 따라간다. 언어 발달은 아이가 주의 깊고 세심한 어른과 교류할 때 가장 성공적이다. 어른이 자신의 관심사보다 아이의 흥미에 집중할 때 아이는 새로운 단어를 더 잘 배울 수 있다. 아이가 적극적으로 참여할수록 두 언어를 습득할 성공 가능성이 높아진다. 학습 의욕을 북돋우려면 아이가 흥미를 느끼는 두 언어가 포함된 활동을 찾아보는 것이 좋다.

6. 이중언어 교육을 염두에 둔다

초기 발달 단계에서는 다른 언어를 구사하는 베이비시터나 돌보미를 둔다든가, 다른 언어나 둘 이상의 언어로 말하거나 수어를 쓰는 유치원에 아이를 등록하는 방법도 있다. 아이가 학령기에 이르면 모국어 두 가지가 서로 다른 학생들이 같은 교실에서 수업을 받고 두 해당 언어로 교과목을 가르치는 양방향 몰입 프로그램을 운영하는 학교를 찾아보자. 만약 해당 학군에 양방향 몰입 프로그램이 없다면 다른 대안도 있을 것이다. 방과 후 또는 주말 언어 수업은 제2언어 습득을 촉진하는 체계적 교육 환경이 될 수 있다. 자녀가 부모의 신앙과 관련된 언어를 하기를 원한다면 종교 시설도 유용한 자원일 것이다. 마찬가지로 가계 예산에 맞춰 여름 캠프나 교환 프로그램, 해외 유학, 여행 등을 활용하는 것도 훌륭한 언어 학습 기회가 될 수 있다.

7. 이중언어 발달을 계속해서 탐구한다

부모 스스로도 이중언어 사용 문제를 더 자세히 알아보면 좋다. 이중언어 아동 양육은 여러모로 오해를 받는다. '이중언어 사용의 중요성 네트워크Bilingualism Matters network'에서 공유하는 자료나 이 분야 전문가들의 책이 이 주제를 올바르게 이해하는 출발점이 될 것이다.

이중언어 자녀 양육에서 따를 보편적인 규칙은 없지만, 부모로서는 잘 보살피며 키우는 데 역점을 두어야 한다. 어떤 접근 방식을 택할지는 가정의 특성, 아이의 기질, 거주지, 부모의 가용 자원에 따라 달라진다. 키우는 아이의 행복이 관건이고, 둘 이상의 언어를 구사하는 능력[14]과 이에 따른 인지적·사회적 혜택은 덤이다.[15]

마지막으로 자녀와 어떤 언어로 대화할지 고민된다면, 정답은 가장 풍부한 자극을 제공할 언어가 바람직하다는 것이다. 부모에게 어휘력도 더 풍부하고 문법도 나은 유창한 모국어 대신 그만큼 알지 못하는 제2언어로 아이에게 말하라는 지침은 의도야 어떻든 잘못된 조언이다. 자녀와 모국어로 이야기하지 말라는 지침을 따른다면 부모는 유창한 언어도 못 써먹고 자녀도 언어 입력의 양과 질이 모두 낮아진다. 부모에게 능숙하지 않은 제2언어로 말하라고 요구한다면 자녀는 풍부한 어휘, 문법, 이야기 전달이 빈약한 입력으로 대체되며, 알찬 대면 소통의 상호작용 대신 TV나 인터넷에서 수동적인 입력만 받게 될 수도 있다. 입력의 풍부함은 아이의 언어 및 인지 발달을 예측하는 매우 좋은 지표다. 자녀가 특정 언어로 입력을 받는 것보다 소리, 단어, 문법의 다채로운 조합으로 풍부한 입력을 받는 것이 더 중요하다. 청각, 시각, 촉각 등으로 받는 입력이 풍부할수록 더 많은 뉴런이 활성화되고 뇌가 활발해진다. 대체로 뇌의 배선은 받는 입력으로 형성된다.

우리 가족은 쓰는 언어가 많다. 나는 루마니아어와 러시아어, 남편은 네덜란드어와 독일어, 우리가 사는 미국 중서부에서는 영어, 여행 중에는 스페인어와 프랑스어를 조금씩 쓴다. 그래서 아이들에게 특정 언어만 배우도록 강요하지 않고, 이 모든 언어에 폭넓게 노출시켜 원할 때 더 수월하고 능숙하게 배우도록 했다. 그 접근법이 효과가 있었던 것 같다. 세 아이 모두 언어에 쉽게 다가가고, 필요할 때 쉽게 배운다.(솔직히 말해서 다들 완벽하게 다국어를 구사하지는 못한다. 아이들의 열정이 딴 데 있는 데다, 다중언어 교육을 지원하지 않는 미국에서 학교를 다니고, 단일언어 사용이 일반적인 환경에서 자랐기 때문이다. 이는 아이들의 부모와 조부모가 유럽에서 여러 언어를 접하며 자라고 학교에서 하나나 둘 이상의 외국어를 배웠던 경험과는 대조적이다.) 물론 통제된 실험이 아니기에 이러한 언어 성향이 어린 시절의 광범위한 다중언어 노출이 아닌 유전적 소인의 반영일 수도 있다. 하지만 아이들을 풍부한 다중언어 환경에 노출시키고 그 속에 둘러싸이도록 권장하면 좋다는 사례의 증거는 될 만하다. 유창한 다중언어 구사 능력을 갖추지는 못했더라도 둘 이상의 언어에 노출되는 것은 장기적인 혜택을 가져올 풍요로운 경험이다.

다른 언어를 배우기에 너무 늦거나 이른 때는 없다. 언제든 시작하면 된다. 재미까지 얻을 수도 있다.

 맺음말

감사의 말

저를 더턴 출판사에 소개해주신 스티븐 모로, 스티븐에게 소개해주신 자일스 앤더슨, 자일스에게 소개해주신 아트 마크먼, 아트에게 소개해주신 데드리 겐트너에게 감사드립니다. 더턴 출판사의 스티븐, 그레이스 레이어, 사빌라 칸, 라셸 만딕, 릭 볼, 앨리스 달림플, 응우옌 비안, 사라 테게비, 니콜 자비스, 해나 드라곤, 티파니 에스트라이커도 고맙습니다!

이 책에서 다루는 많은 연구를 함께 수행한 이중언어 및 심리언어학 연구실의 전현직 연구원들도 고맙습니다. 특히 애슐리 청-임, 하야카와 사유리, 시라다 로차나비바타, 앤서니 슈, 빌 판덴베르흐, 레이철 웹스터, 리나 마가리치, 맷 시프의 기여와 제안에 감사드립니다.

노스웨스턴대학교, 미국 국립보건원, 미국 국립과학재단NSF, 딜레이니 재단의 연구 지원에 감사드립니다.

수년간 제 연구와 아이디어의 기틀을 잡는 데 도움을 주신 심리언어학, 인지과학, 의사소통장애학, 심리학, 언어학, 신경과학, 철학, 교육학, 개별언어학 분야의 학생들, 멘토들, 동료들에게도 감사드립니다.

사랑하는 아이들 그레이스, 나디아, 에이미, 남편 아스빈 판덴베르흐, 어머니 나탈리아, 아버지 니콜라에 마리안을 비롯한 가족과 친구들도 고맙습니다.

그리고 이 책을 통해 시간과 공간을 넘어 함께 소통한 독자 여러분께도 감사드립니다.

감사의 말

‘언어의 힘’ 또는 ‘말의 힘’은 여러 가지로 풀이될 수 있다. 힘차게 힘주어 말하는 것도 되고 말이 가진 힘이나 마력도 된다. 혹은 말을 잘하는 능력이나 발언할 권력을 가진 것도 된다. 특정한 개별 언어의 위세를 일컬을 수도 있겠다. 이 책에서 말하는 언어의 힘이란 언어가 개인과 사회를 더 튼튼하게 만드는 힘이 있다는 것이다.

역사를 통해서도 드러나듯 인류에게는 언어를 하나만이 아니라 둘 이상 다루는 것이 오히려 보편적이다. 국경이 불분명하던 시절에 여러 부족이나 민족 집단이 이동하며 만나던 것을 떠올려도 되겠다. 그러다가 근대화 이후 민족국가 개념이 생기며 한 나라에 한 언어가 정상적이라고 여기는 고정관념이 굳어지기도 했는데, 특히나 이질적 집단이나 타민족이 적은 나라 혹은 동화하라는 압박이 큰 나라라면 더욱 그랬다. 한국 같은 나라가 대표적이었을 텐데 이제 수시로 외국으로 나가는 한국인도 많고 국내에 체류하거나 정착하는 외국인도 점점 늘어나는 시대라서 사회적으로도 이중 또는 다중언어 사용이 특이하지 않다는 인식도 커지고 있다.

책의 영어 원제 'The power of language'에서 'language'를 복수가 아닌 단수로 쓴 까닭은 여러 개별 언어의 구사만이 꼭 가장 중요한 논점은 아니기 때문이다. 또한 복수로 쓰면, 예컨대 한국어는 이런 강점이 있고 영어는 이래서 세계 공통어가 됐다는 식으로 각각의 개별 언어가 가진 힘을 논하는 것처럼도 보인다. 제목은 우리가 실제로 언어를 사용할 때도 단일한 언어만 오롯이 자리 잡고 있는 것이 아니고 여러 언어가 개입되기도 하지만, 언어 능력 또는 언어 체계 자체가 본질적으로 다언어적 요소를 띠고 있으며, 따라서 다중언어 사용이 그저 개별 언어들의 집합만이 아니라 언어적 보편성의 일환으로 이해하는 것이 오히려 적절할 수도 있음을 반영한다.

인간에게 보편적인 언어 능력은 하나의 언어만 구사하는 능력이라고 흔히들 전제하지만, 총체적 인지 능력에서 언어가 차지하는 자리에는 개별 언어 하나만 들어가는 것이 아니다. 개별 언어의 문법책이나 사전이 따로 있듯이 인간의 언어 능력도 이와 비슷하게 생각하는 경향이 있으나, 우리가 언어라는 대상을 다루기에 더 간편해서 그럴 뿐이지 언어적 실체와는 오히려 거리가 멀다. 언어는 책이나 그릇 하나에 담겨 고인 물이라기보다는 끊임없이 흐르는 물줄기와도 비슷하다. 이는 언어가 언제나 변하기도 하지만 흘러가면서 다른 물줄기와 언제든 만날 수 있다는 뜻도 된다.

옮긴이의 말

물론 그렇다고 해서 개별 언어의 실체가 부정되지는 않는다. 그보다는 그 바탕 위에서도 우리는 얼마든지 여러 언어를 넘나들며 뻗어 나간다는 것이다. 언어는 우리가 마치 그릇에 담긴 물을 다 마시듯 마스터하기보다는 그 안에서 헤엄치는 것에 가깝다고 할 만하다. 어떤 외국어가 유창해야 진정한 이중 또는 다중언어 구사자가 된다는 일종의 선입견 탓에 부담을 느끼는 사람도 많다. 그러나 완전한 언어가 없듯이 완벽한 언어도 없다. 언어라는 구성체는 늘 완성되어 가는 중이고 그런 언어를 사람이 쓸 때도 당연히 결함이 생긴다. 완전함과 완벽함을 추구하려고 나아가는 과정에 의미가 있다. 그것은 영원히 완결되지 않기 때문이다.

책에서는 적어도 둘 이상의 언어를 하는 것이 인간의 인지 능력에도 어울리며, 또한 외국어 공부도 인지 능력을 향상시킬 수 있음을 보여준다. 물론 모든 것이 그렇듯 외국어를 잘하고 여러 언어를 배우는 것만이 만능열쇠는 아니다. 그러나 신체의 근육과 마찬가지로 지성의 근력도 써먹지 않고 단련하지 않으면 쪼그라드는데 언어 학습은 그런 지적인 연마에 들어가는 길을 터는 좋은 촉매제다.

인공 지능 덕분에 통번역이 수월해지고 그 품질도 더더욱 높아지면서 이제 외국어는 안 배워도 그만이라는 생각도 꽤 퍼진 듯싶다. 아무리 공부한들 인공 지능보다 느리고 아는 것도 적을 텐데 굳이 힘들여 배워 봤자 무슨 쓸모냐 하는 것이다. 인간의 역할이 줄어들리라는 비관론 앞에서는 적당히 활용만 하면 차라리 더 좋은 일 아니냐는 낙관적인 반문들도 한다. 그런데 이는 언어를 의사소통의 도구나 효율적인 정보·지식 전달 매개체로서만 여겨서도 그렇다. 언어는 따로 놓고 보면 여러 면에서 훌륭한 수단이다. 그러나 언어는 우리와 함께하는 실체이기도 하다. 인간에게 언어가 다는 아니지만 언어가 없는 인간도 상상하기 어렵다. 게다가 그런 언어를 하나에만 국한할 필요도 없다.

언어는 사회적인 동시에 가장 개인적이기도 하다. 국어나 공통어, 방언, 집단어와 구별되는 개인어라는 특정한 언어적 실체만 말하는 게 아니고, 나를 나라는 존재로 만드는 언어도 일컫는다. 다른 언어를 알게 되면 다른 사회를 만나듯이 내 안에 있는 또 다른 자아도 만나게 된다. 언어를 어떻게 조탁하느냐에 따라 나의 면모도 바뀐다. 나만의 목소리로 들려줄 나만의 이야기는 새로운 언어를 공부하는 새로운 나를 발견하면서도 더욱 풍성해진다. 스스로의 내면세계도 넓히며 타인이나 이방인과의 접점을 찾는 데 새로운 언어가 하는 구실도 있다.

우리는 같은 언어를 쓰는 사이라도 서로서로를 이해하지 못하는 경우도 있기에 좀 과장한다면 사람마다 언어가 다 다르다고 할 수도 있다. 똑같은 생각을 해도 서로 달리 말하기도 하고 언뜻 같은 말처럼 들려도 속뜻은 다를 수 있다. 그렇다면 번역 불가능성은 언어에 내재하는 속성 탓이기도 하다.

누구나 뭔가 하고 싶은 말이 혀끝에서만 맴돌던 경험이 있다. 그런 말을 몰랐거나 깜박해서 그랬을지도 모르지만 거기에 마침맞는 낱말이나 표현이 존재하지 않아서도 그렇다. 그러나 설령 재료가 되는 어휘를 갖췄다 해도 말이 저절로 술술 나오지는 않는다. 막힘이 없다면

　　　　　　　　　　　　　　　　　　옮긴이의 말

도리어 비인간적이다. 언어도 인간도 완전하지 않기 때문이다. 만약 완전한 언어가 있다면 그것만으로 인간의 생각과 지식이 완성될 테니 다른 언어를 굳이 익힐 필요가 없을지도 모른다. 즉 불완전한 언어를 쓰는 인간이기에 불완전한 또 다른 언어를 만나는 것이 필연이다. 이 언어에서 모자라는 구석은 저 언어에서 채울 수도 있다. 번역은 단순히 언어들끼리 단어나 표현의 짝을 짓는 것이 아니며 서로의 언어에서 들어맞는 짝이 없다는 이유로 번역이 불가능한 것이 아니다. 번역은 두 언어가 별일 없이 무탈하게 만나는 것이 아니고 부딪치고 깨지면서 둘 다 새로 태어나는 과정이다. 바로 그런 이유로 무슨 언어든 번역이 가능하다. 인간의 소통을 번역에 빗댄다면 그런 또 다른 언어와의 만남 안에서 새로운 내가 탄생한다.

저자는 연구자로서 다중언어 사용의 의의를 학술적으로 풀어내면서도, 여러 언어를 구사하고 통번역도 경험했기에 언어들의 만남이 어떻게 실제로 구현되는지도 종합적으로 잘 보여준다. 이중 또는 다중언어 사용이 우리 개인과 사회에도 여러모로 이롭다는 주장이 더 구체적으로 증명되려면 물론 넘을 산도 많다. 인간의 보편적 언어 능력이 바탕에 있더라도 개인적인 노력과 더불어 사회적 뒷받침도 함께 따라야 하기 때문이다. 그렇다 치더라도 각자가 가진 잠재력을 한 번쯤은 펼쳐 보는 재미는 즐길 만하다.

아무리 로봇이 연주를 잘하거나 빠르게 달리더라도 그 모습에 감동받을 인간은 없다. 거기에는 사람이 가진 힘이 보이지가 않는다. 언어도 마찬가지다. 인공지능이 매끄러운 음성으로 말하고 얼핏 보기에 수려한 문체를 뽐낸들 사람의 말맛과 필력이 느껴지지는 않는다. 울퉁불퉁하지 않고 굴곡이 없어서 매끄럽게 보이지만 고만고만하고 밋밋할 뿐이다. 사람의 말과 글에는 틈새가 있는데 그걸 꽉꽉 채우는 것만이 능사가 아니다. 그런 틈새는 안팎의 바람이 드나들며 숨통을 트이게 한다. 모국어든 외국어든 우리는 말을 하고 글을 쓰면서 뭔가를 빠뜨리거나 틀릴 수밖에 없다. 그럼에도 탄탄하게 버티는 것이 바로 인간의 힘이다. 한 언어에만 머물기보다는 또 다른 언어를 만나서 몸소 겪는다면 그런 힘을 더한층 크게 느낄 수 있을 것이다.

신견식

 옮긴이의 말

주

머리말

1. Primo Levi, "A Tranquil Star", *The New Yorker*, 12 February 2007, https://
    www.newyorker.com/magazine/2007/02/12/a-tranquil-star.

2. Russell A. Poldrack, Yaroslav O. Halchenko and Stephen José Hanson,
    "Decoding the Large-Scale Structure of Brain Function by Classifying
    Mental States Across Individuals", *Psychological Science* 20, no. 11(2009):
    1364~1372, https://doi.org/10.1111/j.1467-9280.2009.02460.x/.

3. Russell A. Poldrack and Tal Yarkoni, "From Brain Maps to Cognitive
    Ontologies: Informatics and the Search for Mental Structure", *Annual
    Review of Psychology* 67(2016): 587~612, https://doi.org/10.1146/annurev-
    psych-122414-033729/.

4. Lera Boroditsky, Lauren A. Schmidt and Webb Phillips, "Sex, Syntax, and
    Semantics", in *Language in Mind: Advances in the Study of Language and
    Thought*, eds. Dedre Gentner and Susan Goldin-Meadow(Cambridge: MIT
    Press, 2003), 61~79.

5. Steven Samuel, Geoff Cole and Madeline J. Eacott, "Grammatical Gender
    and Linguistic Relativity: A Systematic Review", *Psychonomic Bulletin &
    Review* 26, no. 6(2019): 1767~1786, https://doi.org/10.3758/s13423-019-
    01652-3/.

6. National Aeronautics and Space Administration, "Mars Climate Orbiter",
    last modified 25 July 2019, https://solarsystem.nasa.gov/missions/mars-
    climate-orbiter/in-depth/.

7. National Security Agency, "Mokusatsu: One Word, Two Lessons", accessed
    18 February 2022, https://www.nsa.gov/portals/75/documents/news-
    features/declassified-documents/tech-journals/mokusatsu.pdf/.

8. Ellen Bialystok, Fergus I. M. Craik and Morris Freedman, "Bilingualism as a Protection Against the Onset of Symptoms of Dementia", *Neuropsychologia* 45, no. 2(2007): 459~464, https://doi.org/10.1016/j.neuropsychologia.2006.10.009/.

PART 1 나를 바꾸는 언어

1. Ludwig Wittgenstein, *Tractatus Logico-Philosophicus*(London: Routledge & Kegan Paul, 1922).

1장 언어라는 놀라운 세계

1. Karen Zeigler and Steven A. Camarota, "67.3 Million in the United States Spoke a Foreign Language at Home in 2018", Center for Immigration Studies(2019): 1~7, https://cis.org/sites/default/files/2019-10/camarota-language-19_0.pdf/.

2. Sayuri Hayakawa and Viorica Marian, "Studying Bilingualism Through Eye-Tracking and Brain Imaging", in *Bilingual Lexical Ambiguity Resolution*, eds. Roberto R. Heredia and Anna B. Cieślicka(Cambridge: Cambridge University Press, 2020), 273~299.

3. Northwestern University, "Bilingualism and Psycholinguistics Lab", accessed 18 February 2022, http://www.bilingualism.northwestern.edu/.

4. Viorica Marian, "The Language You Speak Influences Where Your Attention Goes", *Scientific American*, 5 December 2019, https://blogs.scientificamerican.com/observations/the-language-you-speak-influences-where-your-attention-goes/.

5. Viorica Marian, "Bilingual Language Processing: Evidence from Eye-Tracking and Functional Neuroimaging", PhD diss., Cornell University, 2000.

6. Viorica Marian and Michael Spivey, "Competing Activation in Bilingual Language Processing: Within- and Between-Language Competition", *Bilingualism: Language and Cognition* 6, no. 2(2003): 97~115, https://doi.

org/10.1017/S1366728903001068/.

7.   Michael J. Spivey and Viorica Marian, "Cross Talk Between Native and Second Languages: Partial Activation of an Irrelevant Lexicon", *Psychological Science* 10, no. 3(1999): 281–284, https://doi.org/10.1111/1467-9280.00151/.

8.   Viorica Marian and Michael Spivey, "Bilingual and Monolingual Processing of Competing Lexical Items", *Applied Psycholinguistics* 24, no. 2(2003): 173–193, https://doi.org/10.1017/S0142716403000092/.

9.   Ellen Bialystok, Fergus I. M. Craik and Gigi Luk, "Cognitive Control and Lexical Access in Younger and Older Bilinguals", *Journal of Experimental Psychology: Learning, Memory, and Cognition* 34, no. 4(2008): 859–873, https://doi.org/10.1037/0278-7393.34.4.859/.

10.   Viorica Marian, Henrike K. Blumenfeld, Elena Mizrahi, Ursula Kania and Anne-Kristin Cordes, "Multilingual Stroop Performance: Effects of Trilingualism and Proficiency on Inhibitory Control", *International Journal of Multilingualism* 10, no. 1(2013): 82–104, https://doi.org/10.1080/14790 718.2012.708037/.

11.   Viorica Marian and Margarita Kaushanskaya, "Language Context Guides Memory Content", *Psychonomic Bulletin & Review* 14, no. 5(2007): 925–933, https://doi.org/10.3758/BF03194123/.

12.   Viorica Marian and Margarita Kaushanskaya, "Language-Dependent Memory: Insights from Bilingualism", in *Relations Between Language and Memory*, ed. Cornelia Zelinsky-Wibbelt(Peter Lang, 2011), 95–120.

13.   Viorica Marian and Ulric Neisser, "Language-Dependent Recall of Autobiographical Memories", *Journal of Experimental Psychology: General* 129, no. 3(2000): 361–368, https://doi.org/10.1037/0096-3445.129.3.361/.

14.   Jean-Marc Dewaele, "The Emotional Weight of I Love You in Multilinguals' Languages", *Journal of Pragmatics* 40, no. 10(2008): 1753–1780, https://doi.org/10.1016/j.pragma.2008.03.002/.

15.   Viorica Marian and Margarita Kaushanskaya, "Words, Feelings,

and Bilingualism: Cross-Linguistic Differences in Emotionality of Autobiographical Memories", *The Mental Lexicon* 3, no. 1(2008): 72~91, https://doi.org/10.1075/ml.3.1.06mar/.

16. Sayuri Hayakawa, Albert Costa, Alice Foucart and Boaz Keysar, "Using a Foreign Language Changes Our Choices", *Trends in Cognitive Sciences* 20, no. 11(2016): 791–793, https://doi.org/10.1016/j.tics.2016.08.004/.

17. Albert Costa, Alice Foucart, Sayuri Hayakawa, Melina Aparici, Jose Apesteguia, Joy Heafner, and Boaz Keysar, "Your Morals Depend on Language", *PloS ONE* 9, no. 4(2014): e94842. https://doi.org/10.1371/journal.pone.0094842/.

18. Yoella Bereby-Meyer, Sayuri Hayakawa, Shaul Shalvi, Joanna D. Corey, Albert Costa and Boaz Keysar, "Honesty Speaks a Second Language", *Topics in Cognitive Science* 12, no. 2(2020): 632~643, https://doi.org/10.1111/tops.12360/.

2장 언어의 병렬 활성화

1. University of Western Ontario, "Lab Tutorials", accessed 18 February 2022, https://sites.google.com/site/kenmcraelab/lab-tutorials/.

2. Viorica Marian, "Audio-Visual Integration During Bilingual Language Processing", in *The Bilingual Mental Lexicon: Interdisciplinary Approaches*, ed. Aneta Pavlenko(Clevedon, UK: Multilingual Matters, 2009), 52~78.

3. Anthony Shook and Viorica Marian, "Covert Co-Activation of Bilinguals" Non-Target Language: Phonological Competition from Translations", *Linguistic Approaches to Bilingualism* 9, no. 2(2019): 228~252, https://doi.org/10.1075/lab.17022.sho/.

4. Holger Hopp, "The Processing of English Which-Questions in Adult L2 Learners: Effects of L1 Transfer and Proficiency", *Zeitschrift für Sprachwissenschaft* 36, no. 1(2017): 107–134, https://doi.org/10.1515/zfs-2017-0006/.

5. Margarita Kaushanskaya and Viorica Marian, "Bilingual Language Processing and Interference in Bilinguals: Evidence from Eye Tracking and

Picture Naming", *Language Learning* 57, no. 1(2007): 119~163, https://doi.org/10.1111/j.1467-9922.2007.00401.x/.

6. Viorica Marian, James Bartolotti, Natalia L. Daniel and Sayuri Hayakawa, "Spoken Words Activate Native and Non-Native Letter-to-Sound Mappings: Evidence from Eye Tracking", *Brain and Language* 223(2021): 105045, https://doi.org/10.1016/j.bandl.2021.105045/.

7. Anthony Shook and Viorica Marian, "The Bilingual Language Interaction Network for Comprehension of Speech", *Bilingualism: Language and Cognition* 16, no. 2(2013): 304~324, https://doi.org/10.1017/S1366728912000466/.

8. Henrike K. Blumenfeld and Viorica Marian, "Constraints on Parallel Activation in Bilingual Spoken Language Processing: Examining Proficiency and Lexical Status Using Eye-Tracking", *Language and Cognitive Processes* 22, no. 5(2007): 633~660, https://doi.org/10.1080/01690960601000746/.

9. Anthony Shook and Viorica Marian, "Language Processing in Bimodal Bilinguals", in *Bilinguals: Cognition, Education, and Language Processing*, ed. Earl F. Caldwell(Hauppauge NY: Nova Science Publishers, 2009), 35~64.

10. Marcel R. Giezen, Henrike K. Blumenfeld, Anthony Shook, Viorica Marian and Karen Emmorey, "Parallel Language Activation and Inhibitory Control in Bimodal Bilinguals", *Cognition* 141(2015): 9~25, https://doi.org/10.1016/j.cognition.2015.04.009/.

11. Sarah Chabal and Viorica Marian, "Speakers of Different Languages Process the Visual World Differently", *Journal of Experimental Psychology: General* 144, no. 3(2015): 539~550, https://doi.org/10.1037/xge0000075/.

12. Anthony Shook and Viorica Marian, "Bimodal Bilinguals Co-Activate Both Languages During Spoken Comprehension", *Cognition* 124, no. 3(2012): 314~324, https://doi.org/10.1016/j.cognition.2012.05.014/.

13. Sarah Chabal, Sayuri Hayakawa and Viorica Marian, "Language Is Activated by Visual Input Regardless of Memory Demands or Capacity", *Cognition* 222(2022): 104994, https://doi.org/10.1016/j.cognition.2021.104994/.

14. Judith F. Kroll, Paola E. Dussias, Cari A. Bogulski and Jorge R. Valdes Kroff,

"Juggling Two Languages in One Mind: What Bilinguals Tell Us About Language Processing and Its Consequences for Cognition", *Psychology of Learning and Motivation* 56(2012): 229~262, https://doi.org/10.1016/B978-0-12-394393-4.00007-8/.

15. Viorica Marian, Sayuri Hayakawa and Scott R. Schroeder, "Memory After Visual Search: Overlapping Phonology, Shared Meaning, and Bilingual Experience Influence What We Remember", *Brain and Language* 222(2021): 105012, https://doi.org/10.1016/j.bandl.2021.105012/.

16. Henrike K. Blumenfeld and Viorica Marian, "Bilingualism Influences Inhibitory Control in Auditory Comprehension", *Cognition* 118, no. 2(2011): 245~257, https://doi.org/10.1016/j.cognition.2010.10.012/.

3장 창의성을 키우는 언어의 힘

1. Jackson G. Lu, Andrew C. Hafenbrack, Paul W. Eastwick, Dan J. Wang, William W. Maddux and Adam D. Galinsky, "'Going Out' of the Box: Close Intercultural Friendships and Romantic Relationships Spark Creativity, Workplace Innovation, and Entrepreneurship", *Journal of Applied Psychology* 102, no. 7(2017): 1091~1108, https://doi.org/10.1037/apl0000212/.

2. Bill Thompson, Seán G. Roberts and Gary Lupyan, "Cultural Influences on Word Meanings Revealed through Large-Scale Semantic Alignment", *Nature Human Behaviour* 4, no. 10(2020): 1029~1038, https://doi.org/10.1038/s41562-020-0924-8/.

3. Siqi Ning, Sayuri Hayakawa, James Bartolotti and Viorica Marian, "On Language and Thought: Bilingual Experience Influences Semantic Associations", *Journal of Neurolinguistics* 56(2020): 100932, https://doi.org/10.1016/j.jneuroling.2020.100932/.

4. Tamar Degani, Anat Prior and Natasha Tokowicz, "Bidirectional Transfer: The Effect of Sharing a Translation", *Journal of Cognitive Psychology* 23, no. 1(2011): 18~28, https://doi.org/10.1080/20445911.2011.445986/

5. "Fight was what I did": Li-Young Lee. "Persimmons", in Li-Young Lee, Rose:

Poems(United States: BOA Editions, 1986), 17-19.

6. Ellen Bialystok and Dana Shapero, "Ambiguous Benefits: The Effect of Bilingualism on Reversing Ambiguous Figures", *Developmental Science* 8, no. 6(2005): 595-604, https://doi.org/10.1111/j.1467-7687.2005.00451.x/.

7. Marina C. Wimmer and Christina Marx, "Inhibitory Processes in Visual Perception: A Bilingual Advantage", *Journal of Experimental Child Psychology* 126(2014): 412-419, https://doi.org/10.1016/j.jecp.2014.03.004/.

8. Annette Karmiloff-Smith, "Constraints on Representational Change: Evidence from Children"s Drawing", *Cognition* 34, no. 1(1990): 57-83, https://doi.org/10.1016/0010-0277(90)90031-E/.

9. Esther Adi-Japha, Jennie Berberich-Artzi and Afaf Libnawi, "Cognitive Flexibility in Drawings of Bilingual Children", *Child Development* 81, no. 5(2010): 1356-1366, https://doi.org/10.1111/j.1467-8624.2010.01477.x/.

10. E. Paul Torrance, "Predicting the Creativity of Elementary School Children (1958–80) – and the Teacher Who 'Made a Difference'", *Gifted Child Quarterly* 25, no. 2(1981): 55-62, https://doi.org/10.1177/001698628102 500203/.

11. Jonathan A. Plucker, "Is the Proof in the Pudding? Reanalyses of Torrance"s(1958 to present) Longitudinal Data", *Creativity Research Journal* 12, no. 2(1999): 103-114, https://doi.org/10.1207/s15326934crj1202_3/.

12. Ludwig Wittgenstein, *Philosophical Investigations*, trans. Gertrude Elizabeth Margaret Anscombe(New York: Macmillan, 1953).

13. John B. Caroll, *Language, Thought, and Reality: Selected Writings of Benjamin Lee Whorf*(MIT Press, 1956).

14. Erich Heller, "Wittgenstein and Nietzsche", in *The Artist's Journey into the Interior and Other Essays*(London: Secker & Warburg, 1966), 199-226.

15. Édouard Claparède, "Récognition et moiïté", *Archives of Psychology Genève* 11(1911): 79-90.

16. Lera Boroditsky, "Does Language Shape Thought?: Mandarin and English Speakers' Conceptions of Time", *Cognitive Psychology* 43, no. 1(2001): 1-22,

https://doi.org/10.1006/cogp.2001.0748/.

17. Edward Sapir, "The Status of Linguistics as a Science", *Language* 5, no. 4(1929): 207-214.

18. Peiyao Chen, Ashley Chung-Fat-Yim and Viorica Marian, "Cultural Experience Influences Multisensory Emotion Perception in Bilinguals", *Languages* 7, no. 1(2022): 12, https://doi.org/10.3390/languages7010012/.

19. Viorica Marian, Sayuri Hayakawa, Tuan Q. Lam and Scott R. Schroeder, "Language Experience Changes Audiovisual Perception", *Brain Sciences* 8, no. 5 (2018): 85, https://doi.org/10.3390/brainsci805008/.

20. Sayuri Hayakawa and Viorica Marian, "Consequences of Multilingualism for Neural Architecture", *Behavioral and Brain Functions* 15, no. 1(2019): 1-24, https://doi.org/10.1186/s12993-019-0157-z/.

21. Richard Stephens, John Atkins and Andrew Kingston, "Swearing as a Response to Pain", *NeuroReport* 20, no. 12(2009): 1056-1060, https://doi.org/10.1097/WR.0b013e32832e64b1/.

4장 말씀이 육신이 되어

1. Viorica Marian, Michael Spivey and Joy Hirsch, "Shared and Separate Systems in Bilingual Language Processing: Converging Evidence from Eyetracking and Brain Imaging", *Brain and Language* 86, no. 1(2003): 70-82, https://doi.org/10.1016/S0093-934X(02)00535-7/.

2. fMRI 4 Newbies, "fMRI 4 Newbies: A Crash Course in Brain Imaging", accessed 18 February 2022, http://www.fmri4newbies.com/.

3. Michel Paradis, Marie-Claire Goldblum and Raouf Abidi, "Alternate Antagonism with Paradoxical Translation Behavior in Two Bilingual Aphasic Patients", *Brain and Language* 15, no. 1(1982): 55-69, https://doi.org/10.1016/0093-934X(82)90046-3/.

4. Albert Pitres, "Étude sur l'aphasie chez les polyglottes", *Revue de Médecine* 15(1895): 873-899.

5. Franco Fabbro, The *Neurolinguistics of Bilingualism: An Introduction*(London: Psychology Press, 1999).

6. Liberty S. Hamilton et al., "Parallel and Distributed Encoding of Speech Across Human Auditory Cortex", *Cell* 184, no. 18(2021): 4626-4639, https://doi.org/10.1016/j.cell.2021.07.019/.

7. Jerry A. Fodor, *The Modularity of Mind*(Cambridge, MA: MIT Press, 1983).

8. Steven Johnson, *Emergence: The Connected Lives of Ants, Brains, Cities, and Software*(United Kingdom: Scribner, 2001).

9. Alan Turing, "The Chemical Basis of Morphogenesis", *Philosophical Transactions of the Royal Society of London B.* 237, no. 641(1952): 37-72.

10. Marvin Minsky, *The Emotion Machine: Commonsense Thinking, Artificial Intelligence, and the Future of the Human Mind*(New York: Simon & Schuster, 2006).

11. Noam Chomsky, *Syntactic Structures*(The Hague: Mouton, 1957).

12. Sayuri Hayakawa and Viorica Marian, "Consequences of Multilingualism for Neural Architecture", *Behavioral and Brain Functions* 15, no. 1(2019): 1-24, https://doi.org/10.1186/s12993-019-0157-z/.

13. Andrea Mechelli, Jenny T. Crinion, Uta Noppeney, John O'Doherty, John Ashburner, Richard S. Frackowiak and Cathy J. Price, "Structural Plasticity in the Bilingual Brain", *Nature* 431, no. 7010(2004): 757, https://doi.org/10.1038/431757a/.

14. Jennifer Krizman and Viorica Marian, "Neural Consequences of Bilingualism for Cortical and Subcortical Function", in *The Cambridge Handbook of Bilingual Processing*, ed. John W. Schwieter(Cambridge: Cambridge University Press, 2015), 614-630.

15. Viorica Marian, James Bartolotti, Sirada Rochanavibhata, Kailyn Bradley and Arturo E. Hernandez, "Bilingual Cortical Control of Between- and Within-Language Competition", *Scientific Reports* 7, no. 1(2017): 1-11, https://doi.org/10.1038/s41598-017-12116-w/.

16. Christos Pliatsikas, Elisavet Moschopoulou and James Douglas Saddy, "The Effects of Bilingualism on the White Matter Structure of the Brain", *Proceedings of the National Academy of Sciences* 112, no. 5(2015): 1334-1337, https://doi.org/10.1073/pnas.1414183112/.

17. Christos Pliatsikas, Sergio Miguel Pereira Soares, Toms Voits, Vincent DeLuca and Jason Rothman, "Bilingualism Is a Long-Term Cognitively Challenging Experience that Modulates Metabolite Concentrations in the Healthy Brain", *Scientific Reports* 11, no. 1(2021): 1~12, https://doi.org/10.1038/s41598-021-86443-4/.

18. Sharon Begley, "Was Darwin Wrong About Evolution?", *Newsweek*, 1 January 2009, https://www.newsweek.com/begley-was-darwin-wrong-about-evolution-78507/.

19. Brian G. Dias and Kerry J. Ressler, "Parental Olfactory Experience Influences Behavior and Neural Structure in Subsequent Generations", *Nature Neuroscience* 17(2014): 89~96, https://doi.org/10.1038/nn.3594.

20. Biao Huang, Cizhong Jiang and Rongxin Zhang, "Epigenetics: The Language of the Cell?", *Epigenomics* 6, no. 1(2014): 73~88, https://doi.org/10.2217/epi.13.72/.

21. Richelle Mychasiuk, Saif Zahir, Nichole Schmold, Slava Ilnytskyy, Olga Kovalchuk and Robbin Gibb, "Parental Enrichment and Offspring Development: Modifications to Brain, Behavior and the Epigenome", *Behavioural Brain Research* 228, no. 2(2012): 294~298, https://doi.org/10.1016/j.bbr.2011.11.036/.

22. Rachel Yehuda, "Trauma in the Family Tree", *Scientific American* 327, no. 1(2022): 50~55, https://doi.org/10.1038/scientificamerican0722-5.

23. Shelley D. Smith, "Approach to Epigenetic Analysis in Language Disorders", *Journal of Neurodevelopmental Disorders* 3, no. 4(2011): 356~364, https://doi.org/10.1007/s11689-011-9099-y/.

24. Shaghayegh Navabpour, Jessie Rogers, Taylor McFadden and Timothy J. Jarome, "DNA Double-Strand Breaks Are a Critical Regulator of Fear Memory Reconsolidation", *International Journal of Molecular Sciences* 21, no. 23(2020): 8995, https://doi.org/10.3390/ijms21238995/.

5장 평생 지속되는 다중언어의 효과

1. Jana Reifegerste, João Veríssimo, Michael D. Rugg, Mariel Y. Pullman, Laura

Babcock, Dana A. Glei, Maxine Weinstein, Noreen Goldman and Michael T. Ullman, "Early-Life Education May Help Bolster Declarative Memory in Old Age, Especially for Women", *Aging, Neuropsychology, and Cognition* 28, no. 2(2021): 218-252, https://doi.org/10.1080/13825585.2020.1736497/.

2. Ellen Bialystok, "Bilingualism as a Slice of Swiss Cheese", *Frontiers in Psychology*(2021): 5219, https://doi.org/10.3389/fpsyg.2021.769323/.

3. Jubin Abutalebi, Lucia Guidi, Virginia Borsa, Matteo Canini, Pasquale A. Della Rosa, Ben A. Parris and Brendan S. Weekes, "Bilingualism Provides a Neural Reserve for Aging Populations", *Neuropsychologia* 69(2015): 201-210, https://doi.org/10.1016/j.neuropsychologia.2015.01.040/.

4. Scott Schroeder and Viorica Marian, "A Bilingual Advantage for Episodic Memory in Older Adults", *Journal of Cognitive Psychology* 24(2012): 591-601, https://doi.org/10.1080/20445911.2012.669367/.

5. Scott Schroeder and Viorica Marian, "Cognitive Consequences of Trilingualism", *International Journal of Trilingualism* 21(2017): 754-773, https://doi.org/10.1177/13670069166637288/.

6. Raymond M. Klein, John Christie and Mikael Parkvall, "Does Multilingualism Affect the Incidence of Alzheimer's Disease?: A Worldwide Analysis by Country", *SSM-Population Health* 2(2016): 463-467, https://doi.org/10.1016/j.ssmph.2016.06.002/.

7. Viorica Marian, Yasmeen Faroqi-Shah, Margarita Kaushanskaya, Henrike K. Blumenfeld and Li Sheng, "Bilingualism: Consequences for Language, Cognition, Development, and the Brain", *The ASHA Leader* 14, no. 13(2009): 10-13, https://doi.org/10.1044/leader.FTR2.14132009.10/.

8. Ellen Bialystok, "Coordination of Executive Functions in Monolingual and Bilingual Children", *Journal of Experimental Child Psychology* 110(2011): 461-468.

9. Ágnes Melinda Kovács and Jacques Mehler, "Cognitive Gains in 7-Month-Old Bilingual Infants", *Proceedings of the National Academy of Sciences* 106 no. 16(2009): 6556-6560.

10. Sylvia Joseph Galambos and Kenji Hakuta, "Subject-Specific and Task-

Specific Characteristics of Metalinguistic Awareness in Bilingual Children", *Applied Psycholinguistics* 9(1988): 141~162.

11. Li Sheng, Karla K. McGregor and Viorica Marian, "Lexical-Semantic Organization in Bilingual Children: Evidence from a Repeated Word Association Task", *Journal of Speech, Language, and Hearing Research* 49, no. 3(2006): 572~587, https://doi.org/10.1044/1092-4388(2006/041)/.

12. Michelle M. Martin-Rhee and Ellen Bialystok, "The Development of Two Types of Inhibitory Control in Monolingual and Bilingual Children", *Bilingualism: Language and Cognition* 11, no. 1(2008): 81~93, https://doi.org/10.1017/S1366728907003227.

13. Rosario Rueda et al., "Development of Attentional Networks in Childhood", *Neuropsychologia* 42, no. 8(2004), 1029~1040, https://doi.org/10.1016/j.neuropsychologia.2003.12.012.

14. Sujin Yang, Hwajn Yang and Barbara Lust, "Early Childhood Bilingualism Leads to Advances in Executive Attention: Dissociating Culture and Language", *Bilingualism: Language and Cognition* 14, no. 3(2011), 412~422, https://doi.org/10.1017/S1366728910000611.

15. Ester Navarro, Vincent DeLuca and Eleonora Rossi, "It Takes a Village: Using Network Science to Identify the Effect of Individual Differences in Bilingual Experience for Theory of Mind", *Brain Sciences* 12(2022): 487, https://doi.org/10.3390/brainsci12040487/.

16. Paula Rubio-Fernandez and Sam Glucksberg, "Reasoning About Other People's Beliefs: Bilinguals Have an Advantage", *Journal of Experimental Psychology: Learning, Memory and Cognition* 38(2011): 211~217, https://doi.org/10.1037/a0025162/.

17. Ágnes Melinda Kovács and Jacques Mehler, "Cognitive Gains in 7-Month-Old Bilingual Infants", *Proceedings of the National Academy of Sciences* 106, no. 16(2009): 6556~6560, https://doi.org/10.1073/pnas.0811323106/.

18. Jenny R. Saffran, Richard N. Aslin and Elissa L. Newport, "Statistical Learning by 8-Month-Old Infants", *Science* 274, no. 5294(1996): 1926~1928, https://doi.org/10.1126/science.274.5294.1926/.

19. Margarita Kaushanskaya and Viorica Marian, "The Bilingual Advantage in Novel Word Learning", *Psychonomic Bulletin & Review* 16, no. 4(2009): 705-710, https://doi.org/10.3758/PBR.16.4.705/.

20. Julie Chobert and Mireille Besson, "Musical Expertise and Second Language Learning", *Brain Sciences* 3, no. 2(2013): 923-940, https://doi.org/10.3390/brainsci3020923/.

21. Paula M. Roncaglia-Denissen, Drikus A. Roor, Ao Chen and Makiko Sadakata, "The Enhanced Musical Rhythmic Perception in Second Language Learners", *Frontiers in Human Neuroscience* 10(2016): 288, https://doi.org/10.3389/fnhum.2016.00288/.

22. Liquan Liu and Rene Kager, "Enhanced Music Sensitivity in 9-Month-Old Bilingual Infants", *Cognitive Processing* 18(2016): 55-65, https://doi.org/10.1007/s10339-016-0780-7/.

23. Sylvain Moreno, Zofia Wodniecka, William Tays, Claude Alain and Ellen Bialystok, "Inhibitory Control in Bilinguals and Musicians: Event Related Potential (ERP) Evidence for Experience-Specific Effects", *PloS ONE* 9, no. 4(2014): e94169, https://doi.org/10.1371/journal.pone.0094169/.

24. Scott R. Schroeder, Viorica Marian, Anthony Shook and James Bartolotti, "Bilingualism and Musicianship Enhance Cognitive Control", *Neural Plasticity* 2016(2016), https://doi.org/10.1155/2016/4058620/.

25. Andree Hartanto, Hwajin Yang and Sujin Yang, "Bilingualism Positively Predicts Mathematical Competence: Evidence from Two Large-Scale Studies", *Learning and Individual Differences* 61(2018): 216-227, https://doi.org/10.1016/j.lindif.2017.12.007/.

26. Viorica Marian, Anthony Shook and Scott R. Schroeder, "Bilingual Two-Way Immersion Programs Benefit Academic Achievement", *Bilingual Research Journal* 36, no. 2(2013): 167-186, https://doi.org/10.1080/15235882.2013.818075/.

27. Nicholas Block, "The Impact of Two-Way Dual-Immersion Programs on Initially English-Dominant Latino Students' Attitudes", *Bilingual Research Journal* 34, no. 2(2011): 125-141, https://doi.org/10.1080/15235882.201

1.598059/.

28. Nicholas Block and Lorena Vidaurre, "Comparing Attitudes of First-Grade Dual Language Immersion Versus Mainstream English Students", *Bilingual Research Journal* 42, no. 2(2019): 129–149, https://doi.org/10.1080/15235 882.2019.1604452/.

29. Alena G. Esposito, "Executive Functions in Two-Way Dual-Language Education: A Mechanism for Academic Performance", *Bilingual Research Journal* 43, no. 4(2020): 417–432, https://doi.org/10.1080/15235882.202 1.1874570/.

30. Erika Hoff, Cynthia Core, Silvia Place, Rosario Rumiche, Melissa Señor and Marisol Parra, "Dual Language Exposure and Early Bilingual Development", *Journal of Child Language* 39, no. 1(2012): 1–7, https://doi. org/10.1017/S0305000910000759/.

31. Lisa M. Bedore, Elizabeth D. Peña, Melissa García and Celina Cortez, "Conceptual Versus Monolingual Scoring", *Language, Speech, and Hearing Services in Schools* 36, no. 3(2005): 188–200, https://doi.org/10.1044/0161-1461(2005/020)/.

32. Annick De Houwer, Marc H. Bornstein and Diane L. Putnick, "A Bilingual-Monolingual Comparison of Young Children's Vocabulary Size: Evidence from Comprehension and Production", *Applied Psycholinguistics* 35, no. 6(2014): 1189–1211, https://doi.org/10.1017/S0142716412000744/.

33. Vivian M. Umbel and D. Kimbrough Oller, "Developmental Changes in Receptive Vocabulary in Hispanic Bilingual School Children", *Language Learning* 44, no. 2(1994): 221–242, https://doi.org/10.1111/j.1467-1770.1994.tb01101.x/.

34. Viorica Marian, Sarah Chabal, James Bartolotti, Kailyn Bradley and Arturo E. Hernandez, "Differential Recruitment of Executive Control Regions During Phonological Competition in Monolinguals and Bilinguals", *Brain and Language* 139(2014): 108–117, https://doi.org/10.1016/ j.bandl.2014.10.005/.

35. Olessia Jouravlev, Zachary Mineroff, Idan A. Blank and Evelina

Fedorenko, "The Small and Efficient Language Network of Polyglots and Hyper-Polyglots", *Cerebral Cortex* 31, no. 1(2021): 62~76, https://doi.org/10.1093/cercor/bhaa205/.

36. Jennifer Krizman, Viorica Marian, Anthony Shook, Erika Skoe and Nina Kraus, "Subcortical Encoding of Sound is Enhanced in Bilinguals and Relates to Executive Function Advantages", *Proceedings of the National Academy of Sciences* 109, no. 20(2012): 7877~7881, https://doi.org/10.1073/pnas.1201575109/.

6장 언어가 달라지면 사람도 달라질까?

1. Jean-Marc Dewaele and Aneta Pavlenko, "Web Questionnaire on Bilingualism and Emotions", University of London, 2001~2003.

2. Nairan Ramirez-Esparza, Samuel D. Gosling, Veronica Benet-Martinez, Jeffrey P. Potter and James W. Pennebaker, "Do Bilinguals Have Two Personalities? A Special Case of Cultural Frame Switching", *Journal of Research in Personality* 40, no. 2(2006): 99~120, https://doi.org/10.1016/j.jrp.2004.09.001.

3. Michael Ross, Elaine Xun and Anne Wilson, "Language and the Bicultural Self", *Personality and Social Psychology Bulletin* 28(2020): 1040~1050, https://doi.org/10.1177/01461672022811003/.

4. Chi-Ying Cheng, Fiona Lee and Verónica Benet-Martínez, "Assimilation and Contrast Effects in Cultural Frame Switching: Bicultural Identity Integration and Valence of Cultural Cues", *Journal of Cross-Cultural Psychology* 37, no. 6(2006): 742~760, https://doi.org/10.1177/0022022106292081/.

5. Maykel Verkuyten and Katerina Pouliasi, "Biculturalism Among Older Children: Cultural Frame Switching, Attributions, Self-Identification, and Attitudes", *Journal of Cross-Cultural Psychology* 33, no. 6(2002): 596~609, https://doi.org/10.1177/0022022102238271/.

6. M. Keith Chen, "The Effect of Language on Economic Behavior: Evidence from Savings Rates, Health Behaviors, and Retirement Assets", *American*

Economic Review 103, no. 2(2013): 690–731, https://doi.org/10.1257/
aer.103.2.690/.

7. Eva Hoffman, *Lost in Translation: A Life in a New Language*(New York:
Penguin, 1990).

8. Julie Sedivy, *Memory Speaks: On Losing and Reclaiming Language and
Self*(Belknap Press, 2021).

9. Yu Niiya, Phoebe C. Ellsworth and Susumu Yamaguchi, "Amae in Japan
and the United States: An Exploration of a 'Culturally Unique' Emotion",
Emotion 6, no. 2(2006): 279–295, https://doi.org/10.1037/1528-
3542.6.2.279/.

10. Takeo Doi, *The Anatomy of Dependence*(Tokyo: Kodansha International,
1971).

11. Naomi Quinn, "Adult Attachment Cross-Culturally: A Reanalysis of the
Ifaluk Emotion Fago", in *Attachment Reconsidered*, eds. Naomi Quinn and
Jeannette Marie Mageo(New York: Palgrave Macmillan, 2013), 215–239,
https://doi.org/10.1057/9781137386724_9/.

12. Catherine Lutz, "Ethnopsychology Compared to What? Explaining
Behavior and Consciousness Among the Ifaluk", in *Person, Self, and
Experience: Exploring Pacific Ethnopsychologies*, eds. Geoffrey M. White and
John Kirkpatrick(University of California Press, 1985), 35–79.

13. Usha Menon and Richard A. Shweder, "Kali's Tongue: Cultural Psychology
and the Power of Shame in Orissa, India", in *Emotion and Culture: Empirical
Studies of Mutual Influence*, eds. Shinobu Kitayama and Hazel Rose Markus
(American Psychological Association, 1994), 241~282.

14. Jody Usher and Ulric Neisser, "Childhood Amnesia and the Beginnings
of Memory for Four Early Life Events", *Journal of Experimental
Psychology: General* 122(1993): 155–165, https://doi.org/10.1037/0096-
3445.122.2.155/.

15. Viorica Marian and Caitlin M. Fausey, "Language-Dependent Memory
in Bilingual Learning", *Applied Cognitive Psychology* 20, no. 8(2006):
1025–1047, https://doi.org/10.1002/acp.1242/.

16. Luna Filipović, *Bilingualism in Action*(Cambridge University Press, 2019).

17. Elizabeth F. Loftus, *Eyewitness Testimony*(Cambridge: Harvard University Press, 1996).

18. Elizabeth F. Loftus and Jacqueline E. Pickrell, "The Formation of False Memories", *Psychiatric Annals* 25, no. 12(1995): 720-725, https://doi.org/10.3928/0048-5713-19951201-07.

19. Viorica Marian, "Two Memory Paradigms: Genuine and False Memories in Word Lists and Autobiographical Recall", in *Trends in Experimental Psychology Research*, ed. Diane T. Rosen(New York: Nova Science Publishers, 2005), 129-142.

20. Ursula K. Le Guin, "The Ones Who Walk Away from Omelas", Creative Education, 1993.

21. Constantinos Hadjichristidis, Janet Geipel and Luca Surian, "Breaking Magic: Foreign Language Suppresses Superstition", *Quarterly Journal of Experimental Psychology* 72, no. 1(2019): 18-28, https://doi.org/10.1080/17470218.2017.1371780/.

22. Viorica Marian and Margarita Kaushanskaya, "Self-Construal and Emotion in Bicultural Bilinguals", *Journal of Memory and Language* 51, no. 2(2004): 190-201, https://doi.org/10.1016/j.jml.2004.04.003/.

23. Donnel A. Briley, Michael W. Morris and Itamar Simonsson, "Cultural Chameleons: Biculturals, Conformity Motives, and Decision Making", *Journal of Consumer Psychology* 15, no. 4(2005): 351-362, https://doi/abs/10.1207/s15327663jcp1504_9/.

24. Shan Gao, Ondrej Zika, Robert D. Rogers and Guillaume Thierry, "Second Language Feedback Abolishes the 'Hot Hand' Effect During Even-Probability Gambling", *Journal of Neuroscience* 35, no. 15(2015): 5983-5989, https://doi.org/10.1523/JNEUROSCI.3622-14.2015/.

25. Daniel Kahneman and Amos Tversky, "Prospect Theory: An Analysis of Decision Under Risk", *Econometrica* 47, no. 2(1979): 263-291, https://doi.org/10.2307/1914185/.

26. Boaz Keysar, Sayuri L. Hayakawa and Sun Gyu An, "The Foreign-

Language Effect: Thinking in a Foreign Tongue Reduces Decision Biases", *Psychological Science* 23, no. 6(2012): 661~668, https://doi.org/10.1177/0956797611432178/.

27. Constantinos Hadjichristidis, Janet Geipel and Lucia Savadori, "The Effect of Foreign Language in Judgments of Risk and Benefit: The Role of Affect", *Journal of Experimental Psychology: Applied* 21, no. 2(2015): 117~129, https://doi.org/10.1037/xap0000044/.

28. Janet Geipel, Constantinos Hadjichristidis and Anne-Kathrin Klesse, "Barriers to Sustainable Consumption Attenuated by Foreign Language Use", *Nature Sustainability* 1, no. 1(2018): 31~33, https://doi.org/10.1038/s41893-017-0005-9/.

29. Janet Geipel, Leigh H. Grant and Boaz Keysar. "Use of a Language Intervention to Reduce Vaccine Hesitancy", *Scientific Reports* 12, no. 1(2022): 1~6, https://doi.org/10.1038/s41598-021-04249-w/.

30. Sayuri Hayakawa, Yue Pan and Viorica Marian, "Using a Foreign Language Changes Medical Judgments of Preventative Care", *Brain Sciences* 11, no. 10(2021): 1309, https://doi.org/10.3390/brainsci11101309/.

31. Sayuri Hayakawa, Yue Pan and Viorica Marian, "Language Changes Medical Judgments and Beliefs", *International Journal of Bilingualism*(2021), https://doi.org/10.1177/13670069211022851/.

PART 2 사회를 바꾸는 언어

7장 언어의 영향력

1. George Orwell, *1984*(London: Secker & Warburg, 1949).

2. George Orwell, *Politics and the English Language*(London: Horizon, 1946).

3. Nicole Holliday, ""My Presiden(t) and Firs(t) Lady Were Black": Style, Context, and Coronal Stop Deletion in the Speech of Barack and Michelle Obama", *American Speech: A Quarterly of Linguistic Usage* 92, no. 4(2017): 459~486, https://doi.org/10.1215/00031283-6903954/.

4. Benjamin Zimmer, Charles E. Carson; Among the New Words.

American Speech 1, November 2012; 87(4): 491~510. doi: https://doi.org/10.1215/00031283-2077633/.

5. Alejandro Flores and Alexander Coppock, "Do Bilinguals Respond More Favorably to Candidate Advertisements in English or in Spanish?", *Political Communication* 35, no. 4(2018): 612~633, https://doi.org/10.1080/10584 609.2018.1426663/.

6. Jessica Lavariega Monforti, Melissa Michelson and Annie Franco, "Por Quién Votará? Experimental Evidence About Language, Ethnicity, and Vote Choice (Among Republicans)", *Politics, Groups, & Identities* 1, no. 4(2013): 475~487, https://doi.org/10.1080/21565503.2013.842491/.

7. Joshua Darr, Brittany Perry, Johanna Dunaway and Mingxiao Sui, "Seeing Spanish: The Effects of Language-Based Media Choices on Resentment and Belonging", *Political Communication* 37, no. 4(2020): 488~511.

8. Eric Yorkston and Geeta Menon, "A Sound Idea: Phonetic Effects of Brand Names on Consumer Judgments", *Journal of Consumer Research* 31, no. 1(2004): 43~51, https://doi.org/10.1086/383422/.

9. Stefano Puntoni, Bart De Langhe and Stijn Van Osselaer, "Bilingualism and the Emotional Intensity of Advertising Language", *Journal of Consumer Research* 35, no. 6(2009): 1012~1025, https://doi.org/10.1086/595022/.

10. Mustafa Karataş, "Making Decisions in Foreign Languages: Weaker Senses of Ownership Attenuate the Endowment Effect", *Journal of Consumer Psychology* 30, no. 2(2020): 296~303, https://doi.org/10.1002/jcpy.1138/.

11. Cecilia Alvarez, Paul Miniard and James Jaccard, "How Hispanic Bilinguals' Cultural Stereotypes Shape Advertising Persuasiveness", *Journal of Business Research* 75(2017): 29~36, https://doi.org/10.1016/j.jbusres.2017.02.003/.

12. Ryall Carroll and David Luna, "The Other Meaning of Fluency", *Journal of Advertising* 40, no. 3(2011): 73~84, https://doi.org/10.2753/JOA0091-3367400306/.

13. Aradhna Krishna and Rohini Ahluwalia, "Language Choice in Advertising to Bilinguals: Asymmetric Effects for Multinationals Versus Local Firms", *Journal of Consumer Research* 35, no. 4(2008): 692~705, https://doi.

org/10.1086/592130/.

14. Camelia Micu and Robin A. Coulter, "Advertising in English in Nonnative English-Speaking Markets: The Effect of Language and Self-Referencing in Advertising in Romania on Ad Attitudes", *Journal of East-West Business* 16(2010), doi 10.1080/10669860903558433/.

15. Joshua Freedman and Dan Jurafsky, "Authenticity in America: Class Distinctions in Potato Chip Advertising", *Gastronomica* 11, no. 4(2011): 46-54, https://doi.org/10.1525/gfc.2012.11.4.46/.

16. Dan Jurafsky, *The Language of Food: A Linguist Reads the Menu*(New York: W. W. Norton & Company, 2014).

17. Evelina Leivada, Natalia Mitrofanova and Marit Westergaard, "Bilinguals Are Better Than Monolinguals in Detecting Manipulative Discourse", *PloS ONE* 16, no. 9(2021): e0256173, https://doi.org/10.1371/journal.pone.0256173/.

18. David Miller, Cecilia Solis-Barroso and Rodrigo Delgado, "The Foreign Language Effect in Bilingualism: Examining Prosocial Sentiment After Offense Taking", *Applied Psycholinguistics* 42, no. 2(2021): 395-416, https://doi.org/10.1017/S0142716420000806/.

19. George Bernard Shaw, *Pygmalion, in Four Plays by Bernard Shaw*(New York: Random House, 1953), 213-319.

20. William Labov, *Sociolinguistic Patterns*(University of Pennsylvania Press, 1972).

21. William Labov, "The Social Motivation of a Sound Change", *Word* 19, no. 3(1963): 273-309, https://doi.org/10.1080/00437956.1963.11659799/.

22. Rachel Webster, *Benjamin Banneker and Us: Eleven Generations of an American Family*(New York: Henry Holt, 2023).

23. "The Most Spoken Languages in America," WorldAtlas, https://www.worldatlas.com/articles/the-most-spoken-languages-in-america.html.

8장 언어가 가져오는 변화

1. Robin Kimmerer, "Speaking of Nature", *Orion Magazine*, 12 June 2017,

https://orionmagazine.org/article/speaking-of-nature/.

2. George Lakoff, *Women, Fire, and Dangerous Things*(University of Chicago Press, 1987).

3. Lera Boroditsky, Lauren A. Schmidt and Webb Phillips, "Sex, Syntax, and Semantics", in *Language in Mind: Advances in the Study of Language and Thought*, eds. Dedre Gentner and Susan Goldin-Meadow(Cambridge: MIT Press, 2003), 61~79.

4. Lera Boroditsky, Lauren A. Schmidt and Webb Phillips, "Sex, Syntax, and Semantics".

5. Webb Phillips and Lera Boroditsky, "Can Quirks of Grammar Affect the Way You Think? Grammatical Gender and Object Concepts", *Proceedings of the Annual Meeting of the Cognitive Science Society* 25, no. 25(2003), 928~933.

6. "2 Languages 2 Worlds", accessed 18 February 2022, http://2languages2worlds.wordpress.com.

7. United States Census Bureau, "Language Use", accessed 18 February 2022, https://www.census.gov/topics/population/language-use.html/.

8. National Association for Bilingual Education, "Welcome to the National Association for Bilingual Education", accessed 18 February 2022, https://nabe.org/.

9. Richard Rodriguez, *Hunger of Memory: The Education of Richard Rodriguez*(New York: Random House Publishing Group, 2004).

10. Jim Cummins, *Bilingualism and Special Education: Issues in Assessment and Pedagogy*(Clevedon: Multilingual Matters, 1984).

11. John U. Ogbu, "Variability in Minority Responses to Schooling: Nonimmigrants vs. Immigrants", in *Interpretive Ethnography of Education: At Home and Abroad*, ed. Louise Spindler(Taylor & Francis, 1987), 255~278.

9장 번역의 중요성

1. Shigeto Tsuru and Horace Fries, "A Problem in Meaning", *Journal of General Psychology* 8(1933): 281~284, https://doi.org/10.1080/00221309.1933.971

3186/.

2. Sayuri Hayakawa and Viorica Marian, "Sound Symbolism in Language and the Mind", submitted for peer review, 2022.

3. Plato, *The Dialogues of Plato*(Bantam Classics, 1986).

4. Klemens Knoeferle, Jixing Li, Emanuela Maggioni and Charles Spence, "What Drives Sound Symbolism? Different Acoustic Cues Underlie Sound-Size and Sound-Shape Mappings", *Scientific Reports* 7, no. 1(2017): 1–11, https://doi.org/10.1038/s41598-017-05965-y/.

5. Edgar Allan Poe, *The Fall of the House of Usher: And Other Tales*(Signet Classics, 2006).

6. Bob Grumman, "MNMLST POETRY," Light and Dust Mobile Anthology of Poetry, 1997.

7. "Fireflies – One Letter and One Word Poems", *Brief Poems*, accessed 1 June 2022, https://briefpoems.wordpress.com/2015/10/31/fireflies-one-letter-and-one-word-poems/.

8. Joseph Johnson, *George MacDonald: A Biographical and Critical Appreciation*(London: Sir Isaac Pitman & Sons, Ltd, 1906).

9. Lewis Carroll, *Through the Looking-Glass*(London: Macmillan, 1872).

10. Eliot Weinberger, *Nineteen Ways of Looking at Wang Wei*(New Directions, 2016).

11. Friedrich Wilhelm Nietzsche, *Thus Spoke Zarathustra: A Book for All and None*, trans. Walter Arnold Kaufmann(New York: Penguin Books, 1978).

12. Michael Erard, *Babel No More: The Search for the World's Most Extraordinary Language Learners*(New York: Simon & Schuster, 2012).

13. Willard van Orman Quine, "Two Dogmas of Empiricism", in *Challenges to Empiricism*, ed. Harold Morick(Hackett Publishing, 1980), 46–69.

14. Sayuri Hayakawa, James Bartolotti and Viorica Marian, "Native Language Similarity During Foreign Language Learning: Effects of Cognitive Strategies and Affective States", *Applied Linguistics* 42, no. 3(2021): 514–540, https://doi.org/10.1093/applin/amaa042/.

15. James Bartolotti, Viorica Marian, Scott R. Schroeder and Anthony Shook,

"Bilingualism and Inhibitory Control Influence Statistical Learning of Novel Word Forms", *Frontiers in Psychology* 2(2011), https://doi.org/10.3389/fpsyg.2011.00324/.

16. Margarita Kaushanskaya and Viorica Marian, "The Bilingual Advantage in Novel Word Learning", *Psychonomic Bulletin & Review* 16, no. 4(2009): 705~710, https://doi.org/10.3758/PBR.16.4.705/.

17. Margarita Kaushanskaya and Viorica Marian, "Bilingualism Reduces Native-Language Interference During Novel-Word Learning", *Journal of Experimental Psychology: Learning, Memory, and Cognition* 35, no. 3(2009): 829~835, https://doi.org/10.1037/a0015275/.

18. James Bartolotti and Viorica Marian, "Language Learning and Control in Monolinguals and Bilinguals", *Cognitive Science* 36, no. 6(2012): 1129~1147, https://doi.org/10.1111/j.1551-6709.2012.01243.x/.

19. Wikipedia, "Venn Diagram", last modified 5 January 2022, https://en.wikipedia.org/wiki/Venn_diagram/.

20. Narges Radman, Lea Jost, Setareh Dorood, Christian Mancini and Jean-Marie Annoni, "Language Distance Modulates Cognitive Control in Bilinguals", *Scientific Reports* 11, no. 24131(2021), https://doi.org/10.1038/s41598-021-02973-x/.

10장 우리 정신의 코드

1. Nico Grant and Cade Metz, "Google Sidelines Engineer Who Claims Its A.I. Is Sentient", *The New York Times*, 12 June 2022, https://www.nytimes.com/2022/06/12/technology/google-chatbot-ai-blake-lemoine.html.

2. Saad D. Abulhab, "Cuneiform and the Rise of Early Alphabets in the Greater Arabian Peninsula: A Visual Investigation"(New York: CUNY Academic Works, 2018), https://academicworks.cuny.edu/cgi/viewcontent.cgi?article=1257&context=jj_pubs/.

3. Leo N. Tolstoy, *Polnoe Sobranie Sochinenii*(Complete Collected Works), vol. 8(Moscow: Jubilee, 1936), 70.

4. Kornei Chukovsky, *From Two to Five*(Berkeley: University of California

Press, 1963).

5. Klint Finley, "Hogwarts for Hackers: Inside the Science and Tech School of Tomorrow", *WIRED*, 31 May 2013, https://www.wired.com/2013/05/ hogwarts-for-hackers/.

6. Csilla Kiss and Marianne Nikolov, "Developing, Piloting, and Validating an Instrument to Measure Young Learners" Aptitude", *Language Learning* 55, no. 1(2005): 99–150, https://doi.org/10.1111/j.0023-8333.2005.00291.x/.

7. Jean Berko, "The Child"s Learning of English Morphology", *Word* 14, nos. 2–3(1958): 150–177, https://doi.org/10.1080/00437956.1958.11659661/.

8. James Bartolotti, Viorica Marian, Scott R. Schroeder and Anthony Shook, "Statistical Learning of a Morse Code Language Is Improved by Bilingualism and Inhibitory Ability", *Proceedings of the Annual Meeting of the Cognitive Science Society* 33(2011): 885–890.

9. Colbertian: James Bartolotti and Viorica Marian, "Language Learning and Control in Monolinguals and Bilinguals", *Cognitive Science* 36, no. 6(2012): 1129–1247, https://doi.org/10.1111/j.1551-6709.2012.01243.x.

10. Scarlett R. Howard, Aurore Avarguès-Weber, Jair E. Garcia, Andrew D. Greentree and Adrian G. Dyer, "Numerical Ordering of Zero in Honey Bees", *Science* 360, no. 6393(2018): 1124–1126, https://doi.org/10.1126/ science.aar4975/.

11. Karl Von Frisch, *Bees: Their Vision, Chemical Senses, and Language*(Ithaca, NY: Cornell University Press, 2014).

12. Peter Marler and Donald Griffin, "The 1973 Nobel Prize for Physiology or Medicine", *Science* 182(1973): 464–466, doi:10.1126/ science.182.4111.464/.

13. Gary J. Rose, "The Numerical Abilities of Anurans and Their Neural Correlates: Insights from Neuroethological Studies of Acoustic Communication", *Philosophical Transactions of the Royal Society B: Biological Sciences* 373, no. 1740(2018): 20160512, https://doi.org/10.1098/ rstb.2016.0512

14. Stanislas Dehaene, *The Number Sense: How the Mind Creates*

Mathematics(New York: Oxford University Press, 2011).

15. Nick Ellis, "Linguistic Relativity Revisited: The Bilingual Word-Length Effect in Working Memory During Counting, Remembering Numbers, and Mental Calculation", in *Cognitive Processing in Bilinguals*, ed. R. J. Harris(Amsterdam: North-Holland, 1992), 137~155.

16. Stanislas Dehaene, Elizabeth Spelke, Philippe Pinel, Ruxanda Stanescu and Sanna Tsivkin, "Sources of Mathematical Thinking: Behavioral and Brain-Imaging Evidence", *Science* 284, issue 5416(1999): 970~974. https://doi.org/10.1126/science.284.5416.970.

17. Elena Salillas and Nicole Y. Y. Wicha, "Early Learning Shapes the Memory Network for Arithmetic: Evidence from Brain Potentials in Bilinguals", *Psychological Science* 23, issue 7(2012): 745~755, https://doi.org/10.1177/0956797612446347.

18. Andrea Stocco and Chantel S. Prat, "Bilingualism Trains Specific Brain Circuits Involved in Flexible Rule Selection and Application", *Brain and Language* 137(2014): 50~61, https://doi.org/10.1016/j.bandl.2014.07.005/.

19. Marie Amalric and Stanislas Dehaene, "Origins of the Brain Networks for Advanced Mathematics in Expert Mathematicians", *Proceedings of the National Academy of Sciences* 113, no. 18(2016): 4909~4917, https://doi.org/10.1073/pnas.1603205113/.

20. "Permutation", Wikipedia, last modified 20 March 2022, https://en.wikipedia.org/wiki/Permutation/.

11장 과학기술의 미래

1. Ahana A. Fernandez, Lara S. Burchardt, Martina Nagy and Mirjam Knörnschild, "Babbling in a Vocal Learning Bat Resembles Human Infant Babbling", *Science* 373, no. 6557(2021): 923~926, https://www.science.org/doi/10.1126/science.abf9279.

2. Bert Hölldobler, "Communication Between Ants and Their Guests", *Scientific American* 224(1971): 86~95, https://doi.org/10.1038/

scientificamerican0371-86/.

3. Zhanna Reznikova and Boris Ryabko, "Analysis of the Language of Ants by Information-Theoretical Methods", *Problemy Peredachi Informatsii* 22, no. 3(1986): 103-108.

4. Andrew Adamatzky, "Language of Fungi Derived from Their Electrical Spiking Activity", *Royal Society Open Science*, 6 April 2022, https://doi.org/10.1098/rsos.211926/.

5. Linda Geddes, "Mushrooms Communicate with Each Other Using up to 50 "Words", Scientist Claims", *The Guardian*, 6 April 2022.

6. Alison J. Barker et al., "Cultural Transmission of Vocal Dialect in the Naked Mole-Rat", *Science* 371, no. 6528(2021): 503-507, https://doi.org/10.1126/science.abc6588.

7. Jihun Lee, Vincent Leung, Ah-Hyoung Lee, Jiannan Huang, Peter Asbeck, Patrick P. Mercier, Stephen Shellhammer, Lawrence Larson, Farah Laiwalla and Arto Nurmikko, "Neural Recording and Stimulation Using Wireless Networks of Microimplants", *Nature Electronics* 4, no. 8(2021): 604-614, https://doi.org/10.1038/s41928-021-00631-8/.

8. Emily Mullin, ""Neurograins" Could be the Next Brain-Computer Interfaces", *WIRED*, 13 September 2021, https://www.wired.com/story/neurograins-could-be-the-next-brain-computer-interfaces/?mod=djemfoe/.

9. Steven Gulie, "A Shock to the System", *WIRED*, 1 March 2007, https://www.wired.com/2007/03/brainsurgery.

10. Francis R. Willett, Donald T. Avansino, Leigh R. Hochberg, Jaimie M. Henderson and Krishna V. Shenoy, "High-Performance Brain-to-Text Communication Via Handwriting", *Nature* 593, no. 7858(2021): 249-254, https://doi.org/10.1038/s41586-021-03506-2.

11. Arielle Pardes, "Elon Musk Is About to Show Off His Neuralink Brain Implant", *WIRED*, 28 August 2020, https://www.wired.com/story/elon-musk-neuralink-brain-implant-v2-demo.

12. Isaac Asimov and Jason Shulman, eds., *Isaac Asimov's Book of Science and Nature Quotations*(London: Weidenfeld & Nicolson, 1988).

13. Immanuel Kant, *Critique of Practical Reason*, trans. Lewis White Beck (London: Liberal Arts Press, 1985).

14. Carl Sagan, *The Demon-Haunted World: Science as a Candle in the Dark* (New York: Random House, 2011).

15. Benjamin F. Jones and Lawrence H. Summers, "A Calculation of the Social Returns to Innovation", in *Innovation and Public Policy*, eds. Austan Goolsbee and Benjamin F. Jones (Chicago: University of Chicago Press, 2020).

16. Benjamin F. Jones, "Science and Innovation: The Under-Fueled Engine of Prosperity", in *Rebuilding the Post-Pandemic Economy*, eds. Melissa S. Kearney and Amy Ganz (Washington, DC: Aspen Institute Press, 2021).

17. Benjamin F. Jones, "Science and Innovation: The Under-Fueled Engine of Prosperity".

18. David Leonhardt, "A Closer Look at Income Mobility", *The New York Times*, 14 May 2005, https://www.nytimes.com/2005/05/14/national/class/a-closer-look-at-income-mobility.html.

19. Umberto Eco, *Kant and the Platypus: Essays on Language and Cognition*, trans. Alastair McEwan (New York: Harcourt Brace, 2000).

20. Jordan D. Dworkin et al., "The Extent and Drivers of Gender Imbalance in Neuroscience Reference Lists", *Nature Neuroscience* 23, no. 8 (2020): 918-926, https://doi.org/10.1038/s41593-020-0658-y/.

21. Simon Bradley, "Languages Generate One Tenth of Swiss GDP", Swissinfo.ch, 20 November 2008, https://www.swissinfo.ch/eng/languages-generate-one-tenth-of-swiss-gdp/7050488/.

22. "ELAN: Effects on the European Economy of Shortages of Foreign Languages Skills in Enterprise", CiLT: The National Centre for Languages, 2006, https://ec.europa.eu/assets/eac/languages/policy/strategic-framework/documents/elan_en.pdf.

23. James Foreman-Peck and Yi Wang, "The Costs to the UK of Language Deficiencies as a Barrier to UK Engagement in Exporting", UK Trade and Investment, 9 May 2014, https://www.gov.uk/government/publications/

the-costs-to-the-uk-of-language-deficiencies-as-a-barrier-to-uk-engagement-in-exporting.

24. Judith F. Kroll and Paola E. Dussias, "The Benefits of Multilingualism to the Personal and Professional Development of Residents of the US", *Foreign Language Annals* 50, no. 2(2017): 248-259, https://doi.org/10.1111/flan.12271/.

25. Viorica Marian, Tuan Q. Lam, Sayuri Hayakawa and Sumitrajit Dhar, "Spontaneous Otoacoustic Emissions Reveal an Efficient Auditory Efferent Network", *Journal of Speech, Language, and Hearing Research* 61, no. 11(2018): 2827-2832, https://doi.org/10.1044/2018_JSLHR-H-18-0025/.

26. Viorica Marian, Tuan Q. Lam, Sayuri Hayakawa and Sumitrajit Dhar, "Top-Down Cognitive and Linguistic Influences on the Suppression of Spontaneous Otoacoustic Emissions", *Frontiers in Neuroscience* 12, no. 378(2018), https://doi.org/10.3389/fnins.2018.00378/.

27. Krista Byers-Heinlein, Alena G. Esposito, Adam Winsler, Viorica Marian, Dina C. Castro, Gigi Luk, Benjamin Brown and Jasmine DeJesus, "The Case for Measuring and Reporting Bilingualism in Developmental Research", *Collabra: Psychology* 5, no. 1(2019), http://doi.org/10.1525/collabra.233/.

28. Marc D. Hauser, Noam Chomsky and W. Tecumseh Fitch, "The Faculty of Language: What Is It, Who Has It, and How Did It Evolve?", *Science* 298, no. 5598(2002): 1569-1579, https://doi.org/10.1126/science.298.5598.1569/.

맺음말_언어 학습법 제안

1. Ludmila Isurin and Christy Seidel, "Traces of Memory for a Lost Childhood Language: The Savings Paradigm Expanded", *Language Learning* 65, no. 4(2015): 761-790, https://doi.org/10.1111/lang.12133/.

2. Howard Gardner, *Frames of Mind: The Theory of Multiple Intelligences*(New York: Basic Books, 1983).

3. Howard Gardner, *Intelligence Reframed: Multiple Intelligences for the 21st*

Century (New York: Basic Books, 1999).

4. Richard J. Herrnstein and Charles Murray, *The Bell Curve* (New York: Free Press, 1994).

5. Christopher Davis, "In Florida, It Pays to Be Bilingual, University of Florida Study Finds", University of Florida, 31 January 2000, https://news.ufl.edu/archive/2000/01/in-florida-it-pays-to-be-bilingual-university-of-florida-study-finds.html/.

6. Joshua K. Hartshorne, Joshua B. Tenenbaum and Steven Pinker, "A Critical Period for Second Language Acquisition: Evidence from 2/3 Million English Speakers", *Cognition* 177(2018): 263–277, https://doi.org/10.1016/j.cognition.2018.04.007/.

7. Frans van der Slik, Job Schepens, Theo Bongaerts and Roeland van Hout, "Critical Period Claim Revisited: Reanalysis of Hartshorne, Tenenbaum, and Pinker (2018) Suggests Steady Decline and Learner-Type Differences", *Language Learning* 72, no. 1(2021): 87–112, https://doi.org/10.1111/lang.12470/.

8. US Department of State, "Foreign Language Training", accessed 22 June 2022, https://www.state.gov/foreign-language-training/.

9. Andrea Takahesu Tabori, Dennis Wu and Judith F. Kroll, "Second Language Immersion Suppresses the Native Language: Evidence from Learners Studying Abroad", *Proceedings of the International Symposium on Bilingualism* (2019): 90.

10. Margot D. Sullivan, Monika Janus, Sylvain Moreno, Lori Astheimer and Ellen Bialystok, "Early Stage Second-Language Learning Improves Executive Control: Evidence from ERP", *Brain and Language* 139(2014): 84–98, https://doi.org/10.1016/j.bandl.2014.10.004/.

11. Thomas H. Bak, Madeleine R. Long, Mariana Vega-Mendoza and Antonella Sorace, "Novelty, Challenge, and Practice: The Impact of Intensive Language Learning on Attentional Functions", *PloS ONE* 11, no. 4(2016): e0153485, https://doi.org/10.1371/journal.pone.0153485/.

12. Johan Mårtensson, Johan Eriksson, Nils Christian Bodammer, Magnus

Lindgren, Mikael Johansson, Lars Nyberg and Martin Lövdén, "Growth of Language-Related Brain Areas After Foreign Language Learning", *NeuroImage* 63, no. 1(2012): 240-244, https://doi.org/10.1016/j.neuroimage.2012.06.043/.

13. Jed A. Meltzer, Mira Kates Rose, Anna Y. Le, Kiah A. Spencer, Leora Goldstein, Alina Gubanova, Abbie C. Lai, Maryam Yossofzai, Sabrina E. M. Armstrong and Ellen Bialystok, "Improvement in Executive Function for Older Adults Through Smartphone Apps: A Randomized Clinical Trial Comparing Language Learning and Brain Training", *Aging, Neuropsychology, and Cognition*(2021): 1-22, https://doi.org/10.1080/13825585.2021.1991 262/.

14. Viorica Marian and Anthony Shook, "The Cognitive Benefits of Being Bilingual", *Cerebrum*, 31 October 2012, https://dana.org/article/the-cognitive-benefits-of-being-bilingual.

15. Samantha P. Fan, Zoe Liberman, Boaz Keysar and Katherine D. Kinzler, "The Exposure Advantage: Early Exposure to a Multilingual Environment Promotes Effective Communication", *Psychological Science* 26, no. 7(2015): 1090-1097, https://doi.org/10.1177/0956797615574699/.

언어는 어떻게 인간을 바꾸는가

초판 1쇄 인쇄 2026년 2월 23일
초판 1쇄 발행 2026년 3월 4일

지은이 비오리카 마리안
옮긴이 신견식
펴낸이 최순영

출판2 본부장 박태근
지식교양 팀장 송두나
편집 박은경
교정교열 김진희
디자인 김준영

펴낸곳 ㈜위즈덤하우스 **출판등록** 2000년 5월 23일 제13-1071호
주소 서울특별시 마포구 양화로 19 합정오피스빌딩 17층
전화 02) 2179-5600 **홈페이지** www.wisdomhouse.co.kr

ISBN 979-11-7591-037-9 (03100)